自由式滑雪裁判规则解读

门传胜　马　毅　著

人 民 体 育 出 版 社

图书在版编目(CIP)数据

自由式滑雪裁判规则解读 / 门传胜，马毅著
. —北京：人民体育出版社，2017
ISBN 978-7-5009-3828-6

Ⅰ. ①自… Ⅱ. ①门… ②马… Ⅲ. ①雪上运动-裁判法
Ⅳ. ①G863.104

中国版本图书馆 CIP 数据核字（2017）第 322050 号

*
人 民 体 育 出 版 社 出 版 发 行
北 京 建 宏 印 刷 有 限 公 司 印 刷
新 华 书 店 经 销

*
787×960 16 开本 18.25 印张 321 千字
2017 年 12 月第 1 版 2017 年 12 月第 1 次印刷
*
ISBN 978-7-5009-3828-6
定价:80.00 元

社址：北京市东城区体育馆路 8 号（天坛公园东门）
电话：67151482（发行部） 邮编：100061
传真：67151483 邮购：67118491
网址：www.sportspublish.cn
（购买本社图书，如遇有缺损页可与发行部联系）

作 者 简 介

门传胜，男（1970.4—　），自由式滑雪国际A级裁判员，九三学社社员，沈阳市跳绳协会会长，副教授，硕士研究生导师，沈阳体育学院体操教研室主任。

曾从事过皮划艇激流回旋专业教练员工作，率队取得亚洲锦标赛冠军、全国锦标赛冠军、全国冠军赛冠军等成绩。2000年，率中国皮划艇激流回旋国家队赴悉尼参加世界杯比赛；2006年，率自由式滑雪空中技巧国家队赴美国夏训；2012年率中国自由式滑雪雪上技巧国家队赴加拿大夏训；2013年，率中国单板平行大回转队赴意大利、奥地利、俄罗斯比赛；2014年，率中国花式跳绳队获得世界跳绳锦标赛三人交互绳项目冠军；2015年，率中国高山滑雪队赴日本参加远东杯比赛；2016年，率中国花式跳绳队获得世界跳绳锦标赛三人交互绳项目季军；2009—2017年：曾先后执法过第7届和第8亚洲冬季运动会以及十余场自由式滑雪空中技巧世界杯比赛；2017年，参加北京2022年冬奥组委“奥运影随计划”，赴奥地利、平昌进行赛事考察。

曾出版过皮划艇激流回旋专著——《冠军之路》（2000年，国家体育总局水上运动管理中心）；翻译过《自由式滑雪裁判手册和竞赛通则》（2010年，人民体育出版社）；参与国家社科基金课题1项，主持及参与省部级课题10余项；在各级各类期刊、会议发表论文数十篇。

目前主要致力于大体操学科及相关领域的教学、训练、科研和社会服务工作。

序

自由式滑雪空中技巧（以下简称空中技巧），是20世纪八十年代末才引入我国的雪上项目，在短短的二十多年间，这个项目创造了中国冬奥会雪上项目的历史奇迹！

本书是在马毅前辈的全面指导下，从一个专业裁判员角度对自由式滑雪空中技巧国际规则最新版本的翻译和精确解读。希望本书能为业内人士提供帮助，更希望本书能为推动中国空中技巧的发展做出应有的贡献！

本书共五篇，其中门传胜共完成 22万字，马毅共完成10万字。

本书的出版，得到了国家体育总局冬季项目管理中心、沈阳体育学院的鼎力支持，在此谨致以谢意。

2018年平昌冬奥会即将开赛，祝愿中国空中技巧队再创辉煌！

作者：门传胜
2017年10月

目 录

第一篇　自由式滑雪空中技巧规则解读

解读 1：自由式滑雪历史沿革

自由式滑雪于 20 世纪 30 年代出现在美洲大陆。

第一届自由式滑雪世界杯比赛于 1980 年创办。

第一届自由式滑雪世界锦标赛于 1986 年在法国蒂涅举行。

1988 年，自由式滑雪于卡尔加里冬奥会上第一次作为表演项目出现。

空中技巧项目开始于 20 世纪 50 年代，由奥运冠军埃里克森率先尝试兴起；美国早期的比赛时间始于 20 世纪 60 年代中期。国际雪联于 1979 年才正式确认这一项目并制定相关规则以保证技术和安全问题。

1994 年，空中技巧项目进入利勒哈默尔冬奥会。

1971 年，雪上技巧项目首次举行比赛。国际雪联于 1980 年开始举办雪上技巧世界杯；1986 年，第一届雪上技巧世界锦标赛正式举行，后经常在奇数年举办；1988 年的卡尔加里冬奥会，雪上技巧成为表演项目；1992 年的阿尔贝维尔冬奥会，雪上技巧被正式列为比赛项目。

2010 年，障碍追逐项目正式进入温哥华冬奥会。

2011 年，国际奥委会批准 U 型场地技巧和坡面障碍技巧进入 2014 年索契冬奥会。

中国于 20 世纪 80 年代末期正式开展了空中技巧项目。当时正式开展此项目的单位有沈阳体育学院、长春市体工队、哈尔滨市体工队三支队伍。

1998 年，长野冬奥会上，中国女子选手徐囡囡（沈阳体育学院选手）夺取女子空中技巧项目银牌，开创了中国雪上项目冬奥历史先河！

2006 年，意大利都灵冬奥会上，中国男子选手韩晓鹏（沈阳体育学院选手）再次谱写了中国雪上项目冬奥会历史的新篇章——他一举夺得了男子空中技巧项目的金牌！

2003 年，中国引入 U 型场地技巧项目，当时集中开展的是单板 U 型场地技巧项目。

2010 年，温哥华冬奥会上，中国单板 U 型场地技巧女子选手刘佳宇取得了第四名的好成绩。

2014年，索契冬奥会上，中国单板U型场地技巧男子选手张仪威获得第六名!

2006 年，中国开始开展雪上技巧项目，但由于水平落后，直到 2014 年索契冬奥会，中国女子选手宁琴才首次入围决赛，最终获得第 18 名成绩。

目前，在障碍追逐和坡面障碍技巧两个项目上，中国队还是一支新军，尚未有实力真正步入冬奥会的竞技舞台。

本书主要介绍的是空中技巧和雪上技巧项目。

解读 2：自由式滑雪空中技巧到底是什么样的项目?

一、自由式滑雪项目的起源

（一）西方工业革命的成果是自由式滑雪项目兴起的根本原因

18 世纪 60 年代—19 世纪 40 年代，西方工业革命的成功给社会带来了巨大变革，其影响涉及人类社会的生活的各个方面。

首先，工业革命带来了生产力的飞跃，在很多领域机器取代了手工，给人们生活带来更多的“闲暇时间”，促进了大众去享受和消费生活。

其次，滑雪器材的革新也带来了自由式滑雪项目的兴起。

（二）西方工业革命给人们的思想观念带来了巨大的变化

“挑战自我，追求快乐和自由”——已经成为当时西方人们的思想主流。因此，在自由式滑雪领域涌现出的众多新兴项目就成为人们思想观念转变的产物。从“自由式滑雪”英语字意看——Freestyle Ski，就不难发现，人们向往的是无拘束、无限制的生活方式。

（三）职业滑雪爱好者成为新兴项目的发起者

空中技巧项目开始于20世纪50年代，由奥运冠军埃里克森率先尝试兴起；美国早期的比赛时间始于20世纪60年代中期。国际雪联于1979年才正式确认这一项目并制定相关规则以保证技术和安全问题。

1994年，空中技巧项目进入利勒哈默尔冬奥会。

二、国外开展空中技巧项目的成绩简介

1994年，利勒哈默尔冬奥会，乌兹别克斯坦女子选手获得冠军；瑞士男选手获得冠军。

1998年，日本长野冬奥会，美国男、女选手包揽冠军。

2002年，美国麓谷冬奥会，澳大利亚女子选手获得冠军；捷克男子选手获得冠军。

2006年，意大利都灵冬奥会，中国男子选手和瑞士女子选手分别夺得空中技巧男女项目的冠军。

2010年，温哥华冬奥会，白俄罗斯男选手和澳大利亚女选手分别获得空中技巧项目的男女冠军。

2014年，索契冬奥会，白俄罗斯的男、女选手分别包揽了空中技巧项目的男女冠军。

三、中国开展空中技巧项目成绩

中国于20世纪80年代末期正式开展了空中技巧项目。当时正式开展此项目的单位有沈阳体育学院、长春市体工队、哈尔滨市体工队三支队伍。

1996年，第三届亚洲冬季运动会，中国男女选手首次获得空中技巧项目的冠军。

1997年，我国女子选手季晓欧成为第一个夺得世界杯空中技巧冠军的中国女运动员。

1998年，长野冬奥会，我国女子选手徐囡囡（沈阳体育学院选手）夺取女子空中技巧项目银牌，开创了中国雪上项目冬奥历史先河。

2001 年，瑞士洲际杯，我国男子选手邱森（沈阳体育学院）成为第一个夺得空中技巧项目洲际杯冠军的男运动员。

2005 年，捷克世界杯，我国男子选手欧晓涛（沈阳体育学院）成为第一个夺得空中技巧世界杯冠军的中国男运动员。

2006 年，意大利都灵冬奥会，我国男子选手韩晓鹏（沈阳体育学院选手，还曾夺得过一次世界锦标赛冠军）再次谱写了中国雪上项目冬奥会历史的新篇章——他一举夺得了男子空中技巧项目的金牌。

2006 年意大利都灵冬奥会、2010 年温哥华冬奥会，我国女子选手李妮娜（沈阳体育学院，还曾夺得过三次世界锦标赛冠军）两次摘得空中技巧项目的银牌。

2010 年，温哥华冬奥会，我国女子选手郭心心（沈阳体育学院）、男子选手刘忠庆（沈阳体育学院）分别夺得女子和男子空中技巧项目的铜牌。

2014 年，索契冬奥会，我国女子选手徐梦桃（沈阳体育学院）夺得空中技巧项目的银牌。

2014 年，索契冬奥会，我国男子选手贾宗洋（沈阳体育学院，还曾夺得过两次世界锦标赛冠军）夺得空中技巧项目的铜牌。

二、空中技巧项目场地示意图

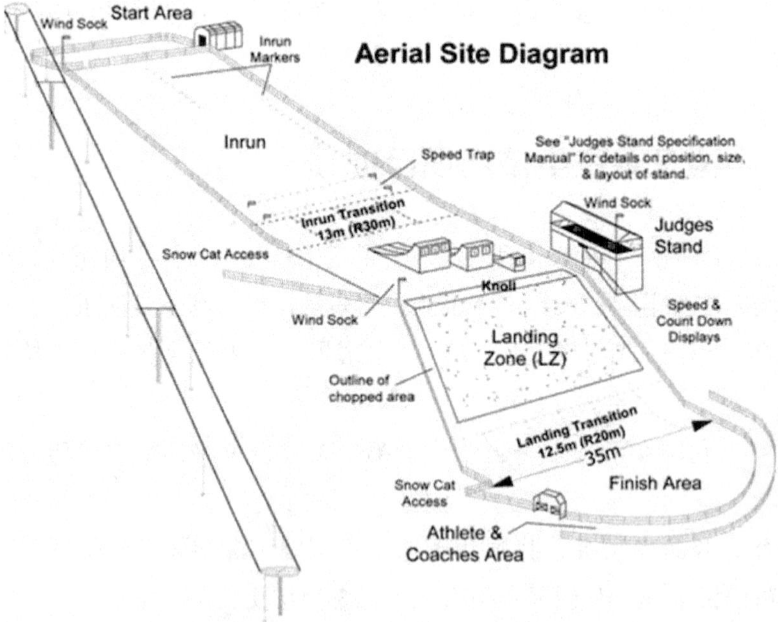

图 1-2-1　空中技巧雪上场地示意图

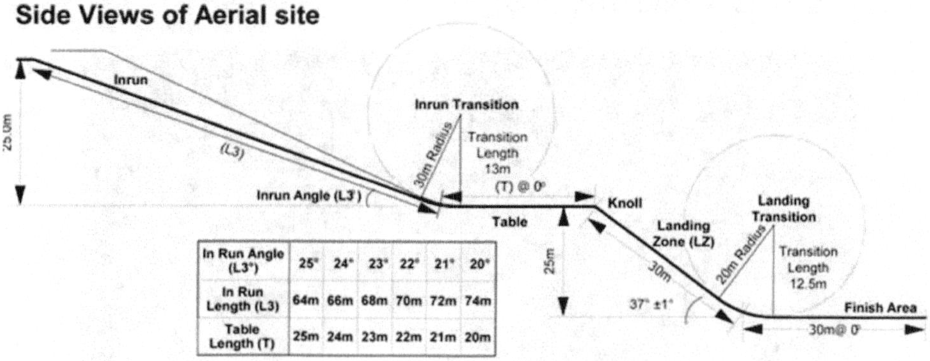

In Run Angle (L3°)	25°	24°	23°	22°	21°	20°
In Run Length (L3)	64m	66m	68m	70m	72m	74m
Table Length (T)	25m	24m	23m	22m	21m	20m

图 1-2-2　空中技巧场地侧面图

图 1-2-3 空中技巧水池场地示意图

三、空中技巧项目的性质

图 1-2-4　空中技巧雪上动作示意图①

图 1-2-5　空中技巧雪上动作示意图②

（一）空中技巧技术结构划分

自由式滑雪空中技巧项目，从其运动外观表现形式看：滑雪运动员从高处沿斜坡滑下，借助一弧形跳台起跳后，（戴着雪板）然后在空中完成“向前飞行”和“向后翻转”的动作，包括各种翻转动作（体操翻转动作）后，着陆在 37°的着陆坡上，并顺势滑下。有人戏称自由式滑雪空中技巧项目是一项“滑雪＋体操、技巧”的综合项目。在空中技巧的动作体系中，雪上动作基本上都是完成后空翻类（个别运动员有完成前空翻类，但在正式雪上比赛中尚未出现）；水池中动作，则五花八门！笔者看到国外运动员经常在水池中完成 4 周空翻动作（规则限定空翻周数为 3 周）和前空翻类动作。此外，运动员每次比赛前都要申报动作，而且不同的轮次比赛前都会有相应的变化。因此，可以说空中技巧项目是提前申报动作名称的“规定动作”比赛。

自由式滑雪空中技巧的技术表现结构主要分为四个阶段，即助滑阶段、台上阶段（含起跳）、空中阶段、着陆及着陆后滑行阶段。

1. 助滑阶段

这一阶段是整个技术结构的起点，其遵循的力学依据是功能转换原理，即由运动员处于高点所获的势能转化为上台前的有效的动能！

这一阶段要满足的最明显力学特征值是——速度！

据本研究对历届冬奥会、世界锦标赛、世界杯、全国比赛不同动作速度值的统计发现，运动员的起跳点选择正确与否占到运动员成功率的 90% 以上。

关于助滑速度的获得，运动员下在滑过程中难以再获得有效的额外速度，而且运动员在台上对速度的调整也非常有限。虽然部分运动员在助滑阶段采用了“途中跳起”或“蹬冰步”来增加初始速度，但效果都不理想且容易破坏运动员的助滑稳定性，因此，运动员在进入空中阶段前，助滑起点的位置就已经决定了本次动作的实际所需能量，如果明显速度过快或过慢，则会严重影响下一阶段动作，其动作失误或失败的可能性将增大。

在运动实践中，运动员非常重视测试这一环节，其实质就是滑助起点的选择问题。

除此之外，助滑阶段对运动员主要还是保持速度的持续增长并顺利通过过渡区向台上平稳过渡。

2. 台上阶段（含起跳）

自由式滑雪空中技巧跳台，由多段不同弧度的弧面连接而成，为保证运动员顺利滑出跳台和完成不同动作的需要，其不同跳台最后一段的弧度区别较大。通常情况下，弧度最大也就意味着运动员要借此跳台完成更难的动作。

运动员在台上阶段的运动表现为，完成一段由低向高的近似圆弧的滑行过程，这一阶段运动员身体状态最明显的变化是由直立状态逐渐过渡到非直立状态。

因此，此阶段要求运动员必须保持“钢体效果”，即运动员身体必须保持一定的紧度、正直、没有过多的晃动等。

关于自由式滑雪空中技巧起跳，国内研究已经达成的共识的是：起跳阶段决定空中翻转阶段。

本研究认为，起跳是一个过程，而非瞬时行为。从精确细化的角度出发，从运动员雪板接触台面开始到板尾离开台面，这一阶段都应该定义为起跳阶段。之所以这么界定的依据是，只要运动员雪板与台面发生接触，就都应该算作起跳行为。

当然，起跳瞬时这一行为至关重要。从运动实践看，很多运动员在起跳瞬时存在“早发力”“未发力或踩空”现象。本研究认为，产生这种技术失误现象的根本原因是运动员的速度感知能力差。

因此，运动员在台上阶段最值得重视的是对速度感知以及做出相应动作的训练。

关于起跳技术，目前世界上最流行的有两种方式：一是带臂式；二是高举手臂式。中国运动员基本上已经全部采用了后者。原因有二，高举手臂式起跳技术，既符合规则对运动员起跳阶段身体姿态的要求，也有利于运动员控制身体状态，特别有利于保持运动员台上阶段动作单一和稳定。

另外，高举手臂式又分为单臂和双臂两种：单臂式起跳主要用于第一周低于转体 720 度的动作；双臂起跳主要用于第一周完成大于或等于 720 度转体的动作，其遵循的力学原理就是动量矩守恒，即通过身体的瞬间不对称来重新分配肢体各环节的动量矩。

3. 空中阶段

运动员在空中阶段的表现形式主要为完成不同周数和不同转体度数的翻转动作。本阶段的表现完全取决于前两个阶段，并对最后一阶段产生重要影响。

因为，在空中阶段，运动员遵循的力学依据是动量矩守恒原理。换句话说，空中阶段运动员只能改变身体的形态，而对其他力学指标的调整是无能为力的。因此，这一阶段也是运动员表现“最无能为力”的阶段。

在运动实践中，常听到个别教练员提示运动员所谓的“走脚”，其实质是要改变运动员身体状态。但“脚”是不可能“走”的，如果“脚”真的“走”了，那身体的其他部位形态必然会发生变化。因此，这个“走脚”的观点是不符合力学原理要求，但其不合理性的内涵却对运动员的动作起到了一定的积极作用。

由裁判规则可知，空中阶段要体现两个方面的要求：一是动作界限；二是动作时机。

本研究认为，所谓的动作界限，其实质是动作节奏的代名词，而节奏的最重要衡量标准是运动员完成动作的时间。国际规则针对动作界限的要求在运动实践中是有一定“不可行性”的；至于对动作时机的要求，一直以来就存在歧义判罚的现象，特别是针对第一周完成 dF 类动作的判罚。

这一阶段有一个最明显的问题，即运动员出现翻转过度或翻转不足的现象，则将严重影响最后一阶段。

4. 着陆及着陆后滑行阶段

从近几届冬奥会的比赛实际情况看，进入决赛的运动员动作难度系数相近，最终较量的就是动作细节——“着陆”这一环节。

运动员在着陆这一环节上存在可调整的“空间”余地非常小，基本上是由空中阶段所决定。

从运动员着陆瞬时的效果看，运动员需要表现出“动态平衡”效果，因此，这一阶段遵循的最重要力学依据是平衡原理。

若要达到良好的平衡效果，即必须保持运动员着陆缓冲后所受的合外力为零、合外力矩为零。

在运动员实践中，运动员所受的合外力与合外力矩不可能为零，只是看运动员身体的适应和调整能力大小，如果能调整到满足平衡原理要求的力学条件范围内，运动员将成功着陆，反之则失败。

着陆后滑行这一环节，只占着陆分数的一半。运动实践表明，在这一环节上，如果着陆失败，那将意味着运动员连着陆的一半分数也得不到。

（二）空中技巧技术特征

关于技术特征，本研究认为，自由式滑雪空中技巧既有技能类难美表现性项群的共性特征（共性技术特征是技术的合理性和技术的稳定性），又有其本身重点强调的特征。

其技术特征主要包括三个方面：一是专项技术的合理性；二是专项技术的稳定性、有效性；三是专项技术的高难性 。

所谓“技术合理性”是指符合事实及其规律性。

自由式滑雪空中技巧技术本身既有滑雪中的滑行技术，也有体操中的翻转技术，而且，这种技术合理性可以量化，即完全从自然科学相关知识角度进行计算、推测和评定。例如，可以计算运动员的助滑速度，可以测量运动员的翻转角度等。

“技术的合理性”还表现为“实践的合理性”，即通过量化手段完全可以用来指导训练，并提高运动员成绩。同时，“技术合理性”还可以作为一种评价标准。

所谓“技术的稳定性、有效性”是指，自由式滑雪空中技巧技术的稳定性质、状态或程度以及这种技术被破坏后重新恢复的稳定程度。

“技术的稳定性”也可以用来定量测量。例如，我们用运动员的动作成功率来说明运动员的技术稳定性。同时，技术的稳定性也可以作为一种评价标准。

自由式滑雪空中技巧项目的最突出技术特征是：“技术的高难性”和“技术的有效性”。

从运动员的实际表现说其技术的高难，一点都不为过：完成一次自由式滑雪空中技巧跃，运动员要负重近 10 公斤的装备，要飞行超过 12 米的高度，还要准确地着陆在 37 度的着陆坡上，这在竞技运动项目中是件非常困难的事情。

解读 3：空中技巧项目裁判员评分问题

一、评分特点及存在的问题

从项目特点而言，空中技巧属于技能类难美性项目。因此，打分主要是由裁判员从主观角度依据国际规则对运动员完成动作的实际情况进行判定（客观依据：动作难度系数）。

（一）空中技巧评分表

图 1–3–1 显示，裁判员评定空中技巧运动员动作包括“起跳、空中、着陆”三部分，这个打分表的特点是：直观，规则款项有利于裁判员现场操作。

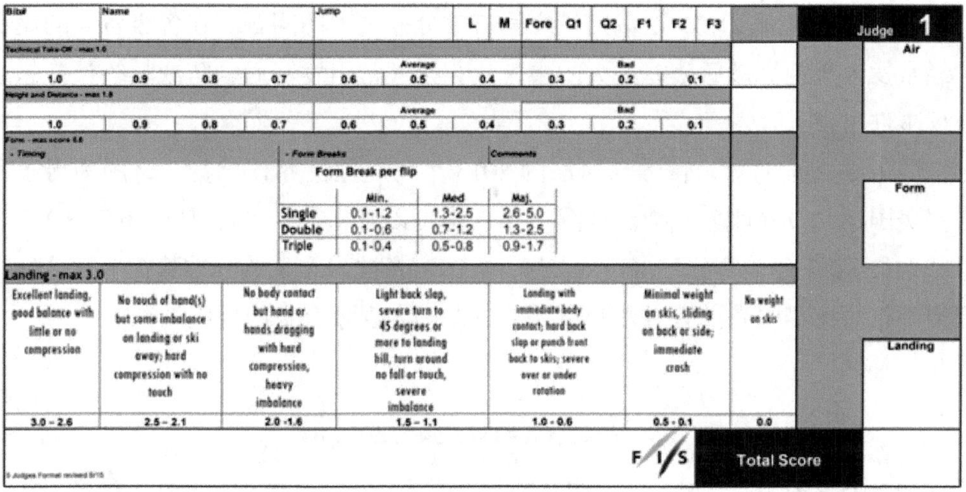

图 1–3–1 空中技巧评分表

现行的 5 人制裁判法：“5 名裁判员依据 6004.1 和 6004.2 的腾空及动作条款以及 6004.3 着陆条款，独自评定运动员成绩并给出一个总评分，去掉最高分和最低分，将剩余 3 个分数相加。”运动员最后得分为，即裁判员总分是将运动员每跳各部分得分相加，然后乘以相应的难度系数（DD），即得到每次跳跃的总分。总分保留两位小数。

在两跳赛制中，运动员两次跳跃的最终得分是将两次跳跃的总分相加获得。

例如：判评分

起跳和腾空	$\overline{1.6}$	1.7	$\overline{1.9}$	1.7	1.8	5.2
动作	4.5	$\overline{4.2}$	4.3	4.4	$\overline{4.6}$	13.2
着陆	2.4	2.3	2.4	$\overline{2.2}$	$\overline{2.5}$	7.1

总分（最高 30 分 × 难度系数 DD）

裁判员评分：　= 25.5

总分：　= 25.5 × DD

（二）空中技巧裁判之间分差大的问题

从空中技巧项目评分表和裁判打分及成绩计算我们可以看到，其裁判的内容与其他运动项目的评分相差无异。但在空中技巧界有一个至今无法解决的问题：即裁判员之间分差过大，有时两名裁判员之间相差 2 分以上！

此种现象实际反映的是裁判员之间有效分差过大的问题。在各级各类的比赛中经常发生裁判员最后分差过大的事件，甚至还常引发赛后领队或教练员抱怨或抗议事件出现。

图 1–3–2 是笔者亲自参与执法的 2013 年乌克兰世界杯比赛，该图为男子资格赛美国运动员的评分成绩。从图 1–3–2 中可以看出，1 号裁判员（6.7 分）和 5 号裁判员（5.3 分）的分差多达 1.4 分，虽然两者被当作无效分排除在有效分外，但空中技巧比赛中尚没有对裁判员评分分差过大现象有专门规则约束。

FIS FREESTYLE SKI WORLD CUP

FIS FREESTYLE SKI WORLD CUP 2013
RESULTS
Men's Aerials Qualification 1
Bukovel (UKR)
SAT 23 FEB 2013 Start Time: 16:45

AE

Jury		
FIS Technical Delegate:	KOHLY Luc	FRA
Head Judge:	KITOV Oleg	RUS
Chief of Competition:	KOROVYTSKYY Vadim	UKR
Officials		
FIS Race Director:	KRAMPFL Reinhard	FIS
Chief of Course:	KRYVTSUN Vitaliy	UKR
Judge 1:	VERDIER Sue	CAN
Judge 2:	CHUANSHENG Men	CHN
Judge 3:	FOMINYKH Yulia	UKR
Judge 4:	ELLIS Chris	USA
Judge 5:	BUOB Stefan	SUI

Technical Data	Distance	Height	Gradient
Course Name: Trail 2A			
In-run:	68m		25°
Table:	20m		0°
Landing:	25m		37°
Kicker 1:	4m	2.1m	55°
2:	6.5m	3.5m	66°
3:	6.5m	3.5m	66°
4:	8m	4.1m	71°
5:	8m	4.1m	71°
6:	m	m	°

Forerunners

Number of Competitors: 29, Number of NSAs: 10

Rank	Bib	FIS Code	Name	NSA Code	YB		J1	J2	J3	J4	J5	Score	Jump	DD	Overall Score	Tie
18	18	2527147	**LILLIS Jonathon**	USA	1994	A&F:	5.6	4.8	5.2	5.3	4.8					
						LDG:	1.1	1.0	0.7	0.6	0.5					
						Total:	~~6.7~~	5.8	5.9	5.9	~~5.3~~	17.60	bFFF	4.050	71.28	

图 1–3–2 2013 年乌克兰世界杯男子资格赛裁判员评分情况对比

（图片来源：www.fis-ski.com/pdf/2013/FS/8294/2013FS8294QRL.pdf）

究其原因，是空中技巧这个项目的评分机制有问题：即截至目前，在自由式滑雪国际规则中还没有专门的条款来解决裁判分差过大的问题。

在体操比赛老规则中，当裁判员给出的起评分达到 9 分以上时，相邻两个裁判员分数不得相差 0.2，否则就要由裁判长责令裁判员调整分数。

虽然空中技巧项目绝大多数的过大分差问题是裁判长当场进行了“平滑处理”，但还是缺少规则上的规范条款与之对应。

二、裁判员设置问题

空中技巧项目应借鉴体操评分机制。空中技巧比赛裁判经历了 7 人制裁判员设置向 5 人制裁判员过渡的阶段。

（一）温哥华冬奥会前的裁判员设置情况

从表 1–3–1、表 1–3–2 中得知，在温哥华冬奥会前，空中技巧和雪上技巧项目均执行 5 人制或 7 人制的裁判员设置规则，并且裁判员分工明确。

表 1–3–1　温哥华冬奥会前空中技巧项目裁判员设置情况

5人制裁判	7人制裁判	裁判员分工
水池赛、洲际赛、国内赛	世界杯、世锦赛、奥运会	2名专职着陆裁判员；5名空中动作裁判员

表 1–3–2　温哥华冬奥会前雪上技巧项目裁判员设置情况

5 人制裁判	7 人制裁判	裁判员分工
水池赛、洲际赛、国内赛	世界杯、世锦赛、奥运会	有专职跳跃动作和回转动作裁判员

（二）温哥华冬奥会后的裁判员设置情况

1. 空中技巧项目裁判员设置情况

从表 1–3–3 可知，温哥华冬奥会后，空中技巧项目的裁判员设置发生了重大变化，即全部比赛均执行 5 人制，裁判员不再分工，每个裁判员将给出每个运动员每一跳的综合得分。

从表 1–3–4 得知，国际雪联针对空中技巧项目推出了“特殊观察员”这一措施，此举类似其他竞技项目所采用的“录像回放”方法，但实际效果不大，主要是因为这个“特殊观察员”并不是真正意义上的裁判员！

表 1-3-3 温哥华冬奥会后空中技巧项目裁判员设置情况

5 人制裁判	裁判员分工
所有赛事	5 名裁判员负责运动员起跳、空中和着陆所有评分内容

表 1-3-4 温哥华冬奥会后空中技巧项目“特殊观察员”的设置情况

人数	选派组织	工作职责
1	国际雪联指派	比赛现场观察、录像、回放及提供第三方评定意见

2. 存在的问题

众所周知，国际雪联在裁判员设置上，执行“空中技巧”和“雪上技巧”同组裁判的制度，这也是自由式滑雪项目的特点之一，但温哥华冬奥会后，国际雪联突然减少了空中技巧项目的裁判人员，将原来的 7 人制和 5 人制一律缩减为 5 人制。这种裁判员人数设置上的变化导致了裁判执法中的相关问题不断涌现。

从图 1-3-3 可以看到，A 裁判员和 E 裁判员存在较大的“视野差”。

首先，由裁判员的位置差决定了裁判员的视线对运动员的追踪存在一定的差别，即使是判罚“起跳区”运动员的实际表现，5 名裁判员之间也存在判断上的差异。

其次，由于运动员是处于向前飞行状态，实际上运动员在远离裁判位置进行运动，尤其是在对运动员着陆时是否“后倾”“触雪”的轻重程度判罚上，不同的裁判员的视线角度是不可能全面、准确描述运动员当时的身体状态情况，裁判员之间甚至会出现较大的判罚争议，进而导致裁判员分数相差大的问题不断涌现。

因此，这两个项目的裁判员设置问题就值得业内人士深思：空中技巧项目的运动员运动范围大，不易观察，却减少了裁判员人数；雪上技巧项目的运动员运动范围相对小，便于观察，但裁判员人数甚至要比空中技巧项目的裁判员还多！

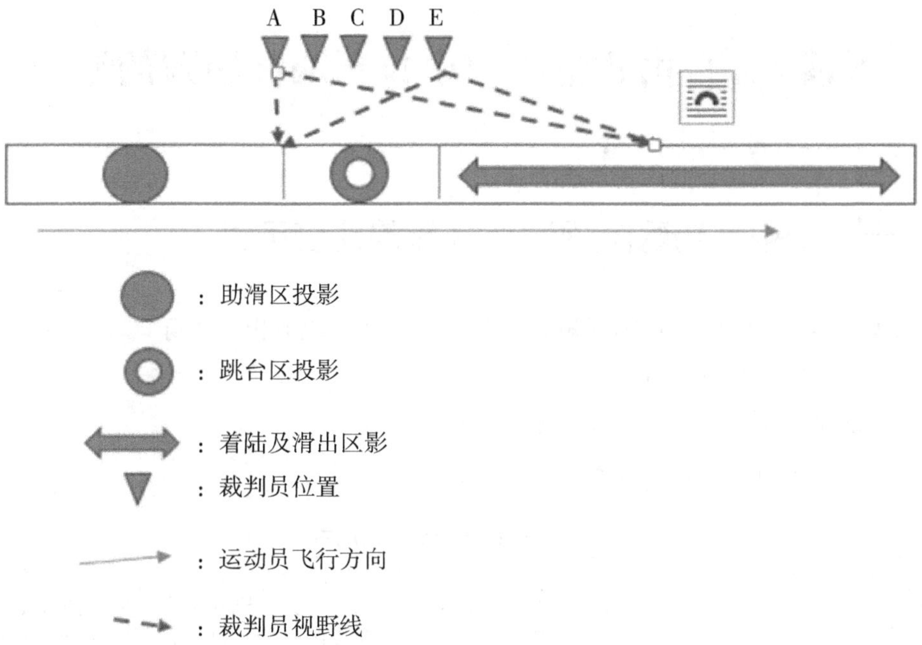

图 1–3–3　空中技巧裁判员观察视野俯视图

综上所述，新规则中关于裁判员人数的变化，除精减了裁判员规模，相对于旧赛制裁判员的实际评分效果并没有本质提高。

3. 本研究对空中技巧裁判员设置的建议

针对空中技巧项目裁判员人数设置的建议如下：

建议 1：在执行现有规则的前提下，空中技巧项目再增设 2 名裁判员和增加 1 名录像回放裁判员。这样设置的有利因素主要包括：一是扩大了裁判人数，相对扩大了裁判员的视野，也使判罚更加客观；二是增设录像回放裁判员将更有利于解决裁判分歧以及裁判员分差过大现象的发生！

建议 2：空中技巧比赛执行温哥华冬奥会前旧规则中的 7 人制裁判体系。执行旧规则有两大有利之处：一是轻车熟路，裁判员不用过多培训即可上场执法，增加的裁判员将有利于执法的客观与公正；二是原有的裁判员分工有利于着陆裁判员的准确判罚。

解读 4：自由式滑雪空中技巧国际规则的演变

一、空中技巧国际规则近几年的演进历程

从表 1-4-1 空中技巧国际规则近几年的变化可以看出，国际雪联针对空中技巧项目主要集中在两方面：

一是在“动作界限”以及身体姿态扣分标准方面；

二是在赛制和裁判人数方面。

表1-4-1　空中技巧国际规则的主要变化

序号	国际规则版本	主要变化内容
1	2008 年	针对动作界限的判罚，国际规则从“时钟法判罚标准”向“象相法判罚标准”过渡，总体上放宽了对动作界限判罚标准，并配以明确条例和图例进行确认
2	2009 年	同上
3	2010 年	确认了 RNS 到 DNF 的变化
4	2011 年	正式召开国际会议确定执行 5 人制裁判体系和新赛制
5	2012 年	明确了一般身体状态的判罚尺度；放宽了运动员“预”着陆动作的扣分尺度

二、新规则变化对技术方面的影响

（一）新规则变化对空中动作的影响

表1-4-2　6004.2.2.2.4条款对运动员着陆前的限定内容

判罚内容	内 容
运动员预着陆	在空翻转体最后一周着陆前1/4处，允许运动员微调身体姿势和腿部姿势以备着陆。在这个“准备着陆”过程中，运动员轻微屈髋（达到45° ）和分腿（与肩同宽）将不扣分

表 1-4-2 显示，2012 版的空中技巧规则对运动员着陆前的“预着陆动作”不再扣分。因此，此规则的修改为运动员提供了充足的翻转空间，将有利于空中技巧运动员完成高难动作并顺利着陆。

（二）新规则变化对中外选手最高难度系数及最高难度系数组合的影响

在旧赛制中，空中技巧难度系数组合只计算两个动作；新赛制中的难度系数将计算决赛阶段的三个动作。

由表 1-4-3、表 1-4-4 可以看出，现阶段，中外男女选手的单个动作难度系数以及难度系数组合都上升到了一个新的台阶。

表1-4-3　中外空中技巧男子选手最高难度系数对比

序号	姓名	国家	最高难度系数	最高难度系数组合	备注
1	库斯尼尔・安东	RUS	5.0（bdFFdF）	13.95	最高难度系数为三跳动作系数之和（bFFdF难度系数也为4.525）
2	达新斯基・迪米崔	RUS	4.525（bdFFF）	13.475	
3	格力钦・阿里克谢	RUS	4.525（bdFFF）	13.475	
4	费谷松・迪兰	USA	4.525（bdFFF）	13.475	
5	伯格・斯加特	USA	4.525（bdFFF）	13.475	
6	沃伦・舒代斯	CAN	4.65（bFtFF）	13.25	
7	容松・欧力沃	CAN	4.525（bdFFF）	13.125	
8	斯里沃弛・提莫非	RUS	4.525（bdFFF）	13.475	
9	刘忠庆	CHN	4.525（bdFFF）	13.475	
10	贾宗洋	CHN	4.525（bdFFF）	13.475	
11	齐光璞	CHN	5.0（bdFFdF）	13.95	

表1-4-4　中外空中技巧女子选手最高难度系数对比

序号	姓名	国家	最高难度系数	最高难度系数组合	备注
1	莉迪亚・拉西拉	AUS	4.175（bLdFF）	11.475	最高难度系数为三跳动作系数之和（bFFdF难度系数也为4.525）
2	阿拉・苏博	BLU	3.80（bLFF）	11.35	
3	阿什利・考德威尔	USA	4.05（bFFF）	11.35	
4	徐梦桃	CHN	4.175（bLdFF）	11.475	

（三）裁判组人数调整对比赛的影响

新赛制中，裁判员分工和人数变化所带来的最大麻烦是：裁判员的工作量加大，但判罚的误差也同时增大。

旧赛制中，无论是“7 人制裁判体系”还是“5 人制裁判体系”，均设有判罚着陆方面的专职裁判员（裁判员代号为：6 号、7 号）；新赛制取消了这种裁判分工，要求所有裁判针对同一运动员动作即要给出一个完整的过程分，又要明确地将运动员起跳、空中、着陆分别给予量化，新规则中裁判员分工的变化从某种程度上加大了裁判员个体的工作量。

为了保证比赛的公平，裁判员相互之间要保持一定的距离，并用专门的隔离装置分开。从图 1-4-1 两个俯视图对比可以发现，新赛制 1 号和 5 号裁判员对运动员着陆的观察效果，远逊于旧赛制中 6 号和 7 号的专职着陆裁判判罚效果。因此，裁判员视觉的偏差将会使裁判员判罚误差增大。

跳台 ————————————————→ 着陆

1 号裁判	2 号裁判	3 号裁判	4 号裁判	5 号裁判	6 号裁判	7 号裁判
空中	空中	空中	空中	空中	空中	着陆

旧赛制 7 人裁判俯视图

跳台 ————————————————→ 着陆

1 号裁判	2 号裁判	3 号裁判	4 号裁判	5 号裁判
整体	整体	整体	整体	整体

新赛制 5 人裁判俯视图

注：———→为运动员飞行轨迹俯视图

图 1-4-1　新、旧赛制裁判员视觉俯视图

（四）新赛制对空中技巧比赛结果的影响

1. 新、旧赛制资格赛情况

表1-4-5　旧赛制资格赛情况表

参赛资格	参赛动作	出发顺序	资格赛排名	决赛名额	资格赛所有跳次
积分前25	2个不同动作	第一跳抽签；第二跳同第一跳	两跳成绩之和	前12名	50跳

表1-4-6　新赛制资格赛情况表

参赛资格	参赛动作	出发顺序	资格赛排名	决赛名额	资格赛所有跳次
积分前25	2个不同动作	第一跳抽签；第二跳同第一跳	两跳成绩不累加；只取单跳成绩；第一跳取前6名；第二跳从余下19名运动员中再取6名	前12名	44跳

从表 1-4-5 和表 1-4-6 对比发现，新、旧赛制在资格赛中参赛动作、出发顺序以及进决赛名额上均保持一致。唯一不同点在于：新赛制不像旧赛制那样采用两跳成绩之和决胜负，而是采用单跳得分制。即第一轮资格赛排名前 6 名选手直接进入决赛，第二轮为第一轮剩余的 19 名选手再跳一次，决出另外 6 个决赛名额。

从新、旧资格赛总跳次看，新赛制缩短了跳次，也相应地缩短了比赛时间。

新赛制最大的亮点为：避免高水平选手过早淘汰，为其提供晋级的机会；旧赛制则强调运动员参赛机会均等，决赛动作可以重复资格赛动作；即每个人必须完成两个不同的动作即可，但如有一跳动作失败将面临被淘汰的命运。

2012—2014 赛季的比赛实践表明：新赛制基本上得到了各国教练员、运动员的拥护，而且增加了比赛的悬念，增大了空中技巧的观赏性。

2. 新、旧赛制决赛情况

表1-4-7 旧赛制决赛情况表

参赛资格	参赛动作	出发顺序	排名	决赛所有跳次
资格赛前12名	2个不同动作	第一跳抽签； 第二跳逆序	两跳成绩之和排序， 从高到低	24跳

表1-4-8 新赛制决赛情况表

赛制	参赛资格	参赛动作（可重复资格赛动作，但三轮动作不能重复）	出发顺序	晋级方法	决赛所有跳次
淘汰赛	资格赛前12名	第一轮1个动作	逆序	一跳定胜负，第一轮取前8名，1-9-12自动由高到低排序	第一轮12跳
		第二轮1个动作	逆序	一跳定胜负，第二轮取前4名	第二轮8跳
		第三轮1个动作	逆序	一跳定胜负，第三轮决出最后前三名	第三轮4跳
		第四轮1个动作	逆序	一跳定胜负，第四轮决出最后冠军、亚军	第四轮2跳

表 1-4-7 反映出，旧赛制的决赛与资格赛几近相同，只是在第二跳出发顺序上有所变化。

表 1-4-8 反映出，新赛制的决赛阶段，选手晋级方法、参赛动作要求以及最终排名都有较大的变化：新赛制决赛阶段采用了“淘汰制”，运动员在比赛中可以采用资格赛使用过的动作，但不能相同动作重复使用，出发顺序全部为上一轮的逆序。

新赛制决赛阶段最显著的特点是：“一跳定乾坤”。运动员若想最后登顶，必须轮轮晋级，否则将中途止步。

新赛制决赛阶段要求运动员至少要掌握三个动作；旧赛制中，运动员只要掌握两个难度动作就可以“包打天下”。

（五）歧义判罚仍未解决

空中技巧歧义判罚一直是悬而未决的客观事实，这种现象主要存在第一周转过 360° 的转体动作上，例如 bdFFF 动作。产生这种歧义判罚的根源是：“空中技巧动作最终比较的实质是——运动员必须在不完整的‘整数周’中完成 180°的偶数倍转体动作！”[1]

空中技巧对空翻周际动作的限定是相对于水平面而言，但由于空中技巧第一周动作的时空条件仅为 270° 左右，因此，运动员第一周并不是完整周，这就造成了运动员必须在不足一周空翻的时空条件完成第一周转体度数客观事实。

虽然国际规则已经放宽了对动作界限的判罚，但由于裁判员对规则理解的尺度以及个人业务水平不同，歧义判罚现象并没根除。例如，bdFFF 动作和 bFdFF 动作的歧义判罚以及 bRuRuF 和 bFdFF 动作的歧义判罚，至今仍没有明确的权威解读。

（六）新规则形势下的空中技巧项目发展趋势

1. 动作难度系数将继续提升

由于新赛制的执行，运动员进入决赛阶段必须掌握三个以上的难度动作，因此难度储备问题就成了各国运动员备战的首要任务。

从国际规则现有动作难度表可以看出，目前男子的 5.0 动作是最高难度系数，只有两个国家选手完成，而其他难度系动作，几乎所有国家的选手都可以完成，这就造成了难度动作趋同的现象。因此，如何“提高”难度的问题成为各国选手思考的问题。

由于空中技巧每一周转体的度数是有限的，所以，通过增加空翻周数的设想就成了唯一有效的方法。据悉，部分国家的选手在夏季水池训练中早已完成了四周空翻的动作，只是尚未在雪上登陆。因此，随着空中技巧运动的发展，发展四周动作就成了空中技巧项目发展的历史必然。

2. 女子动作男子化倾向加大

2010 温哥华冬奥会空中技巧项目女子冠军动作组合是 bLdFF（难度系数 4.175）和 bFdF（难度系数 3.55）。这个 bLdFF 动作曾是 2006 都灵冬奥会空中技巧男子冠军所完成的动作组合之一。在 2014 年索契冬奥会上，澳大利亚女子选手尝试了 bFdFF（难度系数 4.45），虽然没有成功，但足以说明女子选手动作难度的发展现状。由此可见，在增大难度前提下，女子运动员的难度水平会继续发展，并会以男子动作为模版加以演练。

[1] 门传胜，董利，纪东．自由式滑雪空中技巧“时钟法判罚标准”与“象限法判罚标准”的辨析［J］．沈阳体育学院学报，2011（6）：22-31.

3. 空中技巧竞赛项目的改革势在必行

在国际雪联自由式滑雪项目的大家庭中，共有5个项目进入了索契冬奥会，其中，U型场地技巧中的单板和双板项目、雪上技巧、Slopetstyle和雪上障碍赛的参与人数众多，而空中技巧项目的发展已经远远跟不上时代发展的需要了，观赏性不足是空中技巧项目陷入困境的因素之一。

为了增强观赏性，早在20世纪，国际雪联就曾探讨过增设双人项目的可能性。为进一步推动空中技巧项目的发展，改革空中技巧竞赛项目势在必行。

（七）新规则导向下中国空中技巧项目的发展对策

新规则变化对中国队备战的实质影响

中国队是世界公认的强队，以集团队作战闻名于世。本次规则的调整，从某种意义上讲是有利于中国整体发展水平的。

首先，在备战冬奥会的过程中，力争满额参赛，保持集团作战优势，充分做好申报动作预案。

由于新赛制的“一跳定乾坤”，根本不会给运动员保留的空间，即每一轮都要在动作成功完成的前提下去选择难度系数。申报动作就成了决定最终比赛结果的第一道工序。

中国队理想状态可以达到满额参赛，这样中国队排兵布阵就游刃有余，选择申报动作的套路也相对较多。因此，做好相应的预案就显得十分重要。为了能达到遏制对手发挥，向对手施加心理压力，中国队应坚持“团队配合”的作战方针，即全队保证有“高、精、尖”选手力拼金牌，也要保证有“稳妥”的选手去“保牌”。风险与收益并存，但必须做好预案。

其次，由于我们的参赛人数占有较大比例，因此，我们选择战术变化的空间就大，这会对国外选手形成一种强大的心理压力。

再次，对参赛环境的适应问题。2018年的平昌冬奥会，将可能出现高温天气，比赛时的雪质将会因为气候的原因而发生变化，中国队应尽早做好对环境适应的准备。

最后、尽快着手梯队建设。2018年平昌冬奥会正在迫近，但中国的滑雪事业还要进行下去，不久将来，中国队还要放眼2022北京冬奥会。因此，尽早动手锻炼和培养梯队同样是不可或缺的重要内容。

解读 5：关于空中技巧“动作扣分”的歧义判罚问题

规则 6004.2.1.2 条款内容实际是裁判员判定运动员完成动作“数量不足”的标准：

“当裁判员就技巧动作数量（空翻周数、垂直转体度数、转体度数、非空翻动作数量）扣分时，假如该动作中的一部分、两部分、三部分或更多部分完全或部分缺失，则应有根据地按一定百分比扣分。”

国际规则中的举例如下表 1–5–1：

表1–5–1　国际规则关于“动作扣分”事例说明

序号	申报动作	完成动作	得分	备注
1	bLT	bLT	最高分5.0	申报与完成相符
2	bLT	bTT	最高分2.5	申报与完成部分不符
3	bLT	bTL	最高分0.0	申报与完成完全不符
4	bLT	bLL	最高分2.5	申报与完成部分不符
5	TT	TT	最高分5.0	申报与完成相符
6	TT	TS	最高分2.5	申报与完成部分不符

本研究认为，规则 6004.2.1.2 条款所例举事例动作不恰当，原因如下：

首先，规则中所举的事例全部为空翻两周且非转体类和非空翻动作，按此条款来判定，运动员申报和完成动作的数量是一致的，没有违犯本条款内容！

其次，规则中所举的事例，并不存在“……假如动作中的一部分、两部分、三部分或更多部分完全或部分缺失”，实际是动作质量问题，即运动员改变了其中一周的动作性质，这不是动作数量“缺失”问题。

再次，规则中的“……则应有根据地按一定百分比扣分”，这个“百分比”实际涉及两部分：每周空翻所赋予的分值和错误程度应扣除的分值。即执行 6004.2.1.2 条款的依据是规则 6004.2.2.2 条款的内容，如下所述：

规则 6004.2.2.2 中关于空中动作扣分遵循下述准则：

——小错扣到该动作分值的 25%；

——中错扣到该动作分值的 50%；

——大错扣到该动作分值的 100%；

——如起跳时，身体应伸展，不只在起跳时，而且在着陆之前身体都应伸展。扣分多少依据整个跳跃过程中动作是全部或部分的失误。

关于空中动作小错、中错、大错的扣分参照如下准则（表 1–5–2）：

表1– 5–2 空中动作扣分

跳跃动作	空中动作扣分/每周		
	小错	中错	大错
一周空翻	0.1—1.2	1.3—2.5	2.6—5.0
二周空翻	0.1—0.6	0.7—1.2	1.3—2.5
三周空翻	0.1—0.4	0.5—0.8	0.9—1.7

——空中技巧所有动作的定义都基于身体姿势。所有身体姿势都是处于直体（身体伸直，无弯曲，0°），或团身或屈体（膝关节弯曲 90°，髋关节弯曲 90°）姿势。唯一例外是半团身姿势（只允许在第一周 180° 转体和前空翻转体时出现）。

——与标准动作相比，任何动作变形小于 45° 将被认定为小错；大约 45° 将被认定为中错，大于 45° 则被认定为大错。

——扣分为累加扣分。同一动作的几处小错扣分累加将导致一项大错扣分。

最后，如果运动员申报 bLdF，实际完成的是 bLF，按规则 6004.2.1.2 条款执行的话，那么就是“……假如动作中的一部分、两部分、三部分或更多部分完全或部分缺失，则应有根据地按一定百分比扣分”。实际结果就应该是“最高得分 2.5 分”如下表 1–5–3 所示：

表1–5–3 “动作扣分”事例表

序号	申报动作	完成动作	得分	备注
1	bLdF	bLF	最高分2.5	申报与完成部分不符

但是，规则 6004.2.1.1 条款是关于“申请动作数量”的判罚标准：如果申报技巧动作的数量（空翻周数、转体度数、垂直转体度数、非空翻动作数量）没有充分完成，结果是技巧动作数量过多或不足，则该运动员不得分（DNF）。参看竞赛通则 3058 条款，如下表 1–5–4：

例如：

申报动作 完成动作

bTT　bTTT　DNF（竞赛通则 3058 条款）

bFdF　bFF　DNF（竞赛通则 3058 条款）

同理，运动员申报 bLdF，实际完成的是 bLF，则应该按“DNF”处理！

因此，按照两个规则就会出现判罚的歧义和矛盾。

主要原因是：6004.2.1.2 条款的内容说明是不符合实际情况的，应予以修改。

表1-5-4　“DNF”扣分

序号	申报动作	完成动作	得分	备注
1	bLT	bLT	最高分5.0	申报与完成相符
2	bLT	bTT	最高分2.5	申报与完成部分不符

解读 6：关于空中技巧“动作界定”的歧义判罚问题

一、关于动作时机的判罚

由于空中技巧第一周动作有接近90° 的角度是因为起跳时台子的弧形决定，因此，运动员第一周实际空中完成的角度仅为 270° 左右，所以按国际规则，就涉及运动员每一周动作的结束时机问题，这也是国际规则的历史遗留问题。

（一）空中技巧的动作方向参照体

从表 1–6–1 的对比可以看出，空中技巧的动作方向也是参照人体解剖学原理，即都包括三个基本面，即——矢状面、额状面、水平面。

在动作方向的具体形式上，空中技巧动作与体操中的跳马动作异曲同工，都是向前运动并完成空翻或转体。因此，空中技巧动作的实际动作出是绕——矢状轴（前后轴）、额状轴（左右轴）、垂直轴（纵轴）或三者的复合轴来进行的动作。

表 1–6–1　国际裁判规则关于跳跃动作基础定义的部分内容

<table>
<tr><th>序号</th><th>基础定义</th><th>空中技巧规则定义的内容</th><th>体操规则定义的内容</th></tr>
<tr><td>1</td><td>平面</td><td>人体运动有三个平面，水平面、垂直面、矢状面</td><td rowspan="4">人体运动有矢状面、额状面、水平面
体操动作的轴包括矢状轴（前后轴）、额状轴（左右轴）、垂直轴（纵轴）或三者的复合轴</td></tr>
<tr><td>2</td><td>纵轴</td><td>贯通人体上下，从头到脚，且通过重心。</td></tr>
<tr><td>3</td><td>横轴</td><td>贯穿人体左右，从一侧到另一侧，且通过重心</td></tr>
<tr><td>4</td><td>垂直轴</td><td>贯穿人体前后，且通过重心</td></tr>
</table>

（二）空中技巧动作方向

从体操动作方向的确定得知，体操动作的基本方向是指动作与人体基本面平行或垂直的指向，它具体的方法是依据相对人体直立时的方位而定的，而且当上体方位改变后，动作的方向的确定是相对于直立时的方向来确定的。

从空中技巧动作的实际情况看，它是依据运动员滑行的方向而定，即顺着滑行的方向就是前面，而背对着滑行的方向就是后面；如果以跳台为参照的话，运动员向跳台滑行的方向就是前，反之为后。

（三）空中技巧动作周际界定

由于可以确定空中技巧动作运动的运动方向，因此，空中技巧运动员完成动作的空翻周际就很容易界定了，即运动员身体垂直于地面就是每一周空翻的最佳结束时相，此时正好是 12 点，见图 1–6–1。

1. “时钟法判罚标准”：是空中技巧周际动作时机的判罚尺度，即运动员完成动作的空间界限为 11 点 ~1 点范围之间（以 12 点为中线，前后 30° 区间），见图 1–6–2。

2. “象限法判罚标准”：以坐标轴里的横轴和纵轴所形成的象限临界为判罚尺度（象限临界是时钟的 12 点、3 点、6 点和 9 点位置），见图 1–6–3。

黑箭头：动作飞行方向；

12 点：每周动作结束时最佳位置

图 1–6–1　空中技巧时钟法周际空翻界限

红色实线区域：从 1 点到 11 点的区域，即标准区域；

黑色箭头：动作的飞行方向；

1 点：代表运动员发动转体的时机；

11 点：代表运动员结束转体的时机；

图 1–6–2　空中技巧时钟法所限定的空间区域

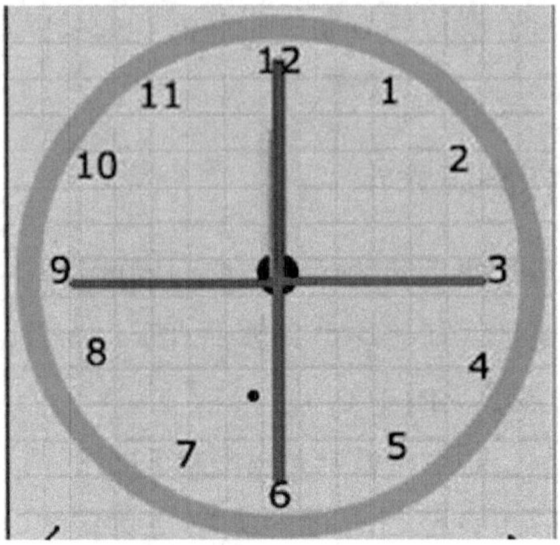

图 1-6-3 象限法判罚标准

（三）“时钟法判罚标准”

2004 年以前的国际规则，要求运动员每一周的结束时机都要在 11 点 ~ 13 点之间，因此，“时钟法判罚标准”在一定时间内，被国际上所有空中技巧的业界人士所诟病。原因如下：第一周是非空翻转体动作；执行这一规则完全可行；第一周转体 360° 动作，勉强可行；当第一周转体超过 360° 时，问题就来了，由于时空有限，运动员势必就会将第一周应完成的转体度数延迟到第二周来完成。

大量的事实表明，这一判罚标准，不但限制了第一周转体度数，还会造成歧义动作认定，例如：

1. “时钟法判罚标准”的演进历程

表1-6-2 “时钟法判罚标准”演进历程

序号	阶 段	具体内容
1	起始阶段（起始—20 世纪 90 年代）	约定俗成，只在裁判员培训班中讲解
2	发展阶段（本世纪初—2006 年）	逐渐完善，是但争议也是最大、变化最大的阶段
3	稳定阶段（2007 年—）	正式以国际规则明文条例规定说明

表 1-6-3 “时钟法判罚标准”存在的问题

序号	阶 段	存在的问题
1	初始阶段	只是裁判界业内人士了解，只在国际裁判员培训班中讲解判罚要点，不承认动作判罚存在“歧义现象”
2	发展变化阶段	在世界杯、世锦赛中频频出现争议判罚，国际雪联虽然开始认识到问题的存在，但只是采取了逐渐完善的过程，有针对性地“放宽标准”，其中 2006 年奥运会的男子决赛判罚争议最大
3	稳定阶段	国际规则虽然在 2007 年版的规则中正式以明确条例——图例形式进行了专门描述，但关于历史遗留下来的“歧义问题”却一直没有解决

2. 2006 年以前“时钟法判罚”的核心内容——对第一周动作时相的限定

从图 1-6-4 可以明显看出，运动员起跳时，就已经向后翻转了近 90° 的空间。

以运动员最后结束动作时相 12 点为例，其实际完成的空间时相为从 12 点到 9 点之间（逆时针方向区域），大约 270° 左右的空间。

这就有一个疑问：在不足一周的时空条件下，要求运动员必须满足最早在 1 点发动转体，且 11 点结束转体是否可行呢？

我们调查了所有第一周转体 360° 和超 360° 以上的转体动作，结果表明，根本不可能有运动员在 270° 左右的空间范围内完成超 360° 以上转体动作，且满足“标准区域”空间限制的要求，尤其是完成 720° 以上的转体动作，更是根本不可能的。

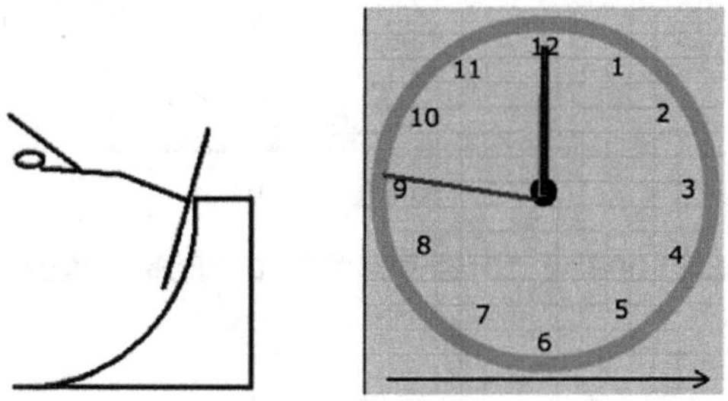

图 1-6-4 运动员起跳出台瞬时的状态及第一周实际翻转空间示意图

3. 2006 版“时钟法判罚标准”的变化

从图 1–6–5、图 1–6–6 可以看出，这个图的最大的变化是量化了“时钟法判罚”扣分标准，其限定的区域如下：

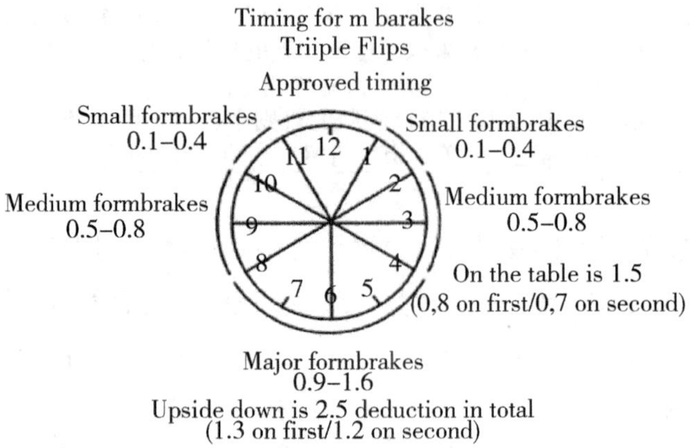

图 1–6–5　2006 版“时钟法判罚”标准的变化示意图（三周空翻）

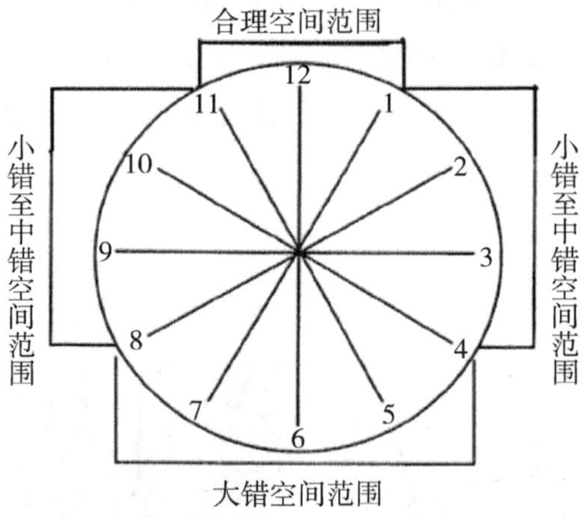

图 1–6–6　2006 版“时钟法判罚”扣分区间示意图（三周空翻）

标准区域（Approver timing）：1 点到 11 点之间的区域；这个是时钟法判罚的标准核心空间区域；

小错（Small formbrakes）：1 点到 2 点之间区域；扣 0.1–1–0.4；

中错 （Medium formbrakes）：2 点到 4 点之间区域，扣 0.5–0.8；其中在水平位扣 1.5（其中第一周扣 0.8，第二周扣 0.7）；

大错（Major formbrakes）：4 点到 8 点之间区域，扣 0.1–9–1.6；其中在垂直位 6 点扣 2.5（其中第一周扣 1.3，第二周扣 1.2）；

这个标准的出台时间是 2006 年冬奥会后，国际雪联在裁判员培训班中针对“时钟法判罚标准”的实际争议做出的重要修改。

通过仔细分析 2006 版关于“时钟法判罚标准”的变化，笔者认为虽然此标准较以往有了具体的参照图片，但对“时钟法判罚标准”本身没有什么实质性变化。从规则本身看，这个 2006 版的时钟法还在坚持“标准区域”这一罚判核心，只是将运动员实际完成动作的空间重新进行了相应量化而已。

本次“时钟法判罚标准”变化最明显的不同在于——增加了附加扣分，即如果运动员的结束动作时机达到 3 点或 9 点将累计扣分到 1.5 分；如果运动员的结束动作时机达到 6 点，将累计扣分到 2.5。

从这个角度分析，2006 版“时钟法判罚标准”的变化实际上加大了处罚力度：从同一动作相邻的两周空翻中各扣除相应的分值——附加扣分，即第一周结束时机晚将被扣掉相应分值。同时，第一周结束时机晚也就意味着第二周动作起始时机也晚，也相应扣掉第二周起始动作时机晚的相应分值。

（四）“象限法判罚标准”的分析

1. “象限法判罚标准”的核心内容

国际雪联从项目发展的角度对空中技巧“裁判标准”进行了相应调整，为推出“象限法判罚标准”，首先从最新版的裁判规则中提出了“早转体”这一条款，其依据是以“时钟法判罚标准”为蓝本（表 1–6–4）。

表1–6–4　早转体规则的内容

序号	标准	内容
1	提早结束转体不应受到判罚	运动员可以尽可能早地完成转体。这会给他们时间准备下一个动作和轻松地展示明显的动作界限
2	转体时机	提早开始转体（大约在时钟12点的1／4处）是可以接受的（不扣分）

从图 1–6–7 过早转体示意图可以发现如下信息：运动员被扣分的起止界限正好是坐标轴形成的象限临界处。从图 1–6–7 的内容分析得知，最新颁布的早转体规则已经打破了原有的“时钟法判罚标准”的要求，“提早转体大约在时钟 12 点的 1/4 之处”，实际上是意味该空间时相是 3 点（或 9 点）。从这一点推断，早转体规则是为全面推行“象限法判罚标准”做铺垫。即以坐标轴的象限临界为判罚尺度。

但从图中不难发现，这个“象限”临界处的判罚标准在以往的“时钟法判罚标准”中将被判为中错，如果是两周以上动作还要附加累计扣分。

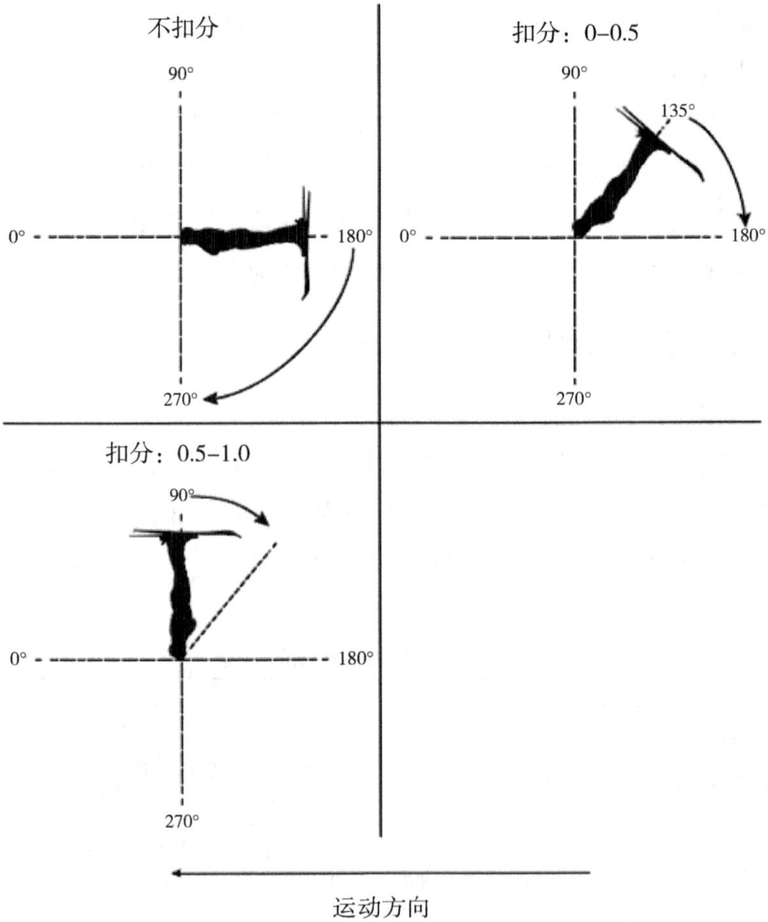

图 1–6–7　过早转体判罚 / 团身 / 屈体扣分示意图

从图 1–6–8 和图 1–6–9 的扣分区域对比可以看出，“象限法判罚标准”是以 12 点的 1/8 为限。例如，以两周动作结束时机为例，运动员结束转体时机在 1 点之后到 3 点之间才算是小错，扣 0.5，而接近 4 点多的位置才扣 1.0。总体而言，三周空翻转体时机较二周空翻转体时机要晚 45°，即三周空翻转体结束时机的标准放宽尺度较大。

通过对比“时钟法判罚标准”与“象限法判罚标准”发现，后者不再是苛刻限制运动员转体起始及结束时机，而是总体上放宽了较大的尺度，特别是在四个“象限”的临界处，其判罚标准具有明显的代表性。

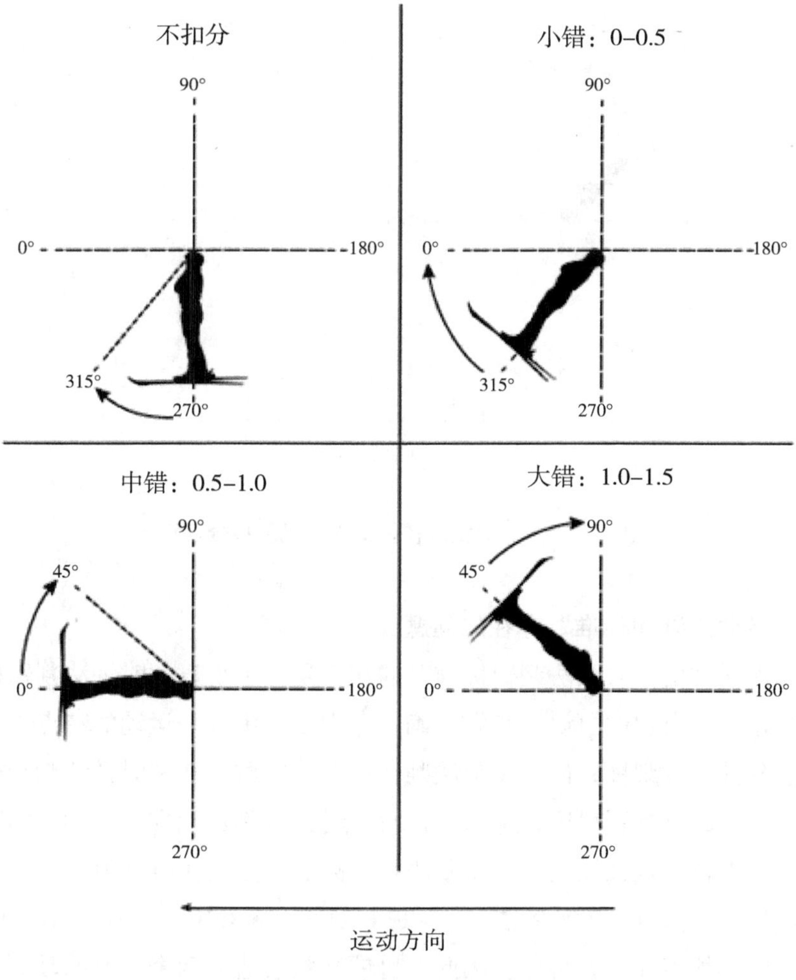

图 1–6–8　两周空翻转体结束时机及扣分示意图

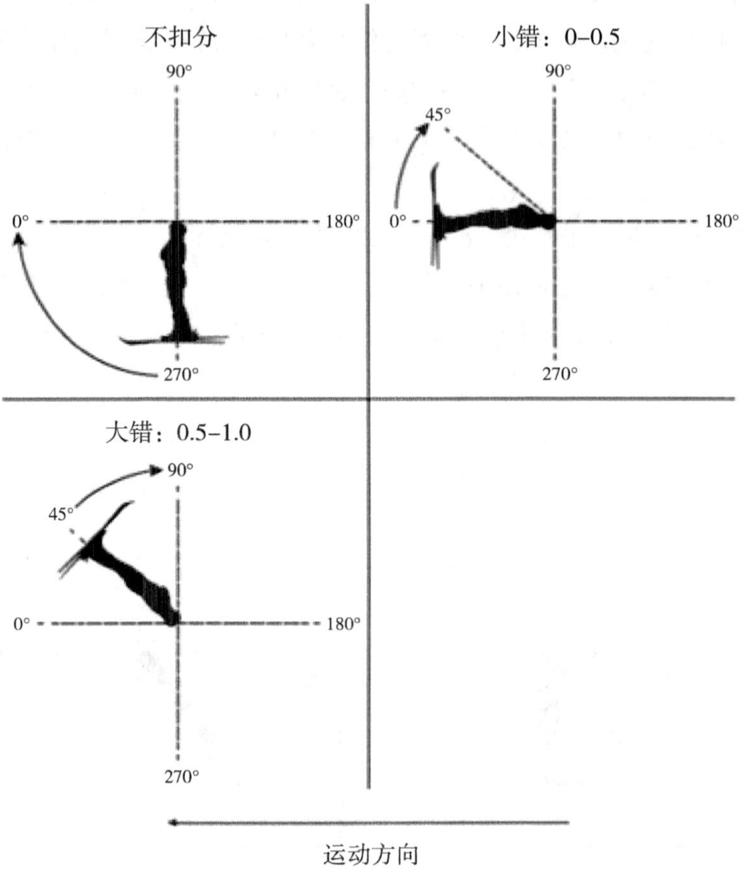

图 1-6-9　三周空翻转体结束时机及扣分示意图

2. “象限法判罚标准”存在的问题

国际雪联推出“象限法判罚标准”的初衷是为了平息“时钟法判罚标准”在第一周判罚中所出现的争议，其做法确实考虑了空中技巧运动的特点以及第一周动作时空条件的客观性，但“象限法判罚标准”实质是在“时钟法判罚标准”基础上，大幅度放宽判罚尺度，那么，针对“时钟法判罚标准”所存在的动作歧义界定、动作组合的歧义界定，“象限法判罚标准”更是在所难免。

如图所示，在 12 点到 9 之间，bdFFF 动作和 bRuRuF 动作在第一周这个空间时相阶段必须存在重叠现象，因此，也就必然会造成两个动作的歧义界定，进而导致动作组合的歧义界定。由于“象限法判罚标准”的判罚尺度被放宽了，则从某种程度上讲，更容易引起判罚的歧义现象。

3. 关于“动作界限”的规定

从表 1–6–5 和表 1–6–6 所述内容可以看出，关于“动作界限”的界定，其实质是对放宽“时钟法判罚标准”做出的一个“附加限制”，这是在放宽“标准区域”要求的前提下，要求运动员的整体及单周动作要更加规范，即裁判员在判定运动员动作时，先以动作的周际为标准对运动员动作的完成情况进行整体档次认定。

表1–6–5　动作界限内容

序号	内容
1	动作界限指的是运动员能够清晰展示每个动作的开始和结束，即：每个空翻动作中申报的转体数量。如果一跳动作中每周有一定数量的转体，运动员应该清楚表明每个转体速度变化，手臂可有助于裁判员判别转体动作但不一定能表明动作界限
2	动作界限不应该对时机的评判标准有任何明显的影响。任何一个跳跃动作都可能有清晰的动作界限而没有恰当的时机，反之，动作时机恰到好处但动作界限不清也是可以理解的

表1–6–6　动作界限评分标准

序号	评分内容	扣除分数	最高分
1	动作间没有清楚的界限	1.0	4.0
2	单个动作可明确界定 但动作界限不明显	0.5	4.5
3	动作界限明显	0.0	4.5 以上，最高 5.0

注：● 给分差距只有 0.5。不可以少于 0.5（如 0.3）或多于 0.5（如 0.7）。

● 任何跳跃动作界限只扣分一次（不是在第一周和第二周之间扣 1.0 分；在第二周和第三周之间扣 1.0 分）。

纵观历年来国际规则关于时钟法判罚标准的演变，应该说最新版“时钟法判罚标准”打破了原有标准判罚的单一性，即只以“标准区域”来限定运动员的空翻界限；现今的“时钟法判罚标准”实质是对评定运动员空翻的方向、运动员空翻周际即时位置以及运动员动作整体表现的一个综合评价标准。

（五）空中技巧“时钟法判罚标准”存在的问题分析

1. “时钟法判罚标准”的演变是对空中技巧本身认识提高的过程

裁判规则是竞争场上的尺子，是运动员竞技表现的一杆秤。在相对公平的环境下，运动员竞技水平的高低就是凭借这杆“秤”来评定。

但空中技巧项目发展历程中的很多事实告诉我们，任何事物都是两方面的，这个“时钟法判罚标准”确实存在一定的问题，甚至一度影响到空中技巧运动的持续发展。

为确定“时钟法判罚标准”的演变历程，本文走访了国际雪联的专职官员，得到的答案是：“时钟法判罚标准”一直以来都只是在国际裁判员培训班中以约定俗成的非正式条文形式出现，真正形成明确的国际规则条款说明，也只是在最新版的 2007 年国际规则中得以落实。

由此可见，“时钟法判罚标准”的成长历程，实际上也是国际雪联对这一标准的认识提高过程，即经过多年的现实与理论磨合，才最终上升为明确国际规则条文。但不可否认的是，任何事物都是发展变化的，“时钟法判罚标准”也同样。时至今日，这个标准也还是在认识提高过程中发展变化。

2. “时钟法判罚标准”中“标准区域”界定有悖空中技巧运动发展规律

在空中技巧的实际判罚过程中，运动员最大困惑就是 1 点到 11 点这个“标准区域”的限定，曾有国家的运动员将这个“标准区域”说成是运动员完成动作的恐怖区域。

在 2006 年以前的奥运会中，运动员为取得优异成绩，都采用了“规避风险”的战术手段，即在动作组合中，尽量避免出现第一周完成 720° 或 720° 以上转体动作。

表 1-6-7 反映出了近三届冬奥会男子空中技巧运动员的动作组合情况（第 19 届完成冠军是因为成功完成了 bdFdFF 而夺冠）。

表1-6-7　三届奥运会男子空中技巧决赛中冠军、亚军动作组合

奥运会	冠军动作组合	亚军动作组合
第18届冬奥会	bFdFF/bdFFF	bFdFF/bLdFF
第19届冬奥会	bdFFF/bdFdFF	bFdFF/bdFFF
第20届冬奥会	bFdFF/bLdFF	bFdFF/bdFFF

笔者非常有幸曾就动作组合问题专门咨询了这三届冬奥会的冠军、亚军，得到的反馈信息是：动作组合必须要考虑战术成分，即都要刻意避免选择第一周 dF 类动作遭“时钟法判罚标准”“标准区域”限定重罚的可能。甚至这些冠、亚军即使取得了好成绩，也要流露出无奈选择动作组合的态度。

通过调查第 19 届、20 届男子空中技巧决赛 12 名运动员 dFFF 动作的得分情况发现，所有选择这一动作的运动员的成绩都相对较低（表 1–6–8）。

表1–6–8　两届奥运会男子空中技巧决赛bdFFF动作得分情况统计

奥运会	最高、最低分	平均分
第19届冬奥会	6.8/5.2	6.26
第20届冬奥会	6.3/5.5	5.96

注：统计人数为决赛 12 名运动员所做的 bdFFF 动作。

那么运动员实际完成动作的真实情况到底如何呢？

笔者通过比赛现场观察和事后对比赛录像的分析发现，很多运动员的实际动作质量，除了不能满足“时钟法判罚标准”那个“标准区域”的要求外，其他方面可以说接近“标准区域”要求完美。

例如，捷克选手在第 19 届冬奥会空中技巧决赛中超水平发挥，成功完成当时世界最难动作 bdFdFF 动作，其中第一周 dF 转体结束时机如下。

但从图 1–6–10 可以看出，这名捷克选手拿到了最终的冠军，但他也并未十全十美地严格遵守“时钟法判罚标准”的要求，只不过他完成第一个 dF 时的空中动作时相更接近 11 点这个“标准区域”的要求而已。

图 1–6–10　第 19 届冬奥会男子空中技巧决赛捷克运动员完成 bdFdFF 动作在第一个 dF 动作 11 点方位上的时相图

如前所述，历史和现实都证明了运动员在第一周空间时相只有 270° 左右的前提下，完成第一周 dF 类动作是无法达到“时钟法判罚标准”中“标准区域”限定要求，因此，裁判员坚持执行“时钟法判罚标准”是明知不可为而为之的无奈之举。

因此，针对运动员第一周使用 dF 类动作时坚持执行“标准区域”的判罚对空中技巧运动的发展非但没有起到应有的促进作用，这种不顾事实地判罚也有悖于空中技巧运动发展规律。

3. “时钟法判罚标准”始终无法避免动作界定判罚的“歧义性”

表1-6-9 bdFFF动作和bRuRuF动作内容对比

序号	动作名称	动作内容	两个动作转体度数的差异
1	bdFFF	直体 720° 接直体 360° 接直体 360°	两个动作总转体度数相同；第一周转体相差 180° 第二周转体相差 360° 第三周转体度数相同
2	bRuRuF	直体 540° 接直体 540° 接直体 360°	

截至目前，关于“时钟法判罚标准”在动作界定方面存在歧义性的客观事实，始终是空中技巧界一个悬而未决的历史问题。

造成运动员动作界定判罚歧义性的实质根源在于——“时钟法判罚标准”的“标准区域”不能准确界定空翻动作的性质。即按“时钟法判罚标准”所界定的动作起始界限对运动员动作性质进行判定，必然会引起不同技术动作界定的歧义现象，进而还会引发运动员组合动作的选择歧义现象。

表1-6-10 国际规则关于不同动作定义的内容

序号	不同动作条款	定义内容
1	非空翻无转体动作	完成的动作数量或种类有变化
2	非空翻有转体动作	转体圈数有变化
3	空翻动作	从前空翻到后空翻的变化或相反；动作数量不同；空翻周数相同但转体度数不同；转体度数相同但空翻周数不同
4	两周以上空翻转体的特别规定	完成空翻周数和总转体度数都相同的两次跳跃动作时，在其相应的某一周空翻中，转体度数应差至少 360°

（1）动作界定的歧义判罚

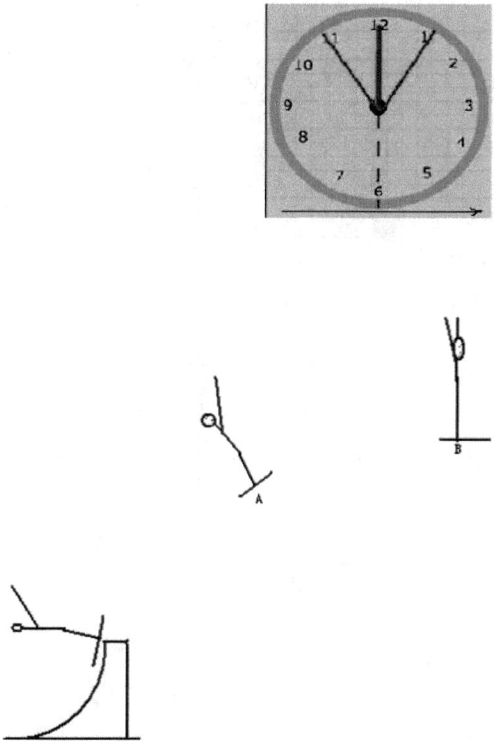

A：第一周转体 720° 结束时机，背对跳台；

B：第二周转体 360° 结束时机，基本为 12 点位置

图 1-6-11　标准 bdFFF 动作第一周转体结束和第二周转体结束时机示意

关于“时钟法判罚标准”最经典判罚的歧义案例是针对 bdFFF 动作和 bRuRuF 动作的判罚。在裁判员实际执法判罚过程中，经常出现无法准确量化两个动作差异的现象。

首先，两个动作都是三周空翻，总的转体度数在 1080° ；我们依据国际规则关于不同动作的认定标准，可以区分 bdFFF 动作和 bRuRuF 动作在第二周相差 360° ，所以，从理论上可确保两者是不同动作。

其次，为什么会存在裁判判罚的歧义性呢？

最核心的问题就出在第一周转体结束时机和发动第二周的转体动作的时机，即当运动员要进行第二周转体动作时，运动员的身体到底转体了多少度。

bdFFF 动作和 bRuRuF 动作前两周转体结束时机示意如下图 1-6-12：

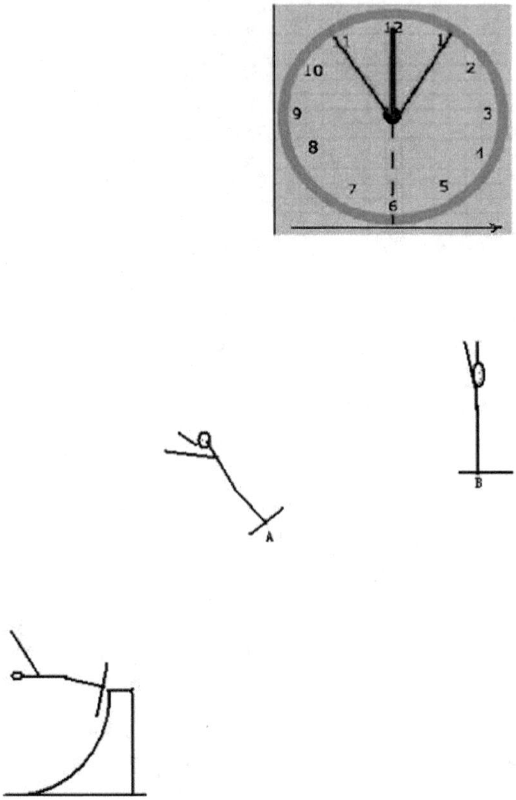

A：第一周转体 540° 结束时机，面向跳台；

B：第二周转体 540° 结束时机，基本为 12 点位置

图 1-6-12　标准 bRuRuF 动作第一周转体结束和第二周转体结束时机示意

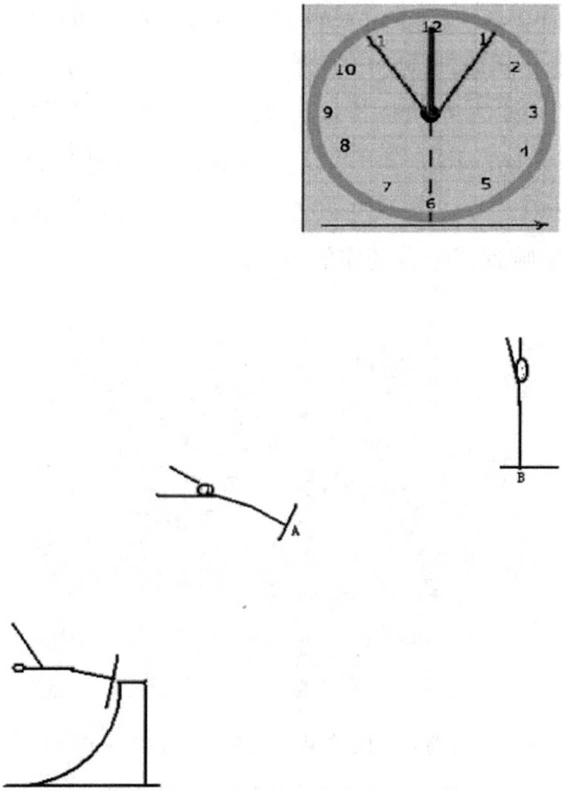

A：第一周转体 720° 结束时机，接近 9 点位置；

B：第二周转体 360° 结束时机，基本为 12 点位置

图 1–6–13　非标准 bdFFF 动作第一周转体结束和第二周转体结束时机示意图

从图 1-6-14 对比我们可以看出，在第 19 届冬奥会男子空中技巧决赛中，两名美国选手的 bdFFF 动作在第一周完成 dF 动作已严重违背“时钟法判罚标准”“标准区域”的判罚要求，因为在 11 点的时相上，两人都是刚转体 540°，尚未完成 180° 的转体度数才能达到第一周转体 720° 的要求，应属重大失误判罚之列。

因此，依据“时钟法判罚标准”，加之国际雪联“不同动作定义”的要求，这两名美国选手 bdFFF 动作可界定为 bRuRuF（直体转体 540° 接直体转体 540° 接直体转体 360°）动作。如果这样判罚，实质上是认定运动员改变了动作性质，且还可能影响到其组合动作的界定。

图 1-6-14 第 19 届冬奥会两名美国选手及 bdFFF 动作第一周 11 点方位动作时相图

（注：运动员飞行方向为从右至左）

图 1-6-15 第 19 届冬奥会两名美国选手 bdFFF 动作第一周 11 点方位动作时相图

（注：运动员飞行方向为从右至左）

图 1-6-16　第 19 届冬奥会加拿大选手 bdFFF 动作第一周 11 点方位动作时相图

（注：运动员飞行方向为从右至左）

从图 1-6-10、图 1-6-11 的示意图可以看到，判断运动员完成的是什么动作，最终的标准是以“时钟法判罚标准”的“标准区域”来衡量的，即标准的 bdFFF 动作第一周结束时必须是背对跳台，而 bRuRuF 第一周动作结束时则必须面对跳台。

从运动员录像资料和比赛现场观察，运动员完成第一周 720° 转体动作时，都无法达到“标准区域”的要求限定，实际上，很多运动员都是接近 9 点火的时候才完成第一周的转体，详见图 1-6-12。

这就在理论和现实中都存在一个可能——在 12 点到 9 点之间，当运动员实际完成转体 720° 和转体 540° 时，特别是在依据“时钟法判罚标准”的“标准区域”前提下，就存在在某些时相上存在相同转体度数的情况。

情况一：如图 1-6-12 所示，bdFFF 动作第一周动作结束时，很可能是接近 9 点，那么反之，bdFFF 动作在 11 点这一“标准区域”的临界状态完成可能像标准 bRuRuF 的动作第一周一样只完成 540° 转体。这时依据“时钟法判罚标准”完全可以认定运动员第一周完成的是 Ru 而非 dF，即这个时候就可以明确认定运动员完成动作的性质了！

特别是 2008 版的“时钟法判罚标准”，由于“标准区域”已经放宽到 9 点才开始扣小错分 0-0.5；因此，新版的“时钟法判罚标准”更加无法准确判定动作界限。

情况二：同理，bRuRuF 动作在完成第一周动作后的时机，也完全有可能在 9 点的时候再转体 180° ，形成在 9 点时相附近完成转体 720° 的事实，即此时按“时钟法判罚标准”可以认定运动员完成的第一周动作是 dF，这样也可以明确认定运动员实际完成动作的性质。

那么，综合情况一、二，按现有的“时钟法判罚标准”来判定 bdFFF 动作和 bRuRuF 动作，则会产生歧义现象——即必然出现同一标准无法判定两个不同动作的客观事实。

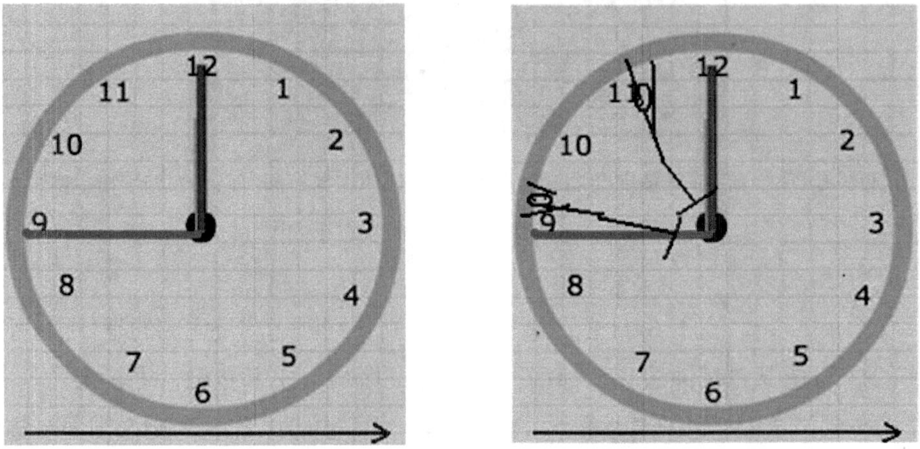

黑色箭头线：运动员飞行方向

图 1-6-17　bdFFF 动作和 bRuRuF 第一周转体结束时机重叠（12 点到 9 点）区域

（2）组合动作的歧义判罚

由于 bdFFF 动作和 bRuRuF 存在事实上的歧义界定现象，因此，将直接导致运动员在组合动作方面的歧义问题。

例如，某运动员可以充分利用裁判规则无法判定 bdFFF 和 bRuRuF 差别的客观事实，故意将 bdFFF 动作申报为 bRuRuF 动作，这样与另一难度动作 bLdFF 可以分别形成两个不同的组合动作——即 bdFFF、bLdFF 和 bRuRuF、bLdFF，且这样动作申报完全符合国际规则要求。

在实际比赛过程中，确实有部分选手申报 bRuRuF 动作。后经调查和分析，那些申报 bRuRuF 动作的选手大多出于战术考虑和顾虑“时钟法判罚标准”的“标准区域”限制，因此，他们将 bdFFF 动作作为 bRuRuF 动作申报。其实，针对运动员而言，这种带有“钻规则空子”之嫌的做法倒是无可厚非，但实际上却给裁判员出了一个不小的难题——到底如何界定 bdFFF 动作和 bRuRuF 动作的差别呢？因此，由于无法准确判定 bdFFF 动作和 bRuRuF 动作的区别，则必将导致组合动作的歧义现象发生。

4. “时钟法判罚标准”的发展对策

关于“时钟法判罚标准”的发展对策，本文的方案有两个，一是全面完善“时钟法判罚标准”；二是建立新的“判罚标准”以取代“时钟法判罚标准”。

（1）保留原则——进一步完善“时钟法判罚标准”的限定区域

——针对第一周非转体或第一周转体不超 540° 的两周空翻和三周空翻，应坚持执行旧版“时钟法判罚标准”的“标准区域”判罚要求，且 12 点这一时机为第一周转体结束的最后时机。

虽然空中技巧动作是通过跳台起跳来完成动作，但从对动作的方向和周数界定来看，以相对垂直的地面来界定完整周数是比较合理和方便的方式，以时钟 12 点为限，更能说明运动员动作的周数界限。

从运动实践来看，运动员完成第一周为非转体动作或转体不超 540° 的动作，实际的时空条完全满足运动员完成动作的需要，因此，必须严格执行“时钟法判罚标准”的“标准区域”规定，而且还要加大判罚力度，将 11 点 ~ 12 点的“标准区域”取消，只保留 1 点 ~ 12 点的“标准区域”，因为在 12 点这个时相判定运动员第一周结束时机，简结明了且非常容易观察。

笔者针对 Ru 动作进行了专门调查，目前国际上只有 2 ~ 3 个运动员第一周跳 Ru 动作，因此，强化“时钟法判罚标准”并不影响运动员第一周选择 Ru 动作，而且在一定程度上还会避免动作歧义认定现象的发生。

——针对第一周转体 720° 的两周空翻和三周空翻，其第一周结束时机，只将“时钟法判罚标准”“标准区域”放宽到 9 点，且为防止出现 Ru 动作和 dF 动作在第一周结束时发生同一时相姿势相同的现象，要求在 12 点时相上发生动作姿势与第一周转体 540° 结束时机相同时，将遭受重罚！

这么规定的前提有两个原因，一是针对第一周时空条件不足的客观事实，为第一周转体 720° 动作创造更大的空间；二是避免动作界定歧义现象。

——针对第一周转体超 720° 的两周空翻和三周空翻，其第一周结束时机可按“时钟法判罚标准”“标准区域”放宽到 6 点

对于第一周超 720° 的转体，理应在判罚 720° 转体的基础上再放宽一定的尺度，这样会鼓励运动员去挑战更难、更大的转体度数。

——无论第一周是否转体的两周空翻和三周空翻，其第二周结束时机必须严格执行旧版“时钟法判罚标准”“标准区域”的规定。

从运动实践角度出发，运动员第二周动作的结束时机基本都能满足“时钟法

判罚标准”的要求，这是因为运动员会通过对动作节奏的控制来合理分配完成动作所需要的时空条件。

——取代原则——放弃“时钟法判罚标准”的约束

放弃“时钟法判罚标准”主要是指：不再约束运动员完成转体动作的具体开始及结束时机，但必须坚持以 12 点为限进行整数周划分。

——放弃“时钟法判罚标准”可以彻底摆脱动作界定歧义现象

如果空中技巧放弃而不是放宽“时钟法判罚标准”，则会彻底摆脱运动界定歧义的现象。

以空中技巧 3 周动作为例，运动员从起跳瞬时开始到着际为止，其实际完成的动作并不是完整的 3 个整周数，但运动员完成的实际转体度数却是 180° 的偶数倍（非转体除外）。

我们以体操自由操后空翻两周转体 360° 为例进行对比。在该动作的实际完成过程中有两种做法，一是在第一周空翻同时加转 360° ，二是第一周空翻不转体，在第二周时转体 360° 。那这两种做法哪一种得分高呢？事实证明，运动员只要顺利完成这两种做法都可得到理想的分数。

在空中技巧比赛中存在一个不利的客观条件，即无法满足运动完成“整数周”这个概念。

试问：既然不是完整的“整数周”，为什么非要约束转体起始及结束的时机呢？而所谓被限定时相，正是空翻“整数周”中的某一时相！

另外，运动员第一周未完成的转体度数被带到第二周中完成，并没有影响第二周的转体动作，只要最终运动员完成了相应的转体度数，且成立着陆，难道就不是一次完美的动作吗？

综上所述，空中技巧最终比较的实质是——运动员必须在不完整的“整数周”中完成 180° 的偶数倍转体动作！

本文据此分析，空中技巧的判罚标准除了动作的基本方向、姿态外，重点应放在运动员实际完成转体度数和效果评价上。

最终，运动员进行竞技的内容是，在有限的时空条件下，比较谁能顺利完成转体动作并达到最好的效果。

这样运动员就不会再担心自己是否要达到某一所谓的时相必须完成的转体度数，裁判员也不会针对某一时相是否会把两个动作判为相同而烦恼。

——放弃“时钟法判罚标准”后，裁判员在判罚时只要确定在运动员“整数周”各完成了多少转体度数以及最终的转体度数即可。

由于放弃“时钟法判罚标准”，因此，运动员将不再担心自己的转体结束时机是否受到处罚。

但随之而来的问题是，那些在第一周有限的时空条件转体度数大的运动员似乎就有吃亏之嫌！

笔者认为，公平是相对的，既然规则本身就存在实质不公平（如运动员实际完成动作的空间并不是“整数周”），那为什么非要坚持这种实质的不公平呢？

运动员申报了 bdFFF 动作，结果他在实际完成动作的过程中，第一周实质是完成了 F，那为完成最终的转体度数，那他必然要将第一周未完成的转体度数带到第二周甚至第三周中去完成，那么，只要这个运动员最终完成了申报的转体度数，那对动作的整体效果又有什么不良影响呢？

因此，裁判员在判罚运动员转体度数时，只要能落实运动员在“整数周”中到底转体了多少度数以及最终是否完成了申报的转体度数，就完全可以进行相应的评判。

解读7：关于动作难度系数的问题

一、国际规则中的动作难度表

（一）非空翻动作难度系数

表1-7-1　非空翻动作

序号	动作名称	难度系数	代号
	基本难度	1.50	—
1	哥萨克跳	0.20	K
2	后屈小腿扭摆跳	0.15	M
3	横大一字跳	0.20	S
4	纵大一字跳	0.20	D
5	腿交叉与不交叉跳	0.20	L
6	并腿体前屈跳	0.15	Z
7	下肢扭摆跳	0.15	T
8	后屈小腿挺身跳	0.15	Y
9	十字交叉跳	0.15	X
	组合动作的奖励增值	0.05	—
10	直体转体360°（直升机）跳	0.45	3
11	直体转体720°跳	0.90	7
12	直体转体1080°跳	1.35	10
13	直体转体1440°跳	1.80	14
14	直体转体1800°跳	2.25	18

（二）非空翻动作组合难度系数

动作组合是指连续几个不同的跳跃姿势，但不包括回到或通过垂直姿势，即不包括腿部伸展和并拢、双板平行这些动作。

下面是组合动作的例子：下面是非组合动作的例子：

- 纵一字跳接下肢扭摆跳 。
- 并腿体前屈跳接后屈小腿挺身跳（或后屈小腿扭摆跳），或反过来。
- 后屈小腿挺身跳接横大一字跳。
- 横大一字跳接下肢扭摆跳，或反过来。
- 直体转体 360° 跳接任何其他姿势。

例如：两次横大一字（代号 SS）

1.50+0.20+0.20 =1.90

纵大一字接横大一字（代号 DS）

1.50+0.20+0.20+0.05 =1.95

纵大一字接横大一字接下肢扭摆接横大一字（代号 DSTS）

1.50+0.20+0.05+0.20+0.15+0.20 =2.30

四次纵大一字（代号 DDDD）

1.50+0.20+0.20+0.20+0.20 =2.30

两次纵大一字接三次下肢扭摆（代号 DDTTT）

1.50+0.20+0.20+0.05+0.15+0.15+0.15 =2.40

纵大一字接 3 次下肢扭摆接并腿体前屈（代号 DTTTZ）

1.50+0.20+0.05+0.15+0.15+0.15+0.15+0.15 = 2.40

直升机（代号 3）

1.50+0.45 =1.95

直升机接纵大一字接横大一字（代号 3DS）

1.50+0.45+0.20+0.20+0.05 =2.40

720°

1.50+0.45+0.45 =2.40

720° 接纵大一字（代号 7D）

1.50+0.45+0.45+0.20 =2.60

1080° （代号 10）

1.50+0.45+0.45+0.45 =2.85

（三）空翻动作难度系数表

从表 1–7–2 ~ 表 1–7–8 可以看出，每一组表中都存在“前空翻”或“侧空翻”动作代号及难度系数。

表1–7–2　无转体的一周空翻

序号	动作名称	难度系数	代号
1	团身前空翻（屈体前空翻）	2.00	fT/P
2	直体前空翻	2.10	fL
3	团身后空翻（屈体后空翻）	2.00	bT/P
4	直体后空翻	2.05	bL
5	团身侧空翻（屈体侧空翻）	2.00	sT/P
6	直体侧空翻	2.10	sL

表1–7–3　无转体的两周空翻

序号	动作名称	难度系数	代号
1	团身前空翻两周、屈体前空翻两周、团身 + 屈体或屈体 + 团身前空翻两周	2.60	fTT
2	直体前空翻接团身前空翻	2.70	fLT
3	直体前空翻两周	2.80	fLL
4	团身后空翻两周，屈体后空翻两周或团身 + 屈体或屈体 + 团身后空翻两周	2.55	bTT
5	直体后空翻接团身后空翻	2.60	bLT
6	直体后空翻两周	2.65	bLL

表 1-7-4 无转体的三周空翻

序号	动作名称	难度系数	代号
1	团身前空翻三周或屈体前空翻三周	3.30	fTTT
2	直体前空翻接团身前空翻两周	3.40	fLTT
3	直体前空翻两周接团身前空翻	3.50	fLLT
4	直体前空翻三周	3.60	fLLL
5	团身后空翻三周或屈体后空翻三周	3.15	bTTT
6	直体后空翻接团身后空翻两周	3.20	bLTT
7	直体后空翻两周接团身后空翻	3.25	bLLT
8	直体后空翻接团身后空翻接直体后空翻	3.25	bLTL
9	直体后空翻三周	3.30	bLLL

表1-7-5 有转体的一周空翻

序号	动作名称	难度系数	代号
1	前空翻 360°	2.40	fF
2	前空翻 720°	2.90	fdF
3	后空翻 360°	2.30	bF
4	后空翻 720°	2.675	bdF
5	后空翻 1080°	3.150	btF

表1-7-6 有转体的两周空翻

序号	动作名称	难度系数	代号
1	前空翻 180° 接 180°	3.00	fHH
2	直体前空翻 180° 接 180°	3.10	fHIH
3	前空翻 360° 接团身	3.00	fFT
4	前空翻 360° 接直身体	3.10	fFL
5	前空翻 360° 接 360°	3.40	fFF
6	团身前空翻接 720°	3.50	fTdF
7	直体前空翻接 720°	3.60	fLdF
8	后空翻 180° 接 180°	2.85	bHH
9	直体后空翻 180° 接后空翻 180°	2.90	bHIH
10	后空翻 360° 接团身或后空翻 360° 接屈体	2.85	bFT/FP
11	团身后空翻接 360°	2.85	bTF
12	直体后空翻接 360°	2.90	bLF
13	直体后空翻 360° 接直体	2.90	bFl
14	直体后空翻 360° 接 360°	3.15	bFF
15	直体后空翻 540° 接 180°	3.175	bRuH
16	后空翻 180° 接 540°	3.200	bHRu
17	团身后空翻接 720°	3.225	bTdF
18	直体后空翻接 720°	3.275	bLdF
19	直体后空翻 720° 接团身	3.225	bdFT
20	直体后空翻 720° 接直体	3.275	bdFL
21	直体后空翻 360° 接 720°	3.525	bFdF
22	直体后空翻 720° 接 360°	3.525	bdFF
23	直体后空翻接 540° 接 540°	3.500	bRuRu
24	后空翻 180° 接 900°	3.625	bHRa
25	直体后空翻 180° 接 900°	3.625	bHIRa
26	后空翻 900° 接 180°	3.550	bRaH
27	直体后空翻接 1080°	3.750	bLtF

（续表）

序号	动作名称	难度系数	代号
28	直体后空翻 1080°　接直体	3.750	btFL
29	直体后空翻 720°　接 720°	3.900	bdFdF
30	直体后空翻 540°　接 900°	3.925	bRuRa
31	直体后空翻 360°　接 1080°	4.000	bFtF
32	直体后空翻 540°　接 180°	3.200	bRuH

表1-7-7　有转体的三周空翻

序号	动作名称	难度系数	代号
1	前空翻360°　接团身两周	3.70	fFTT
2	前空翻360°　接360°　接团身	4.10	fFFT
3	直体后空翻接180°　接180°	3.50	bLHH
4	直体后空翻接直体180°　接180°	3.55	bLHIH
5	后空翻180°　接团身接180°	3.45	bHTH
6	直体后空翻180°　接团身接180°	3.50	bHITH
7	后空翻360°　接团身两周	3.45	bFTT
8	直体后空翻接360°　接团身	3.50	bLFT
9	直体后空翻接团身接360°	3.50	bLTF
10	直体后空翻两周接360°	3.55	bLLF
11	后空翻180°　接180°　接360°	3.75	bHHF
12	后空翻180°　接360°　接180°	3.75	bHFH
13	直体后空翻360°　接180°　接180°	3.75	bFHH
14	直体后空翻180°　接180°　接360°	3.80	bHIHF
15	直体后空翻180°　接360°　接180°	3.80	bHIFH
16	直体后空翻360°　接直体180°　接180°	3.80	bFHIH

（续表）

序号	动作名称	难度系数	代号
17	直体后空翻360° 接360° 接团身	3.75	bFFT
18	直体后空翻360° 接团身接360°	3.75	bFTF
19	直体后空翻接360° 接360°	3.80	bLFF
20	直体后空翻540° 接团身接180°	3.850	bRuTH
21	直体后空翻360° 接360° 接360°	4.050	bFFF
22	直体后空翻540° 接360° 接180°	4.150	bRuFH
23	直体后空翻180° 接540° 接360°	4.100	bHIRuF
24	直体后空翻360° 接720° 接团身	4.125	bFdFT
25	直体后空翻180° 接900° 接直体	4.275	bHIRaL
26	直体后空翻接720° 接360°	4.175	bLdFF
27	直体后空翻360° 接720° 接360°	4.425	bFdFF
28	直体后空翻540° 接540° 接360°	4.450	bRuRuF
29	直体后空翻720° 接360° 接360°	4.525	bdFFF
30	直体后空翻180° 接900° 接360°	4.525	bHRaF
31	后空翻360° 接720° 接720°	4.900	bFdFdF
32	直体后空翻360° 接1080° 接团身	4.600	bFtFT
33	直体后空翻接1080° 接360°	4.650	bLtFF
34	直体后空翻720° 接720° 接360°	4.900	bdFdFF
35	直体后空翻720° 接360° 接720°	5.000	bdFFdF
36	直体后空翻540° 接900° 接360°	4.875	bRuRaF
37	直体后空翻1080° 接360° 接360°	5.100	btFFF

表1-7-8　最新版国际规则中常见难度系数表

序号	动作名称	难度系数	代号
1	直体后空翻	2.050	bL
2	直体后空翻转体360°	2.300	bF
3	直体后空翻接团身后空翻	2.600	bLT
4	直体后空翻两周	2.900	bLL
5	直体后空翻转体360° 接团身后空翻	2.850	bFT
6	直体后空翻接直体后空翻转体360°	2.900	bLF
7	直体后空翻转体360° 接直体后空翻转体360°	3.150	bFF
8	直体后空翻接团身后空翻接团身后空翻	3.200	bLTT
9	直体后空翻转体720° 接团身后空翻	3.225	bdFT
10	直体后空翻接直体后空翻转体720°	3.275	bLdF
11	直体后空翻接直体后空翻转体360° 接团身后空翻	3.500	bLFT
12	直体后空翻接屈体后空翻接直体后空翻转体360°	3.500	bLPF
13	直体后空翻接团身后空翻接直体后空翻转体360°	3.500	bLTF
14	直体后空翻转体720° 接直体后空翻转体360°	3.525	bdFF
15	直体后空翻转体360° 接直体后空翻转体720°	3.525	bFdF
16	直体后空翻接直体后空翻转体360° 接直体后空翻转体360°	3.800	bLFF
17	直体后空翻接直体后空翻转体720° 接直体后空翻转体720°	3.900	bdFdF
18	直体后空翻360° 接直体后空翻转体360° 接直体后空翻转体360°	4.050	bFFF
19	直体后空翻接直体后空翻转体720° 接直体后空翻转体360°	4.175	bLdFF
20	直体后空翻360° 接直体后空翻转体720° 接直体后空翻转体360°	4.425	bFdFF
21	直体后空翻720°接直体后空翻转体360°接直体后空翻转体360°	4.525	bdFFF
22	直体后空翻360°接直体后空翻转体360°接直体后空翻转体720°	4.525	bFFdF
23	直体后空翻360°接直体后空翻转体1080°接直体后空翻转体360°	4.900	bFtFF
24	直体后空翻720°接直体后空翻转体360°接直体后空翻转体720°	5.000	bdFFdF

空中技巧的发展历史表明，在正式比赛中，几乎没有完成前空翻动作的运动员，更没有人去完成所谓的侧空翻。

体操技巧的运动实践表明，向前的空翻是很难着陆的，况且空中技巧要着陆在一个 37° 坡上，向前空翻动作着陆将会更加困难。

至于侧空翻动作，涉及转体 90° 的问题，换句话说：运动员在完成过程中，必须起跳后转体 90° 或其倍数，着陆后再转 90° 或其位数，完成此类动作的准确性和难度可想而知。

因此，侧空翻是空中技巧项目难度设置中最不切实际的动作！

另外，从表 1–7–2 中可看出，屈体空翻和团身空翻难度划为了一类动作。

这也不符合空中技巧实际情况的动作分类。运动实践表明，空中技巧项目中完成屈体动作要比团身动作相对困难，如果没有区分难度就将不同类划分在一起，不利于这个项目的发展。

（三）空翻动作难度系数计算方法

1. 国际规则中难度系数的变化

截至 2008 版国际规则，空中技巧动作难度变化的主要有如下几个动作：

表1–7–9　动作难度系数变化的原因

序号	代号	原难度系数	现难度系数
1	bFdF	3.55	3.525
2	bdFF	3.55	3.525
3	bLdFF	4.200	4.175
4	bRuRuF	4.375	4.450
5	bdFFF	4.45	4.525

2. 难度系数初始计算方法及变化

以团身或屈体姿势前空翻一周，或后空翻一周，或侧空翻一周的基础难度系数为 2.0。

后空翻的奖励增值：

增加的空翻	第二周	0.55
	第三周	0.60
直体姿势（每周）	0.05	
直体转体 360° 的奖励	0.25（360°）（F）	
注：整个动作中每 180°	0.125	

超直体 360° 以上非完整转体的第 1 个 180°	0.05（540°）（Ru）
（三周 540° 中转体奖励在第一周或最后一周）	0.05
超直体 360° 以上非完整转体的第 2 个 180°	0.075（720°）（dF）
（三周 720° 中转体奖励在第一周或最后一周）	0.10
超直体 360° 以上非完整转体的第 3 个 180°	0.10（900°）（Ra）
（三周 900° 中转体奖励在第一周或最后一周）	0.15
超直体 360° 以上非完整转体的第 4 个 180°	0.125（1080°）（tF）
（三周 1080° 中转体奖励在第一周或最后一周）	0.20
超直体 360° 以上非完整转体的第 5 个 180°	0.15（1440°）（Rz）
（三周 1440° 中转体奖励在第一周或最后一周）	0.25
超直体 360° 以上非完整转体的第 6 个 180°	0.175（1800°）（qF）
（三周 1800° 中转体奖励在第一周或最后一周）	0.30

所有的开始或结束的转体 180° 的技术，一般为开始时用自由姿势，而结束时只能用直体转体 180° 。如果开始时的转体申报为直体 180° ，则按直体转体 180° 评分。

侧空翻的奖励增值：

增加的空翻	第二周	0.60
	第三周	0.70

直体姿势（每周）	0.10
整套动作中每个转体 180°	0.15
直体转体 360°	0.30
直体转体 360° 以上的转体	0.10/180°

从上述的难度系数计算的过程及细节可以看出，这是件非常复杂和麻烦的事情。本研究认为，上述繁琐的动作难度计算公式，对该项运动的发展没有实际益处。

相反，这个难度系数计算的基础和过程却存在一定的欠缺：

例如，对侧空翻想当然做出的奖励政策，其实都违背了空中技巧项目的发展规律，因为，当一项规则的制定已经起不到应有的引导和促进作用，该条规则就失去了存在的价值。

再如，空中技巧的运动实践表明，以“180° ”为基数的奖励加分，忽略的是空中技巧实际是以转体整数圈数才能起跳和着陆的事实：如果按转体 180° 计算，一是，没有运动员会倒着上跳台，更不可能倒向着陆；二是，现行空翻只有增加 360° 或超 360° 转体度数的整数倍才能彰显难度。

因此，空中技巧难度计算的基础应换成以转体 360° 为基数。

解读 8：关于“动作代号”记写的问题

关于国际规则中动作代号的记写问题，一直流行着两种方法，一是国际惯例要求，二是日本人记写方法

从表 1–8–1、表 1–8–2 可以看出，日本国发明的代号便于记忆，同一动作，用国际规则代号相对繁琐。

其实，在中国的训练中，我们依然使用“日本代号”记录和讲解动作。

表1–8–1　“动作代号”记写

序号	动作名称	国际规则代号	日本代号	备注
1	团身后空翻	T	1	
2	直体后空翻	L	2	
3	直体后空翻转体 180°	H	3	
4	直体后空翻转体 360°	F	4	三个方向 b：后 f：前 s：侧
5	直体后空翻转体 540°	Ru	5	
6	直体后空翻转体 720°	dF	6	
7	直体后空翻转体 900°	Ra	7	
8	直体后空翻转体1080°	tF	8	

表1–8–2　动作范例表

序号	动作名称	国际规则代号	日本代号
1	直体后空翻接团身后空翻	bLT	b21
2	直体后空翻接直体后空翻转体360°	bLF	b24
3	直体后空翻接直体后空翻转体720°	bLdF	b26
4	直体后空翻转体360° 接直体后空翻转体720°	bFdF	b46
5	直体后空翻转体720° 接直体后空翻转体360°	bdFF	b64
6	直体后空翻接直体后空翻转体720° 接直体后空翻转体360°	bLdFF	b264
7	直体后空翻转体360° 接直体后空翻转体360° 接直体后空翻转体360°	bFFF	b444

（续表）

序号	动作名称	国际规则代号	日本代号
8	直体后空翻转体360° 接直体后空翻转体720° 接直体后空翻转体360°	bFdFF	b464
9	直体后空翻转体360° 接直体后空翻转体720° 接直体后空翻转体720°	bFdFdF	b466
10	直体后空翻转体720° 接直体后空翻转体360° 接直体后空翻转体360°	bdFFF	b644
11	直体后空翻转体720° 接直体后空翻转体360° 接直体后空翻转体720°	bFdFdF	b646

解读 9：关于“H、HI、Ru、Ra”的问题

前面本研究曾提及“动作界定”歧义判罚的事情，其核心就是转体 180° 的问题。

在国际规则中，“H、HI、Ru、Ra”分别代表如下：

——H：自由姿态转体 180° ；

——HI：直体姿态转体 180° ；

——Ru：转体 540° ；

——Ra：转体 900° 。

首先，我们先剔除掉空中技巧中不切实际的“前空翻和侧空翻”动作，凡涉及“H、HI、Ru、Ra”代号的动作排列如下：

表1-9-1　涉及“H、HI、Ru、Ra”代号的动作

序号	动作名称	难度系数	代号
1	后空翻180°　接180°	2.85	bHH
2	直体后空翻180°　接后空翻180°	2.90	bHIH
3	直体后空翻540°　接180°	3.175	bRuH
4	后空翻180°　接540°	3.200	bHRu
5	直体后空翻180°　接540°	3.250	bHIRu
6	直体后空翻接540°　接540°	3.500	bRuRu
7	后空翻180°　接900°	3.625	bHRa
8	直体后空翻180°　接900°	3.625	bHIRa
9	后空翻900°　接180°	3.550	bRaH
10	直体后空翻540°　接900°	3.925	bRuRa
11	直体后空翻540°　接180	3.200	bRuH
12	直体后空翻接180°　接180°	3.50	bLHH
13	直体后空翻接直体180°　接180°	3.55	bLHIH
14	后空翻180°　接团身接180°	3.45	bHTH

（续表）

序号	动作名称	难度系数	代号
15	直体后空翻180° 接团身接180°	3.50	bHITH
16	后空翻180° 接180° 接360°	3.75	bHHF
17	后空翻180° 接360° 接180°	3.75	bHFH
18	直体后空翻360° 接180° 接180°	3.75	bFHH
19	直体后空翻180° 接180° 接360°	3.80	bHIHF
20	直体后空翻180° 接360° 接180°	3.80	bHIFH
21	直体后空翻360° 接直体180° 接180°	3.80	bFHIH
22	直体后空翻540° 接团身接180°	3.850	bRuTH
23	直体后空翻540° 接360° 接180°	4.150	bRuFH
24	直体后空翻180° 接540° 接360°	4.100	bHIRuF
25	直体后空翻540° 接540° 接360°	4.450	bRuRuF
26	直体后空翻180° 接900° 接360°	4.525	bHRaF
27	直体后空翻720° 接360° 接720°	5.000	bdFFdF
28	直体后空翻540° 接900° 接360°	4.875	bRuRaF

从上表可以看出，凡第一周和最后一周带“H、HI、Ru、Ra”代号的动作，全部是180° 的转体倍数，这明确表明了：运动员都没有倒滑起跳，而且所有的运动员也都没有倒向着陆。

从空中技巧比赛的历史看，这组表中的动作，在比赛中基本上没有出现过，原因有如下几点：

第一，运动员从助滑坡滑下，飞离台端时的速度大概（两周台和三周台）都是接近60分时/小时或大于此速度，在这个速度前提下，要求运动只转体180°或180° 的倍数，而且还要满足规则中“动作界限”的判定标准，基本是小概率事件，甚至运动员只要做出此类动作就意味着被罚分。

例如：bRaH（后空翻900° 接180°，难度系数3.55）动作第一周要转体900°，从理论分析我们知道，运动员第一周实际翻转空间只有约270°，在不足一周的空间前提下，还要强行转体900°，根据规则6004.2.2.1.2条款要求（两空翻转体最晚结束时机），实际上，运动员是不可能满足这项规则技术要求的，那就会造成“只要做，就必然被扣分”的客观事实。因此，必须找到相近的动作来替代申报，所以，按常理思维，运动员不会贸然选择这个动作！

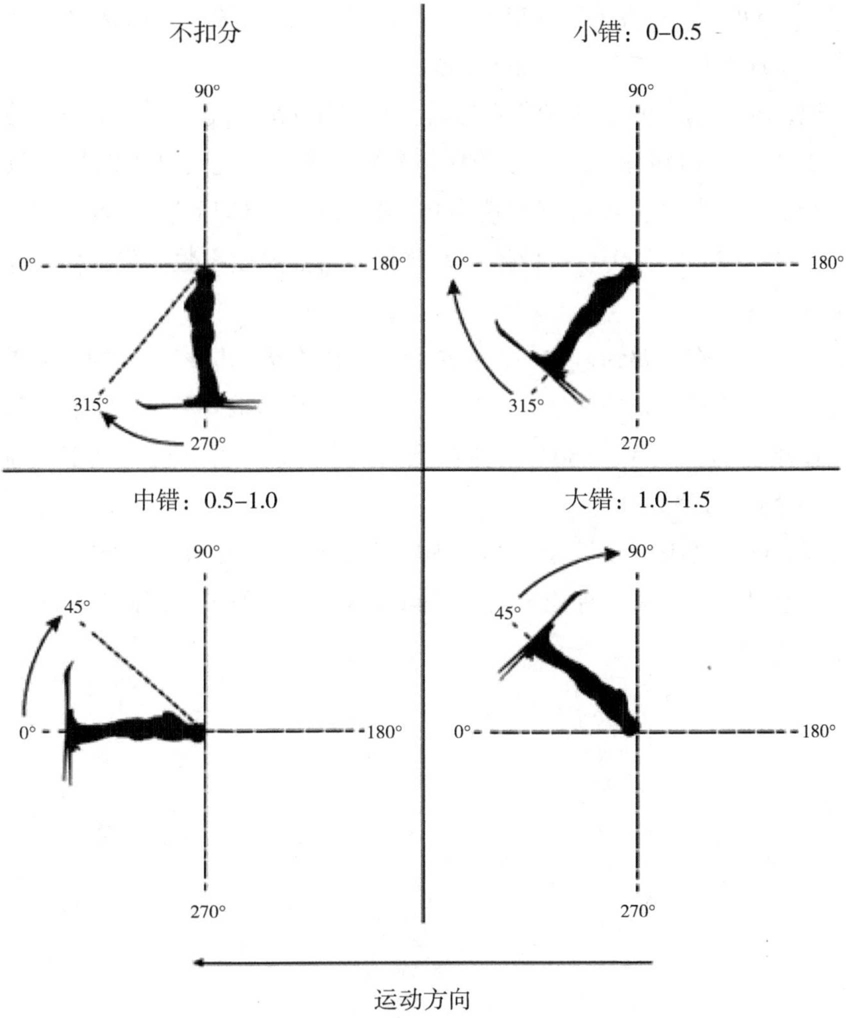

图 1–9–1　运动员转体扣分标准

第二，笔者经过走访世界各国的教练员、运动员发现：之所以在申报动作时出现“H、HI、Ru、Ra”现象，只不过是教练员临时采用的一种“应急”战术手段，即利用规则来规避被扣分的风险，甚至是想“混淆视听”或为“无理取闹”找到借口。

例如，某运动员申报 bFF（直体后空翻转体 360° 接 360° ，难度系数 3.15）动作，通过录像观察发现运动员第一周转体 360° 比较慢，甚至在第一周规定结束时机，只转体 200° 左右，于是教练员就直接将 bFF 申报为 bHIRu（直体后空翻 180° 接 540° ，难度系数 3.250），这样做有两个好处，一是避免被扣分；二是无形当中还增加了该动作的难度系数。

同理，某运动员申报 bdFFF（直体后空翻转体 720° 接 360° ，难度系数 4.525）动作，由于第一周转体 720° 比较慢，甚至在第一周规定结束时机，只转体大概 540° 左右，于是教练员就直接申报 bRuRuF（直体后空翻 540° 接 540° 接 360° ，难度系数 4.450），按此申报，这样做虽然难度系数微降，但被扣分的机率大幅度下降。

通过走访调查了解到，空中技巧项目发展到今天，已经达成的共识是：动作概念的形成是非常复杂的事情！如果为了区区“动作难度”蝇头小利，是不利于发展动作难度的。因为，180° 转体技能的概念形成，并不会有利于其他动作的发展，甚至是负迁移！

所以，国际规则中关于这些“H、HI、Ru、Ra”代号动作只能停留在规则中，属于“鸡肋动作”，只有理论价值，已经没有实用价值了，因此，建议国际雪联取消这些动作。

解读 10：关于空中技巧水池着陆评分规则问题

截止到 2017 年，国际规则首次正式推出空中技巧水池比赛着陆评分内容。

从表 1–10–1 和图 1–10–1 中，本研究得出如下建议：

第一，水池着陆的角度限定过于精细，不现实。

例如，10° ～ 15° 、22° ～ 45° 、112° ～ 135° ，这个角度范围相差 20° ，裁判员仅目测来判定运动员是否达标是不准确和不客观的，此条规则评价标准过于教条！

第二，空中技巧的水池训练遵循技术训练的“相似性原理”，即在水池训练过程中保持动作结构、发力顺序等方面与雪上训练一致。由于水池着陆面无法模拟雪上着陆，因此，运动员在着陆环节的参照面实际是水面。水池模拟场地和雪上场地不同的不仅是着陆问题，还有个高度差的问题，因此，水池训练不应该过度强调着陆问题。两者无可比性。

表1–10–1　空中技巧水池着陆评分内容

序号	分值	扣分内容
1	0.0	着陆完全失误（身体后仰角度135° ，旋转过度或不足），雪板未承受身体重量。
2	0.1–1–0.5	极少的身体重量落在雪板上（雪板入水角度为 45° ～ 90° ），运动员身体前倾或后仰90° ～135° ，入水时转体度数小于 90° ，入水时手向下伸展、屈髋，雪板角度达到112° ～135° 。
3	0.1–6–1.0	极少的身体重量落在雪板上（雪板入水角度为 45° ～ 90° ），运动员身体前倾或后仰45° ～90° ，入水时手向下伸展、屈髋，雪板角度达到90° ～ 112° 。
4	1.1–1–1.5	着陆身体重量落在雪板上，运动员身体前倾或后仰22° ～45° ，转体小于45° ，入水时手向下伸展、屈髋，雪板角度达到45° ～ 90° 。
5	1.1–6–2.0	着陆身体重量落在雪板上，运动员身体前倾或后仰22° ～45° ，转体完成，入水时手向下伸展、屈髋，雪板角度达到小于22° 。
6	2.1–1–2.5	着陆身体质心通过脚趾或雪鞋跟，运动员身体垂直或前倾45° （或小于），雪板入水角度0° （水平）～10° 。
7	2.1–6–3.0	着陆身体质心通过脚趾或雪鞋跟，运动员身体垂直或微前倾（10° ），髋关节弯曲10° ～45° ，手臂略向上伸展或低于肩关节（手向前或向侧不重要），雪板入水角度10° ～15° 。

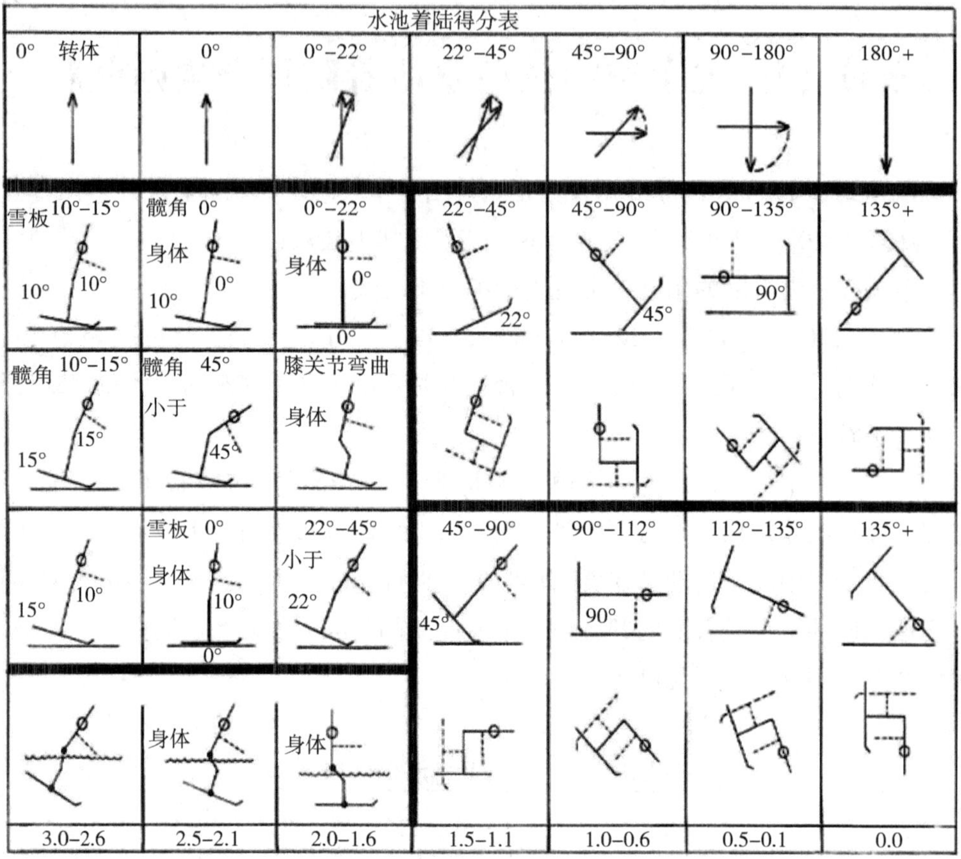

图 1–10–1　水池着陆角度及得分示意图

从图 1–10–1 可知，运动员水池训练着陆与雪上着陆的参照面至少有一定的高度差，如果硬性地以水池着陆训练时身体相关环节角度来模拟雪上着陆是不切实际之举，同时，对运动员着陆动作概念的形成也不会起到促进作用。

解读 11：关于空中技巧项目突破“四周”空翻转体的问题

由表 1–11–1 和表 1–11–2 得知，目前空中技巧比赛中经常出现的动作基本如上表所示，尤其是男子动作，多年来基本就停留在现有水平（但实际能完成雪上 5.0 难度系数动作的运动员人数并不多见）。因此，从动作新颖性角度出发，空中技巧项目的发展已经似乎停滞不前了。

国际雪联近两届冬奥会最大的改变是“赛制调整”——例如，索契冬奥会开始执淘汰赛制，但实际情况表明，从男子和女子选手选取的参赛动作看，对这个项目本身的宣传效果没有起到应有的促进作用。

曾经有人向国际雪联提出，增设“双人同步空中技巧”项目，类似双人同步跳水项目，但不知何故，最终没有实施。

表1–11–1 国际比赛女子常见动作表

序号	常见动作名称	难度系数	代号
1	直体后空翻接团身后空翻	2.600	bLT
2	直体后空翻两周	2.900	bLL
3	直体后空翻转体360° 接团身后空翻	2.850	bFT
4	直体后空翻接直体后空翻转体360°	2.900	bLF
5	直体后空翻转体360° 接直体后空翻转体360°	3.150	bFF
6	直体后空翻接团身后空翻接直体后空翻转体360°	3.500	bLTF
7	直体后空翻转体720° 接直体后空翻转体360°	3.525	bdFF
8	直体后空翻转体360° 接直体后空翻转体720°	3.525	bFdF
9	直体后空翻接直体后空翻转体360° 接直体后空翻转体360°	3.800	bLFF
10	直体后空翻接直体后空翻转体720° 接直体后空翻转体720°	3.900	bdFdF
11	直体后空翻360° 接直体后空翻转体360° 接直体后空翻转体360°	4.050	bFFF
12	直体后空翻接直体后空翻转体720° 接直体后空翻转体360°	4.175	bLdFF

表1-11-2　国际比赛男子常见动作表

序号	常见动作名称	难度系数	代号
1	直体后空翻360° 接直体后空翻转体360° 接直体后空翻转体360°	4.050	bFFF
2	直体后空翻接直体后空翻转体720° 接直体后空翻转体360°	4.175	bLdFF
3	直体后空翻720° 接直体后空翻转体360° 接直体后空翻转体360°	4.525	bdFFF
4	直体后空翻360° 接直体后空翻转体360° 接直体后空翻转体720°	4.525	bFFdF
5	直体后空翻360° 接直体后空翻转体1080° 接直体后空翻转体360°	4.900	bFtFF
6	直体后空翻720° 接直体后空翻转体360° 接直体后空翻转体720°	5.000	bdFFdF

笔者曾于2006年在美国盐湖城水池训练基地见到过美国运动员顺利完成的水池四周动作：

该水池完成的动作名称为："直体后空翻转体180°"接"团身空翻"接"团身空翻"接"团身空翻转体180°"。

按现行国际规则动作代号记写方式为：bHITTHI。

美国运动员在水池完成四周动作过程为：整个动作只在第一周和第四周各完成180°转体，第二周和第三周只是最简单的团身空翻。唯一的特点是，运动员在完成第二周和第三周团身空翻时，实际是面向跳台做的空翻，即实际上运动员完成的是"团身前空翻"。但总体难度是最简单的四周空翻转体动作。

综上所述，虽然自由滑雪竞赛通则条款明确表明运动员的"动作必须限定在三周以内"，但从美国运动员的水池表现可以推测，空中技巧项目雪上突破四周空翻转体并非难事。

从项目动作难度发展的角度，空中技巧动作难度僵化的事实应该采取手段加以改进；奥运会的精神强调的是"更高、更快、更强"，因此，突破空中技巧"四周"空翻转体动作，是奥运会精神的重要表现。

因此，从项目发展的理论角度，应该放开"三周空翻"的限定！

解读 12：关于“质量系数”的问题

关于评定运动员每一跳成绩的优劣，国内曾有人推出一个叫“质量系数”的公式：即每跳动作得分与该跳动作满分的比率，最大值为 1。

在物理学、工程及电脑技术方面，经常提到：一个量的部分值与总值之比，或一个量的变化如与另一些量的变化之间关系式中的某些有关的数，都称系数。

由国际规则评分条款得知，运动员每跳的最后得分 = 裁判员评分 × 难度系数，因此，决定分数高低的是两部分，一是裁判员评分，二是动作难度本身的系数大小。但空中技巧运动员每一跳动作的最高分（理想值）是固定的，所以，运动员水平高低直接就可以用实际得分进行对比。

例如，A 和 B 运动员就某一跳动作得分水平进行对比（表 1–12–1）

表1–12–1　动作“质量系数”分对比

运动员	原始实际得分	动作标准满分	质量系数
A	10	100	10 ÷ 100=0.1
B	20	120	20 ÷ 120=0.17

从表 1–12–1 可以直接看出，对比 A 和 B 的动作质量，哪个数据更直观呢？当然是运动员的“原始实际得分”一目了然！

“质量系数”这个公式只是理论意义上的“系数”，在实际工作中，该质量系数没有任何实用价值。

针对两名运动员同一个动作得分的对比，不需要做统计学加工或处理，因此，这个“质量系数”的提法纯属画蛇添足！

解读 13：关于索契冬奥会裁判员评分情况的探讨

从项目的起源讲，中国的空中技巧项目是“舶来品”。因此，我们中国自己的空中技巧裁判员培养也是从零基础开始的。但该项目与中国的优势项目——体操、技巧有着千丝万缕的联系。因此，中国的空中技巧项目裁判员的执裁水平进步较快。

中国裁判员第一次接触国际雪联讲师是从 1995 年开始的，此后几乎每年都在中国举办一届国际雪联裁判员培训班。

空中技巧的国际级裁判等级分为 C 级、B 级、A 级，A 级最高，若要执法奥运会必须拥有“双 A”级裁判员资格。目前中国的国际级裁判员还尚未达到执法奥运会的裁判标准。

那么国外的裁判员的打分水平到底如何呢？现以索契冬奥会空中技巧裁判员打分为例进行说明。

一、关于“5 人制”裁判还是“7 人制”裁判的探讨

（一）在国际雪联培训班中，曾被问及为何消减空中技巧项目裁判人员？得到的回答竟然是：国际雪联主要是为了“节省裁判员经费”！

众所周知，国际雪联基本上采用“一套裁判班子”执法两个项目（空中技巧和雪上技巧），但奥运会中雪上技巧项目仍然采用 7 人制裁判形式。因此，空中技巧这种“省钱”的借口显然不成立！

从表 1–13–1、表 1–13–2 可以看出，雪上技巧裁判员包含所有的空中技巧裁判员！

表1–13–1　索契冬奥会空中技巧裁判员信息

裁判员代号	裁判员姓名	裁判员国籍
助理裁判长	JABOOR Zoe	澳大利亚
裁判员 1	HUSe Helene	加拿大
裁判员 2	GRANGE Olivier	法国
裁判员 3	KUSHENKO Oksana	俄罗斯

（续表）

裁判员代号	裁判员姓名	裁判员国籍
裁判员 4	McNICE William	美国
裁判员 5	KALUZIKOVA Hanka	捷克
成绩检验员	ANTTILA Petri	芬兰

表1-13-2　索契冬奥会雪上技巧裁判员信息

裁判员代号	裁判员姓名	裁判员国籍
裁判员 1（回转）	McNICE William	美国
裁判员 2（回转）	GRANGE Olivier	法国
裁判员 3（回转）	KUSHENKO Oksana	俄罗斯
裁判员 4（回转）	JABOOR Zoe	澳大利亚
裁判员 5（回转）	KALUZIKOVA Hanka	捷克
裁判员 6（空中）	ANTTILA Petri	芬兰
裁判员 7（空中）	HUSe Helene	加拿大
成绩检验员	LOUBEK Joshua	美国

（二）在过去的国际雪联裁判规则中，空中技巧单设“着陆”裁判员，这从裁判分工的角度，有利于裁判打分（实际上，着陆裁判分数基本上没有产生过明显争议，主要是因为规则限定相对合理）。

（三）从索契奥运周期开始执行了“5 人制”裁判规则。其与“7 人制”是没有本质区别的，真正的区别是裁判真实水平所导致的：

1. 在当今空中技巧比赛中，裁判员评分的实际分差大，有时最高分和最低分之间相差 2 分之多，这是不正常的现象，主要是裁判水平和裁判规则不严密造成的！其实空中技巧项目完全可以采用体操规则的评分方法来规避有效分差的问题：据调查，这些外国裁判员其实没有一个是真正搞体操出身的！

2. 本研究对解决裁判员分差大的方法

首先，空中技巧项目的裁判长应该像体操裁判长那样，针对出现分差过大的现象，立即制止！具体方法如下：

表1-13-3　建议空中技巧裁判员的相对有效评分区间

评分区间	两个裁判员之间分差不能大于	备注
10.0 ~ 9.0	0.2	如果两个裁判员分差超过上限，裁判长有权要求重新评分！ （这种打分方法是参照体操打分的最后一步，所以，还得在规则中明确体现）
8.9 ~ 8.0	0.4	
7.9 ~ 7.0	0.7	
6.9 ~ 6.0	1.0	
5.9 ~ 5.0	1.3	
4.9 ~ 4.0	1.5	
3.9 ~ 3.0	1.8	

（四）“5 人制”裁判和“7 人制”裁判并不重要，关键是看裁判的真实水平！当然，“7 人制”裁判的分工更细致些，能所谓地相对客观一些，会有一定益处！

二、关于对本届奥运会裁判水平评价的探讨

（一）国际雪联常见评价裁判执法水平的方法

表 1-13-4 反映的是，用一场比赛裁判所有“无效分”总和评定裁判水平是目前惯例和相对简捷实用的方法。

表1-13-4　预赛第一轮（Q1）裁判员量化评价表

裁判员	国家	裁判员国籍					备注
		一 CAN	二 FRA	三 RUS	四 USA	五 CZE	
CALDWELL Ashley	USA	+0.5	+0.5	0	−1	0	Q1
LI Nina	CHN	+0.5	0	0	−1	+0.5	Q1
SCOTT Danielle	AUS	0	0	1	−0.5	−0.5	Q1
CHENG Shuang	CHN	0	0	−0.5	−0.5	1	Q1
COOK Emily	USA	0	0	−1	1	0	Q1
SLIVETS Assoli	RUS	+0.5	−1	0	+0.5	0	Q1
无效分绝对值统计		1.5	1.5	2.5	4.5	2	6 跳

（1）无效分：最高无效分用“+1”表示；最低无效分用“–1”表示；

（2）如果出现两人相同的无效分，则均等分配，例如，“+0.5、+0.5”；

（3）如果出现三人相同的无效分，同理，例如，“+0.33、+0.33、+0.33”；

（4）无效分的“正、负”：

①暴露一个裁判员的“打分倾向”；

②准确展示一个裁判员对规则的理解水平。

表1–13–5　预赛第二轮（Q2+Q1）裁判员量化评价表

裁判员	国家	裁判员国籍					备注
		一 CAN	二 FRA	三 RUS	四 USA	五 CZE	
Lassila Lydia	AUS	0	+0.5	+0.5	–1	0	Q1
		0	+1	–1	0	0	Q2
Xu Mengtao	CHN	0	–0.5	–0.5	0	+1	Q1
		–0.33	+1	–0.33	0	–0.33	Q2
Peel Laura	AUS	+1	–1	0	0	0	Q1
		+1	0	–0.5	–0.5	0	Q2
Korsunova Veronika	RUS	+1	0	0	–1	0	Q1
		–0.5	–0.5	+1	0	0	Q2
Aldabergenova Zhanbota	KAZ	0	–1	0	+1	0	Q1
		+1	–1	0	0	0	Q2
Slivets Assoli	BLR	0	0	0	+1	–1	Q1
		0	0	0	+1	–1	Q2
无效分绝对值统计		4.83	6.5	3.83	5.5	3.33	12 跳

表1–13–6　预赛18跳裁判员总量化评价表

内容	裁判员国籍					备注
	CAN	FRA	RUS	USA	CZE	
1–7–12 名绝对值	4.83	6.5	3.83	5.5	3.33	Q1+Q2
1–1–6 名绝对值	1.5	1.5	2.5	4.5	2	Q1
汇 总	6.33	8.0	6.33	10.0	5.33	18 跳

表1-13-7　Final 1决赛裁判员量化评价表

序号	国家	一 CAN	二 FRA	三 RUS	四 USA	五 CZE	备注
9.　Scott Danielle	AUS	0	0	+1	−1	0	F1
10.Caldwell Ashley	USA	0	+0.33	+0.33	+0.33	−1	F1
11.Korsunova Veronika	RUS	0	−1	0	+1	0	F1
12.　Slivets Assoli	RUS	0	0	+1	0	−1	F1
无效分绝对值统计		0	1.33	2.33	2	2	4 跳

表 1-13-8　Final2+Final1 决赛裁判员量化评分表

序号	国家	一 CAN	二 FRA	三 RUS	四 USA	五 CZE	备注
5. Cheng Shuang	CHN	+0.33	0.33	0.33	+1	0	F2
		0	+1	0	0	−1	F1
6. Aldabergenova Zhanbota	KAZ	−0.5	0	−0.5	+1	0	F2
		−0.5	−0.5	+1	0	0	F1
7. Peel Laura	AUS	−1	0	0	+1	0	F2
		+1	0	0	−1	0	F1
8. Cook Emily	USA	−1	0	0	+1	0	F2
		+1	0	−1	0	0	F1
无效分绝对值统计		5.33	1.83	2.83	5	1	8 跳

表 1-13-9　Final3+Final2 决赛裁判员量化评分表

序号	国家	一 CAN	二 FRA	三 RUS	四 USA	五 CZE	备注
1.　Tsuper Alla	BLU	0	+1	0	−0.5	−0.5	F3
		−0.33	−0.33	−0.33	+1	0	F2
2.　Xu Mengtao	CHN	0	0	0	+1	−1	F3
		0	0	−1	0	+1	F2
3.　Lassla Lydia	AUS	0	0	−1	0	+1	F3
		+0.5	+0.5	−0.5	0	−0.5	F2
4.　Li Nina	CHN	0	−1	0	0	+1	F3
		0	0	0	+1	−1	F2
无效分绝对值统计		0.83	1.83	2.83	2.5	6	8 跳

表1-13-10　决赛裁判员总量化评价表

内容	裁判员国籍					备注
	CAN	FRA	RUS	USA	CZE	
1-9-12 名绝对值	0	1.33	2.33	2	2	Final1
5-8 名绝对值	5.33	1.83	2.83	5	1	Final1、2
1-1-4 名绝对值	0.83	1.83	2.83	2.5	6	Final3、2
汇 总	6.16	4.99	7.99	9.5	9	20 跳

（二）事后分析——索契奥运会中的外国裁判是否“刁难”了中国队？

1. 总体评价

①这次比赛裁判员全部是欧美籍贯！

②裁判长没有过多干预裁判员打分，是造成多次“平分现象”的根本原因。

2. 中国女队 4 人进入了前 12 名，已经形成了“集团作战”优势，这一点也成为国外教练员、运动员以及裁判员的“众矢之的”。

从中国最先被淘汰的两名运动员张鑫和程爽的裁判评分就明显可以感觉到：这两名中国运动员的出局竟然都是三名裁判员相同评分结果导致的！

无论从哪个角度讲，在奥运会这么重大的赛事，在仅有 5 名裁判员打分的前提下，竟然有 3 名裁判员分数相同，而且出现两次裁判员同分现象，且针对同一国家的运动员，这值得思考！

表 1-13-11 反映出，中国运动员张鑫在“12 进 8”阶段使用的 bFF 获得了三个相同的最低分，分别是 1、2、3 号裁判员打出的分数！

表1-13-11　中国运动员张鑫预赛两轮得分

内容	裁判1	裁判2	裁判3	裁判4	裁判5	动作得分	动作代号	难度	总分
预赛2	8.1	8.1	8.1	8.4	8.8	24.60	bFF	3.15	77.49
预赛1	5.6	6.1	5.5	5.8	5.9	17.30	bdFF	3.525	60.98

表 1-13-12 反映出，中国运动员程爽在“8 进 4”阶段使用的 bFdF 获得了三个相同的最低分，竟然也是 1、2、3 号裁判员给出的！

表1-13-12　中国运动员程爽决赛两轮得分

内容	裁判 1	裁判 2	裁判 3	裁判 4	裁判 5	动作得分	动作代号	难度	总分
决赛 2	8.2	8.2	8.2	8.7	8.4	24.80	bFdF	3.525	87.42
决赛 1	8.5	8.6	8.4	8.5	8.3	25.40	bdFF	3.15	80.01

笔者曾专门针对中国队张鑫和程爽进行录像分析：从“12”进“8”的张鑫、“8”进“4”的程爽表现来看，无可厚非！

其实，因为张鑫和程爽都是针对同一个对手——后来居上的那个白俄罗斯选手！最难令人接受的事实是：这个战胜中国队两名选手的白俄罗斯运动员最终还笑到了最后……

3. 中国裁判员应该进入到裁判圈子中！

我们在世界空中技巧裁判界“朝中无人”的现象是摆在眼前的客观历史现实，也是我们备战冬奥会中的一个重要“短板”！

第二篇　自由式滑雪雪上技巧规则解读

解读 1：自由式滑雪雪上技巧到底是什么样的项目？

一、雪上技巧场地示意图

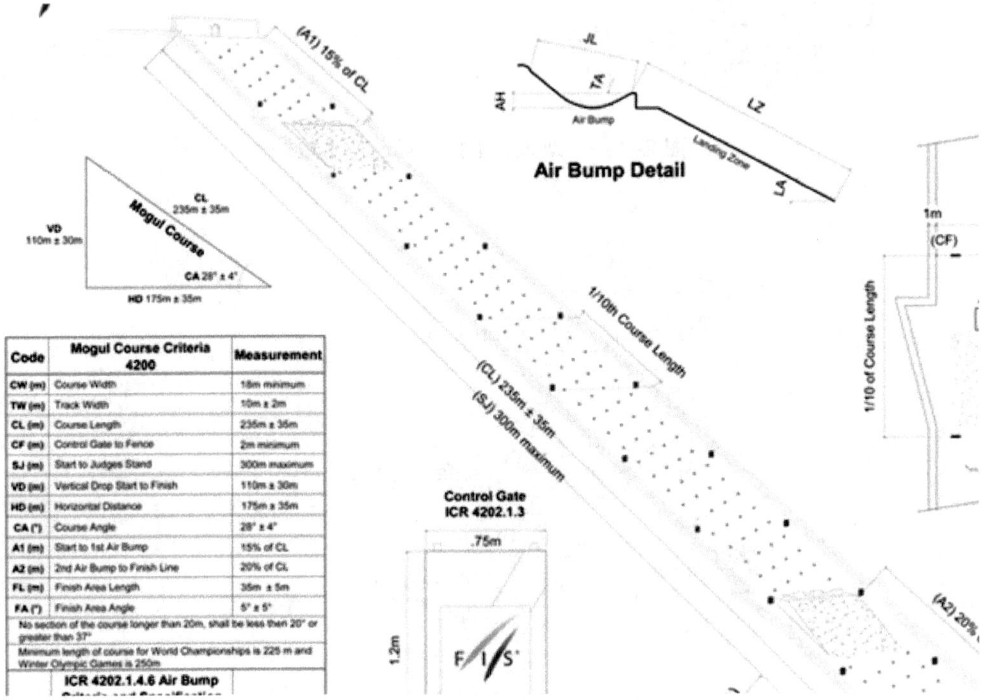

Code	Mogul Course Criteria 4200	Measurement
CW (m)	Course Width	18m minimum
TW (m)	Track Width	10m ± 2m
CL (m)	Course Length	235m ± 35m
CF (m)	Control Gate to Fence	2m minimum
SJ (m)	Start to Judges Stand	300m maximum
VD (m)	Vertical Drop Start to Finish	110m ± 30m
HD (m)	Horizontal Distance	175m ± 35m
CA (°)	Course Angle	28° ± 4°
A1 (m)	Start to 1st Air Bump	15% of CL
A2 (m)	2nd Air Bump to Finish Line	20% of CL
FL (m)	Finish Area Length	35m ± 5m
FA (°)	Finish Area Angle	5° ± 5°
No section of the course longer than 20m, shall be less then 20° or greater than 37°		
Minimum length of course for World Championships is 225 m and Winter Olympic Games is 250m		
	ICR 4202.1.4.6 Air Bump	

图 2-1-1　雪上技巧场地技术数据

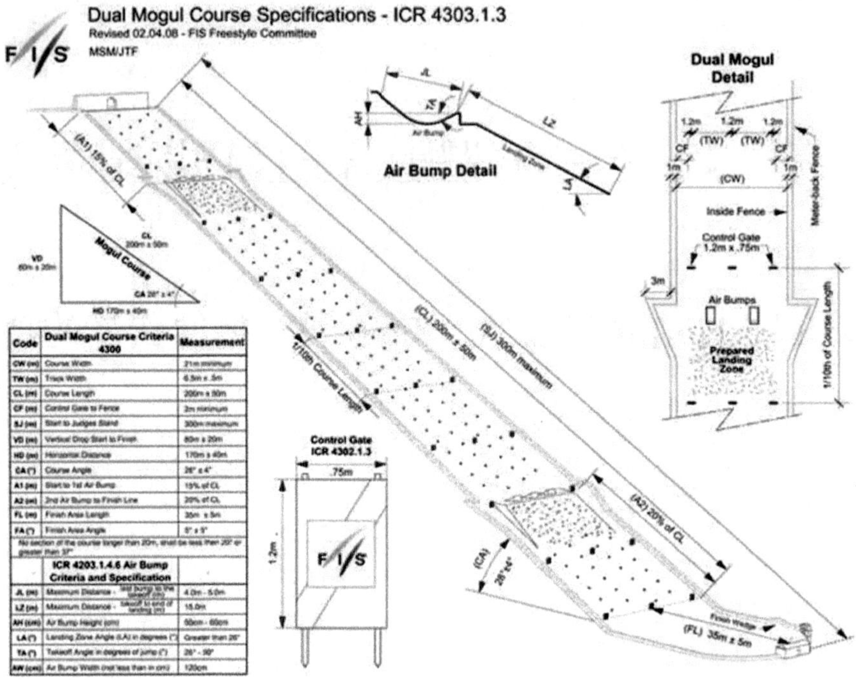

Code	Dual Mogul Course Criteria 4300	Measurement
CW (m)	Course Width	21m minimum
TW (m)	Track Width	6.5m ± .5m
CL (m)	Course Length	200m ± 50m
CF (m)	Control Gate to Fence	2m minimum
SJ (m)	Start to Judges Stand	300m maximum
VD (m)	Vertical Drop Start to Finish	60m ± 20m
HD (m)	Horizontal Distance	170m ± 40m
CA (°)	Course Angle	26° ± 4°
A1 (m)	Start to 1st Air Bump	15% of CL
A2 (m)	2nd Air Bump to Finish Line	20% of CL
FL (m)	Finish Area Length	35m ± 5m
FA (°)	Finish Area Angle	5° ± 5°
No section of the course longer than 20m, shall be less than 20° or greater than 37°		
	ICR 4203.1.4.6 Air Bump Criteria and Specification	
JL (m)	Maximum Distance - last bump to the takeoff (m)	4.0m - 5.0m
LZ (m)	Maximum Distance - takeoff to end of landing (m)	15.0m
AH (cm)	Air Bump Height (cm)	50cm - 60cm
LA (°)	Landing Zone Angle (LA) in degrees (°)	Greater than 26°
TA (°)	Takeoff Angle in degrees of jump (°)	26° - 30°
AW (cm)	Air Bump Width (not less than in cm)	120cm

图 2-1-2　双人雪上技巧场地技术数据

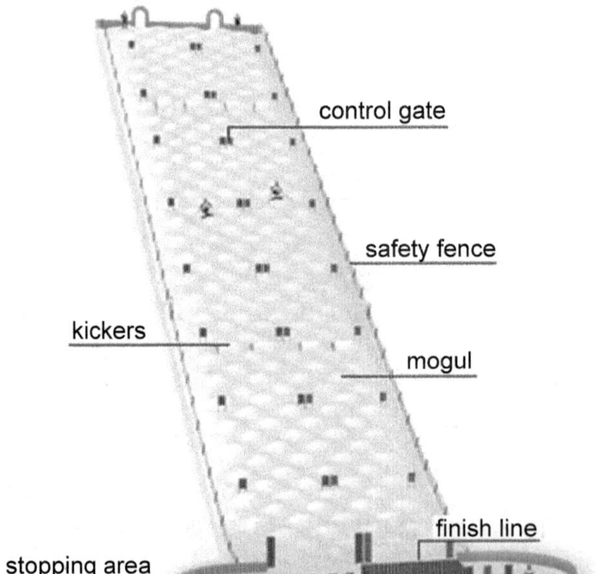

图 2-1-3　雪上技巧场地示意图

二、雪上技巧项目性质

雪上技巧项目实际是在一个长约 200 ~ 270 米的长陡坡上，而且坡上有很多“雪包”和两个跳台，运动员自上而下要完成滑降，即滑过“雪包”，还要完成两次跳跃动作，最后成绩的高低实际取决于“滑雪速度定量达标成绩”和“回转及翻腾——裁判员评价”的综合得分。

所以，运动员只是滑得快不行，还得符合滑行要求！

另外，这个雪上技巧还有一个“PK”项目——双人雪上技巧，类似“障碍追逐”赛，观赏性极强，采用淘汰晋级制，每一轮两人同时在同一赛道的不同线路进行比赛，裁判员采用投票的形式判决晋级的选手，直到最后 PK 出冠军。

除此之外，雪上技巧中的两个跳台动作，限定在一周空翻内，不允许超出这一限定。因此，比赛的时候可以看到运动员完成的是空翻类动作和非空翻类动作。

所以，观赏雪上技巧项目，其实是兼顾两方面的技术表现。

图 2-1-4 雪上技巧基本滑行姿势

图 2-1-5　雪上技巧基本滑行姿势

图 2-1-6　雪上技巧运动员在跳台上完成的空翻动作

（动作代号 bPp：后空翻屈腿雪板交叉）

图 2-1-7　雪上技巧运动员在跳台上完成的空翻动作

（动作代号 bPp：后空翻屈腿雪板交叉）

三、国际雪上技巧项目发展简况

通过对自由式滑雪世界杯系列赛的调查得知，雪上技巧项目已经有几十年的发展历史，每次参赛人数众多，竞争激烈，观赏性强，深爱观众喜爱。仅以在中国举办的 2012 年世界杯比赛为例，参加雪上技巧比赛的男、女选手人数多达 80 余人，足见其被热衷的程度，同时，这也反映出国外开展此项目有着良好的传统和群众基础。

国外的滑雪场硬件设施比较齐全，基本可以满足不同水平层次的需要。以我国周边的日本、韩国为例，他们的雪场雪质好、场地设施齐全、雪期长，可以为大众普及提供一定的有利条件。

国际雪联非常重视该项目的发展，1998 年首次将其列为奥运会项目后，每年世界各地的相关赛事频繁，各种培训班比比皆是。虽然该项目的国际规则尚有待完善的地方，但国际雪联非常重视该项目的发展，每年都要征求各方面的意见，对健全和完善国际规则做着不懈的努力。另外，国际雪联也在全球范围内容积极推动该项目的普及，中国也是在这个大背景才启动了该项目。为推广这个项目，各级体育组织举办的相关赛事不断，参与者涵盖从青少年到成年不同年龄段各阶层人士。欧美地区经常举办各种各样的培训班来提高练习者的技术水平。

国外的音像制品及相关网站可以提供大量的教学及训练资料，通过检索国外网站，我们可以查询到不计其数的有关雪上技巧的音像制品资料，大量的教学和训练资料可以随处搜集到，每逢冬季关于雪上技巧的各种信息可以随时从网络看到……这也是该项目在国外普及的重要因素之一。

国外高水平选手不仅是滑雪器械的代言人，更是该项运动的推广人。从各国滑雪网站得知，那些在雪上技巧比赛中获得优异成绩的外国选手，他们本人都在做各种滑雪器械品牌的代言人。另外，他们本身高超的滑雪技能又是推广雪上技巧运动最好的广告，很多外国年轻人都以这些高水平选手为榜样，这也是潜在推动该项目发展的动力来源。除此之外，在北美地区，还有几处夏季可以滑雪的圣地，这些都为该项目的发展提供了重要保障和支撑。

四、国内雪上技巧项目发展简况

雪上技巧是国际雪联自由式滑雪大家族中的一个小项，中国 2009 年才正式举行了首届全国比赛，至 2014 年索契冬奥会结束，雪上技巧项目在中国开展的时间仅为一个奥运周期。因此，这个项目在中国尚隶属于年轻、新兴的项目，同时，针对该项目规律和特点的认识也在成长当中。

迄今为止，国内关于雪上技巧的研究文献并不多见，公开发表的也仅限于项目介绍、比赛评述、运动员状况以及伤病等方面调查研究。关于纯粹体能及技术方面的研究，目前还是空白。

五、雪上技巧项目的规律、特点

（一）关于雪上技巧项目类属界定的分歧

从雪上技巧正式列入中国冬季运动项目以来，一直被约定俗成地划归为“技能类”项目。原因很简单，雪上技巧要完成两次类似空中技巧的跳跃动作，而且国内在组队选材时，首先考虑的是从空中技巧运动员中挑选，从某种意义上讲，这种选材方式在某种程度上不失为一种捷径。因为，从自由式滑雪空中技巧改练雪上技巧的运动员确实可以直接完成两个跳跃动作，看似减少了专项技术训练的内容，其实不然，国际裁判规则表明，雪上技巧的分数包括三部分：

第一部分为“回转分”：占总分的 60%；

第二部分为“空中技巧分”：点总分的 20%；

第三部分为“速度分”：占总分的 20%。

从上述分数构成可以明显看出，雪上技巧项目的评分标准实质是“技评 + 达标”：既评比滑行速度也评比滑行效果，还要评比空中翻转。

但就这个项目的实际技术表现看，评分标准的核心是滑行，比的是速度，因为“回转”也滑行，这样就可以得出雪上技巧的滑行分数已经占到了 75%！因此，还将此项目定义为“技能类”就有点牵强了。

（二）雪上技巧项目的特点和制胜因素认识

1. 雪上技巧基本技术特点

从雪上技巧项目技术的外观表现形式来划分，该基本技术主要包括如下几个方面：

（1）基本滑行技术：主要是指“回转”滑行技术，体现在“刻雪”、“缓冲”、“点杖”等方面；

（2）起跳技术：主要是针对两次空中技巧动作而言；

（3）空翻及空翻转体跳跃技术：主要是空中技巧动作；

（4）非空翻类跳跃技术：主要是空中技巧动作；

（5）着陆技术：指运动员完成空中技巧动作后重新落回赛道的技术；

（6）抓板技术：雪上技巧运动员完成的动作类似单板滑雪 U 型场地技巧运动员，也包括“抓板”类动作，即触及雪板的技术。

2. 雪上技巧项目的特点

雪上技巧项目不仅涵盖了基本的回转滑行技术，还兼有空中技巧动作技术。因此，该项目带有众多相关项目的集合特征。

本研究认为“快、稳、美、难”是该项目比赛的主要制胜因素，又是其显著特征。“快、稳、美、难”既有各自的内涵，但又紧密相关，四者综合集中体现了雪上技巧项目的特点和规律。

3. 雪上技巧运动员应具备的竞技能力

（1）竞技能力排序

竞技能力是运动员有效地参加训练和比赛所具备的物质条件。

由具有不同表现形式和不同作用的体能、技能、战术能力、运动智能和心理能力所构成，并综合地表现于专项竞技的过程之中，具体可分为形态、机能、素质、技术、战术、心理、智力等几个方面（田麦久）。

依据《项群训练理论》来划分竞技能力影响因素，雪上技巧项目的这些因素排序为：

形态、机能和素质排在第 1 位；

技术排在第 2 位；

心理排在第 3 位。这种排序也是体能类项群的共性特点。

雪上技巧运动员竞技能力各方面的综合作用，集中反映在“快、稳、美、难”几个方面：

“快”是指滑行的速度达到最高；

“稳”是针对整个滑行过程中的空中技巧动作流畅、稳定；

“美”是指滑行、空中技巧动作舒展、优美；

“难”是指空中技巧动作难度系数高。

作为一名雪上技巧运动员，应该具备上述几点所反映的竞技能力。

（2）雪上技巧运动员竞技能力中的形态和机能特征

本研究对现实运动中国外以及国内选手的实际情况进行论证后认为：雪上技巧运动员也必须满足技能类难美性项群的形态要求：即雪上技巧运动员应身材适中，身高中等，体重适中，上下肢比例协调，身体体脂较薄，围度适中，匀称，小腿较长。

人体的机能主要包括心血管机能、呼吸机能、平衡机能、感觉机能等。根据技能类难美性项群的特点，雪上技巧运动员不仅要有良好的滑行技术，还要具备围绕横轴和纵轴进行多周翻转运动的特点，因此，要求运动员要有较好的感知和平衡能力。完成空翻动作时要求运动员具有的平衡能力，是在中枢神经系统的调节控制下，前庭分析器、本体感觉器等协同活动所表现出来的一种维持身体在空间位移后，相对稳定维持平衡的一种自我控制过程。因此，雪上技巧运动员也需要有精确的时间感和空间感。

（3）雪上技巧运动员竞技能力的素质特征

依据运动训练常规理论，运动员的身体素质也包括一般素质和专项素质；一般素质是指运动员完成一般身体活动所需的力量、速度、耐力、柔韧、灵敏等素质；专项素质是适合专项特点的力量、速度、耐力、柔韧、灵敏等身体能力，这些专项身体素质是运动员掌握运动技术、提高运动成绩的基础，它主要包括：

——良好的回转滑行控制力量；

——良好的起跳准确性、稳定性；

——起跳瞬时的动作初速和加速度；

——完成各种翻转动作的腰腹肌力量；

——空中翻腾动作的加速度；

——全身各关节的柔韧性；

——稳定的着陆技术及着陆平衡力。

（4）雪上技巧运动员竞技能力的技术特征

①雪上技巧运动员完成空翻动作时，与空中技巧一样，也类似体操、技巧运动中绕人体标准的横轴或纵轴翻转，但由于规则限制，只能在一周空翻的前提下进行转体动作，因此，该项目运动员动作技术的多样性也是影响空中动作得分的重要因素。

②雪上技巧运动员滑行技术的稳定性。如前所述，该项目的滑行技术分数占到了 75%，因此，滑行技术的稳定性是取得理想成绩的保证。

（5）U 型技巧运动员竞技能力的心理和智力特征

在技能主导类难美性项群的各个项目中，心理素质在竞技能力中起着极其重要的作用，对雪上技巧项目而言也是同等重要。

在重要的赛事中，运动员自身是现场观众和裁判的焦点，如不能很好地控制自己的情绪、自信心及注意力，则很容易导致失败。另外，任何一项运动技术的磨练都需要一个长期的阶段过程，这对运动员的意志品质也是个考验。因此，心理训练在运动员的综合训练中应占有一定的比例。

综上所述，雪上技巧是一项富于速度与难度协调统一的项目，因此对运动员的心理、机能要求较高，若想成为一名优秀的雪上技巧运动员，就必须具有专项素质以及协调能力、平衡能力、动作表象能力、注意力、适应能力、情绪的调节与控制能力、对自身运动速度和方位的控制与判断能力和其他如记忆能力、观察能力、分析能力、思维能力、时间和空间知觉能力等。

六、中国雪上技巧项目发展的困境——认识水平滞后，导致技术“瓶颈”

本人曾对国家队目前的训练状况进行过调查，结果发现，我们最初的两年上升势头明显，这得益于我国雪上技巧项目的部分运动员由自由式滑雪空中技巧项目转项而来。因此，我们省略了空中技巧训练的环节，这样就直接进入到滑行环节，结果我们很快就提升到了一定的训练高度。但随后我们发现，中国队的进步步伐开始减缓，而且出现了一定的伤病情况。尤其是近两年，我们已经被日本和韩国甩在了身后，加上亚洲的哈萨克斯坦，中国女子选手的真实水平仅处于亚洲第 4 的位置，而中国男子选手连亚洲女子最好的水平都不及！

成绩是结果，但结果反馈的是过程，反馈的是训练过程！我们出国训练了，开阔了眼界；我们参加了一系列国际比赛，积累了经验；我们聘请了外教，提升了训练水平，但中国雪上技巧项目训练的核心问题该如何解决呢？从哪进方面突破呢？这些疑问是当务之急！通过调查得知，现有的中国雪上技巧项目的技术训练手段相对单一化：

首先，中国的雪上技巧队无法像自由式滑雪空中技巧项目那样可以全天候训练，尤其夏训效果，很难在较短的时间内迁移到雪上。即使通过延长在国外雪期训练的时间，其收效也并不理想。

其次，我们的硬件条件仅能基本满足国家队日常训练的要求，国内能够修建雪上技巧场地的滑雪场寥寥无几。

最后，目前中国雪上技巧的技术训练理念尚无法找到遵循“相似原则”的契合点：

第一，除了该项目空中技巧动作部分因部分运动员有基础和利用蹦床进行陆训可以忽略外，现有技术训练手段和方法尚未达到与运动员的发力顺序和技术结构相似的要求。

第二，雪上技巧项目是一个明显的以无氧供能为主的运动项目，但其滑行技术又不同于高山滑雪项目，所以在供能方面的训练我们只能采用常规手段，尚无法寻找到最适合自己的专项体能训练突破点。

七、中国雪上技巧项目的“突破”点——“专项技术+专项体能”！

（一）体能“突破”——提高速度的保障

在运动员实践中，我们经常说运动员滑得慢，排除技术原因，体能是一项重要原因。在几十秒的滑降过程中，如果运动员没有良好的体能作保障，就是拥有再好的技术也无济于事。而且体能中最重要的素质的就是力量，因此，本研究将从如何提高运动员的各种力量入手，力争做出突破。

（二）技术“突破”——形成稳定的动力定型

首先，滑行技术看似简单，但实际上蕴藏着极为细致的技术环节，如何选择滑降路线？如何切入雪包？如何转刃刻雪？如何点杖……这些都是滑行技术稳定的重要环节。

其次，雪上技巧运动的整个滑降过程，还要完成两个空中技巧的跳跃动作，但中国队目前的技术水平与世界水平相差甚远，因此，需要尽快从技术环节“突破”滑行和两个空中技巧跳跃动作。

解读 2：关于雪上技巧评分的问题

一、项目属性——评分比例的体现

由表 2-2-1 得知，2014 年索契冬奥会，国际雪联增加了“回转”评分的比例，从过去的 50% 提升至 60%，这是加强滑行重要性的进步。

表2-2-1　雪上技巧各部分评分比例

时间	回转分	空中技巧	速度
2014 年索契冬奥会前	50%	25%	25%
2014 年索契冬奥会前	60%	20%	20%

雪上技巧项目在我国发展历程中，曾一度就运动项目的属性有过争议。一部分人认为雪上技巧隶属于技能类项目，原因是其两个跳台的空中技巧动作；其实滑行占的比例已经超到 60%，速度分也是滑行的结果，占 20%，这说明滑行的评分已经占到 80%，那么这个项目的属性不言而喻。

二、裁判员人数设置问题

众所周知，空中技巧和雪上技巧的裁判员其实是一套人马，但不知为什么空中技巧在索契冬奥会只执行 5 人制裁判，而雪上技巧尚保持 5 人制和 7 人制。

关于雪上技巧裁判员的观察视野问题，从图 2-2-1 中可以看出，雪上技巧裁判员对运动员的判罚是一个“运动图像”渐进增大的过程，从裁判员视觉角度对比，采用 5 人制和 7 人制裁判几乎没有差异！

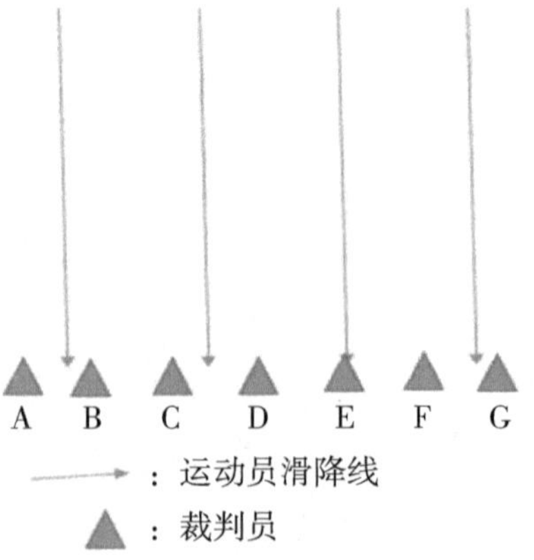

图 2-2-1　雪上技巧裁判员的俯视图

因此，这两个项目的裁判员设置问题就值得业内人士深思：空中技巧项目的运动员运动范围大，不易观察，却减少了裁判员人数；雪上技巧项目的运动员运动范围相对较小，便于观察，但裁判员人数甚至要比空中技巧项目的裁判员还多！

三、雪上技巧项目“回转分数”变化

2014 年索契冬奥会之后，回转分不再是 5 分满分 ，执行的是 20 分满分，相应的扣分标准也以四倍扩充。

四、关于“窜道”判罚

国际规则如下：“偏离滑降线（离开滑降线）是以完全离开滑降线扣 1.6 分为基础的。另外还有其他扣分因素导致偏离滑降线。偏离滑降线将依据完全偏离滑降线或多或少的程度得到相应的判罚分数。运动员偏离一条滑降线后立即返回，将不会因处于第二条滑降线而被扣分；如果运动员偏离超出不止一条赛道后，运动员仍可返回原赛道或在其他赛道继续滑行将不扣分。如图 2-2-2 所示，某运动员由 0 位置偏离到 2 位置，将被扣 3.2 分（1.6×2），运动员立即返回位置 3 或位置 4 将不再扣分。”

2014 版的国际规则，则正好相反，当运动员“窜道”后，每返回一条道，就要追加扣分一次，并累加扣分每个旗门之间未滑行分数，

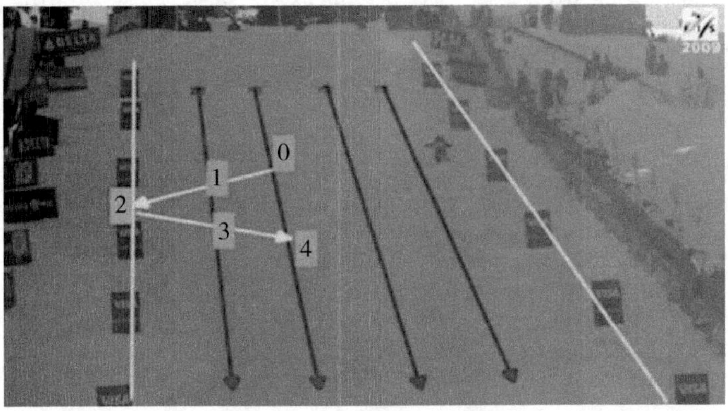

图 2-2-2 运动员滑降路线“窜道”判罚

五、雪上技巧最新国际评分规则在“空中动作”种类方面简化了“7o”系列动作的判定

雪上技巧项目要求运动员在滑降回转的过程中完成两次跳跃动作，这两次跳跃动作包括：空翻类动作和非空翻类动作。其中，本次最新版本的国际规则最明显的变化是简化了“7o”系列的动作判定。

“7o”系列实际上是“偏轴”翻转动作，共分为两类，即“7oA”和“7oB”动作。这两个动作最大的区别是运动员借助跳台起跳后，当身体沿纵轴方向进行转体时，如果头部在水平位下，则定义为“7oA”动作；反之，如果头部在水平位之上，则定义为“7oB”动作。

本次最新版的国际规则变化是：鉴于在纵轴转体度数相同的前提下，不以头部与水平位的关系来界定动作，即全部判定为“7oA”类的动作。国际雪联针对“7o”系列动作界定的调整，是一种简便易行的变化，便于裁判员在实际比赛中执法。

六、雪上技巧最新国际评分规则在DNF（不得分）方面的判定变化

本次国际雪联加大了对DNF（不得分）情况的判罚力度：即雪板脱落和滑降过程中“漏旗门”都将被判为DNF。而且，为使DNF判罚更加准确，还专门设置了“Gate Line”（旗门线）。

由图2-2-3可以看出，“Gate Line”的设置，实际就杜绝了以往运动员错过旗门后返回进行弥补的可能。

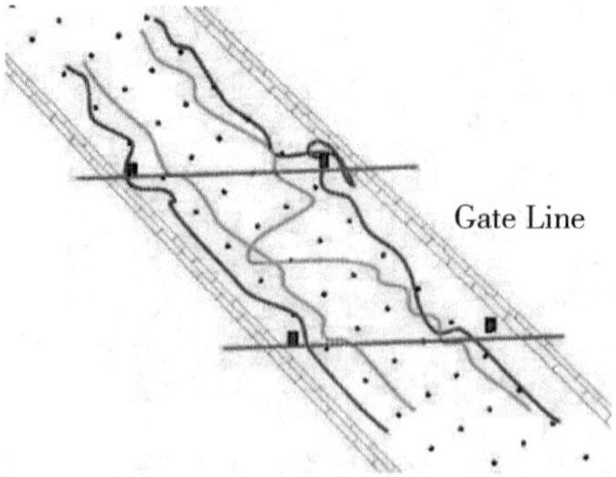

图2-2-3　单人雪上技巧DNF判罚情况图（粗线：DNF）

由图 2-2-4 可以看出，在双人雪上技巧比赛中，两个人同时比赛时，中间有一条蓝线分隔，如果运动员“窜道”，也将被判为 DNF。

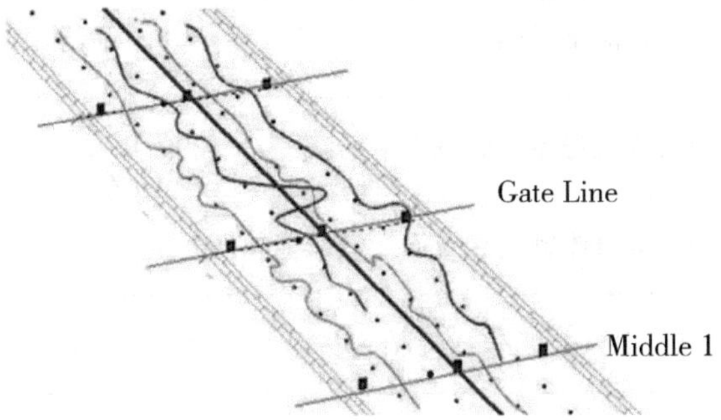

图 2-2-4　双人雪上技巧 DNF 判罚情况图（红色线：DNF）

七、雪上技巧最新国际评分规则在扣分方面的判定变化

从表 2-2-2 可以看出，本次国际雪联对雪上技巧回转的扣分分类更加准确，这种调整有利于裁判员的具体判罚。

表2-2-2　雪上技巧回转扣分的分类

序号	扣分的分类	内容
1	轻度趺绊	
2	滑降路线偏离	
3	速度调整	部分路线未滑行，雪板垂直滑降线或典型无刻雪侧滑（每个旗门最高 2.0 分）
4	明显的侧滑	部分赛道明显无回转或无滑行（每个旗门最高 0.5 分）
5	像子弹一样射出	部分路线未滑行，雪板保持平直沿滑降线下滑（每个旗门最高 2.0 分）
6	轻度触雪	瞬间单手或双手触雪

（续表）

序号	扣分的分类	内容
7	中度触雪	髋部或手臂触雪
8	重度触雪	后背或身体侧面触雪、前滚
9	完全摔倒	整个身体触地，雪板上没有承载任何重量
10	完全停顿	任何原因的完全停顿

注：

1. 运动员失控以及双板拖雪无回转滑行超过两个完整的旗门：扣分 =1.0（0.5×2 个旗门）；

2. 运动员起跳后失去平衡，背拍触雪但没有中断并立即起身滑行：扣分 =0.1–8–1.0；

3. 运动员完全跌倒后拖雪滑过 2 个旗门并完全停止，随后继续滑行：扣分 =1.5+1.0（0.5×2 个旗门）。

八、 雪上技巧最新国际评分规则“双重扣分”问题所引发的“负分”现象

国际评分规则的变化将引领着运动项目的发展。

虽然国际雪联针对雪上技巧国际评分规则做出了上述几个方面的重要大变革，但雪上技巧评分规则存在的问题尚未得到应有的解决。例如，“双重扣分”问题。

所谓“双重扣分”是指裁判员先针对运动员的表现进行等级划分，然后再进行扣分。例如，回转评分等级被划分成 8 级（表 2–2–3）。实际情况是：划分等级的过程就已经在“扣分”了，再按扣分的分类进行判罚，实际上是对运动员所犯错误的“双重扣分”。

表2–2–3　雪上技巧回转评分划分的等级

序号	等级	得分区间
1	优秀	4.1–6–5.0
2	很好	4.1–1–4.5

（续表）

序号	等级	得分区间
3	好	3.1–6–4.0
4	较好	3.1–1–3.5
5	一般上	2.1–6–3.0
6	一般下	2.1–1–2.5
7	差	1.1–1–2.0
8	很差	0.1–1–1.0

按照表2–2–3的标准，对现行的雪上技巧评分标准对运动员的回转进行判罚，再减去所扣分数，经常会得出“负分”现象。例如，某运动员的回转被划分到“差”（1.1~2.0）这一档次，如果运动员出现两次跌倒现象，那么就可能会出现“负分”判罚现象。造成“负分”现象的根本原因就是“双重扣分”所引起的。

九、关于雪上技巧国际评分规则的发展对策

1. 取消回转等级标准，避免“双重扣分”

取消回转等级，只针对运动员的滑行错误进行判罚，可以避免重复扣分的现象发生。

2. 取消雪板脱落 DNF 的判罚

从公平的角度而言，运动员雪板脱落是无奈的事情，如果因此而强行判罚运动员 DNF（不得分），未免过于武断，有失公允。原有的旧版国际评分规则中允许运动员在雪板脱落后重新穿板滑行是比较人性的判罚。

3. 取消“Gate Line”的限制

由于各种原因而引起的运动员滑出赛道，都应该允许运动员返回继续滑行，否则，运动员就失去了参赛的机会。

第三篇　自由式滑雪竞赛通则解读

解读：关于空中技巧有关“缩写判罚代号”的问题

自由式滑雪裁判通则中有很多缩写的判罚代号，具体如下：

表 3-1-1　自由式滑雪竞赛通则中的判罚代号

序号	代号	英文	中文
1	DNS	Did not Start	未出发
2	NPS	Not Permitted to Start	不允许出发
3	DSQ	Disqualifications	取消资格
4	DIC	Disqualification for Intentional Contact	故意冲撞无效
5	DQB	Disqualification for Behaviour	行为不端正
6	RNS	Receive not Score	未得分
7	DNF	Did not Finish	未完成
8	Re-Runs	Re-Runs	重赛

注：其中 RNS 这个代号已经被 DNF 取代。

表 3-3-1 中的这些代号表明，凡是运动员触犯了上述表格中的内容，最终涉及的是运动员的最终排名，其中 DIC 代号主要在 Ski Cross 项目中使用较多。

笔者是空中技巧和雪上技巧的国际裁判员，在实际裁判过程中，经常遇到运动员排名问题，总是有疑问，为什么不赋予“零分”呢？过去规则中的 RNS 判罚从某种意义上更接近“零分”的概念。

因此，笔记强烈建议取消 DNF（未完成）和采用“零分”制，这一是方便，二是量化公平。

第四篇　自由式滑雪裁判手册中英文对照翻译

FIS FREESTYLE SKIING JUDGING HANDBOOK

Edition September 2017

FÉDÉRATION INTERNATIONALE DE SKI
INTERNATIONAL SKI FEDERATION
INTERNATIONALER SKI VERBAND

自由式滑雪
裁判手册

2017 年 9 月版

国际雪联

INTERNATIONAL SKI FEDERATION
FEDERATION INTERNATIONALE DE SKI
INTERNATIONALER SKI VERBAND

Blochstrasse 2, CH- 3653 Oberhofen / Thunersee, Switzerland

Telephone: +41 (33) 244 61 61
Fax: +41 (33) 244 61 71
Website: www.fis-ski.com

Oberhofen, August 2017

国际雪联

通讯地址：**Blochstrasse 2, CH- 3653** 奥伯霍芬城堡 **/** 图恩湖**,** 瑞士

电话**: +41（33）244 61 61;**
传真**: +41（33）244 61 71;**
网址：**http://www.fis-ski.com/**

奥伯霍芬城堡，**2017** 年 **9** 月

We, the judges, promise to judge all competitions with complete impartiality; respecting and abiding by the rules and regulations. We promise to officiate at all competitions giving no favour based on nation, gender, competitor's ranking, or previous performances in this or any other competition. We will judge each run solely on the merit of the observed performance without preconceptions or expectations.

作为裁判员，我们保证公证执法所有比赛；尊重和遵守竞赛规则条例；我们承诺执裁所有比赛不基于国家、性别、运动员排名及其之前任何赛事中的表现。我们每次将依据运动员所表现的优点而非偏见或预期进行评判。

Table of contents

目 录

6000 Aerials

6001 Definition

Aerial competition shall consist of one, or multiple different acrobatic leaps from a prepared jump(s), stressing take-off, height and distance (referred to as "air"), proper style, execution and precision of movement (referred to as "form") and landing. Refer to ICR 3060.2.8, and 4009 concerning competition for mats.

6002 Scoring

The competitor's acrobatic skiing will be judged on three basic components as follows:

6002.1 Air:

Consisting of 20% of the score. 0.0-2.0

6002.2 Form:

Consisting of 50% of the score. 0.0-5.0

6002.3 Landing:

Consisting of 30% of the score. 0.0-3.0

6003 Scoring Procedures

6003.1 5 Judge Format

Judges shall independently evaluate the competitor's performance based upon the Air and Form Criteria as stated in JH 6004.1, 6004.2 and the Landing Criteria in 6004.3. The high and low scores of each component will be discarded and the remaining three scores in each component will be added together.

6003.1.1 TotalScore

The total Judges' Score is calculated by adding the three counting scores in each component. This total is then multiplied by the appropriate Degree of Difficulty (DD) factor to determine the total score for each jump. The total will be truncated to two decimalplaces.

In a two jump Phase, the competitor's final score for both jumps is determined by adding together the total scores from each jump.

Example:

Judges Scores

Take Off & Air	~~1.6~~	1.7	~~1.9~~	1.7	1.8	5.2
Form	4.5	~~4.2~~	4.3	4.4	~~4.6~~	13.2
Landing	2.4	2.3	2.4	~~2.2~~	~~2.5~~	7.1

Total Score (Maximum 30 points x Degree of Difficulty)

Total Judges' Score: = 25.5

Total Score: = 25.5 x DD

6000 **空中技巧**

6001 **定义**

空中技巧包括在准备性跳跃基础上的一次或多次不同技巧跳跃，即有力的起跳、高度和距离（腾空），合理的姿势、动作的技巧和精确性（动作）及着陆。有关比赛形式参见自由式滑雪竞赛通则的 3060.2.8 和 4009 条款。

6002 **评分**

运动员的空中技巧依据以下三个基本组成部分予以裁判：

6002.1 腾空：
占总分的 20%，0.0～2.0

6002.2 动作：
占总分的 50%，0.0～5.0

6002.3 着陆：
占总分的 30%，0.0～3.0

6003 **评分方法**

6003.1 **5 人制裁判法**

5 名裁判员依据 6004.1 和 6004.2 的腾空及动作条款以及 6004.3 着陆条款，独自评定运动员成绩并给出一个总评分，去掉最高分和最低分，将剩余 3 个分数相加。

6003.1.1 总分

裁判员总分是将运动员每跳各部分得分相加，然后乘以相应的难度系数（DD），即得到每次跳跃的总分。总分保留两位小数。在两跳赛制中，运动员两次跳跃的最终得分是将两次跳跃的总分相加获得。

例如：

	裁判评分					
起跳和腾空	~~1.6~~	1.7	~~1.9~~	1.7	1.8	5.2
动作	4.5	~~4.2~~	4.3	4.4	~~4.6~~	13.2
着陆	2.4	2.3	2.4	~~2.2~~	~~2.5~~	7.1
	总分（最高 30 分×难度系数 DD）					
裁判员评分：					=	25.5
	总分：				=	25.5 x DD

6004 Judging Criteria

6004.1 Air (20% of the Score) Min. = 0.0 / Max. =2.0

Air shall be evaluated based upon the take-off, height and distance of the competitor's jump. Take-off involves an evaluation of how the jump is initiated. Height and distance are a product of speed into the jump and the force of the take-off. Take-off, height and distance shall also be evaluated in relation to the length and steepness of the landing hill. The competitor should not land too short (knoll) or too long (beyond the transition area of the landing hill).

Air consists of 20% of the score (maximum 2 points per judge) and will be broken down into two parts:

10% Technical Take-Off,

10% Height and Distance.

6004.1.1 Technical Take-Off Min. = 0.0 / Max. =1.0

Technical take-off refers to the manner in which the competitor initiates the jump by extending the body at the right moment while leaving the kicker.

Take-off is judged from the moment the competitor enters the transition, until the feet leave the kicker.

6004.1.1.1 Good Take-Off 0.7–1.0

Just before the competitor leaves the kicker the body may be fully extended or may have a slight bend in the waist (boots at the end of the kicker). The slight bend in the waist is acceptable as long as the athlete straightens out their body within the first quarter of the flip. The actual position in the jump (tuck, twist, spread, etc.) should not begin before the feet have left the kicker.

6004.1.1.2 Non-optimal Take-Off 0.4–0.6

There are different types of mistake:

The competitor does not pop at the right moment (too early or too late), the form starts too early (twisting on the kicker), i.e. the arms are behind the body; shoulders are pushed backward too much; bent in the knees.

Points are deducted according to the number and severity of these mistakes.

6004.1.1.3 Bad Take-Off 0.0–0.3

Take-off is completely missed, causing an uncontrolled jump in most cases.

6004　评分标准

6004.1　腾空（占总分的 20%）　最低分=0.0，最高分=2.0

根据运动员跳跃的起跳、高度和距离评定腾空。起跳包括评定跳跃是如何开始的。高度和距离是跳跃速度和起跳力量的结果。还应参照着陆坡的长度和坡度评定起跳、高度和距离。运动员不可着陆太近（台前平台区“额头”处）或着陆太远（超出着陆坡的过渡区）。

腾空占总分的 20%（每位裁判员最高给 2 分），可分成以下两部分：

技术性起跳占 10%，

高度和距离占 10%。

6004.1.1　技术性起跳　最低分=0.0，最高分=1.0

技术性起跳是指运动员跳跃开始时的动作方式，即离台瞬间运动员伸展身体的动作。

评定起跳从运动员进入跳台过渡区时开始，至双脚离开跳台时止。

6004.1.1.1　良好的起跳　0.7～1.0

当运动员离开跳台之前瞬间，身体必须充分伸展或身体在腰部轻微弯曲（雪鞋处于跳台尽头之处），只要运动员在第一周 1/4 处伸直身体，运动员腰部的这种轻微弯曲将被允许。跳跃中的实际姿势（团身、转体、伸展等）在脚离开跳台之前并未开始。

6004.1.1.2　非良好的起跳　0.4～0.6

有不同类型的错误：

运动员没有适时地起跳（太早或太迟），动作开始得太早（在跳台上转体），即双臂留在体后；肩部过分后甩；屈膝。

运动员向头上摆臂导致难以控制的转体。

根据这些错误的数量和严重程度予以扣分。

6004.1.1.3　不好的起跳　0.0～0.3

起跳完全失误，大多导致失控的跳跃。

6004.1.2 Height and Distance Min. = 0.0 / Max =1.0

Height and distance are a product of speed into the jump and the force of the take-off. It shall be evaluated according to the trajectory through the air and the optimum landing point of the kicker (Refer to 6004.1.2.1).

6004.1.2.1 Good Height and Distance 0.7–1.0

The trajectory through the air begins at an angle that is continuing the curve of the kicker.

i.e.: SmallJumps about 55°
MediumJump about 60°
LargeJumps about 71°

The optimum landing point should be the range from 2 m to 4 m, including 1 or 2 m plus or minus adjustments away from the knoll.

6004.1.2.2 Non-optimal Height and Distance 0.4–0.6

The trajectory through the air is too high or too low. The landing is in the transition area from the knoll to the optimum landingpoint.

6004.1.2.3 Bad Height and Distance 0.0–0.3

The jump is landed on the knoll or on the outrun.

6004.2 Form (50% of the Score) Min. = 0.0 / Max. =5.0

Form consists of 50% of the score (maximum 5 points per judge).
Form denotes the position of the body, skis, arms, hands, and/or poles while in the air. It is the manner in which the competitor executes each maneuver. Form shall be evaluated based upon competitor's precision of performance (i.e. Tightness of body, economy of motion), balance, mechanics, stability (on control) in the air, separation and the timing of the maneuver in relation to the apex of the jump. Form is judged from when the competitor's ski tips start to leave the jump until the competitor touches the snow.

All judges will deduct 0.5 from their score for a violation of the balk rule ICR 3057.11.

6004.1.2　高度和距离　最低分=0.0，最高分=1.0

高度和距离是速度和起跳力量的结果，应根据腾空轨迹和最佳着陆点来评定（依据 6004.1.2.1 条款）。

6004.1.2.1　良好的高度和距离　0.7～1.0

腾空轨迹起始于跳台弧线延长线。

例如：小跳台　约 55 度
　　　中跳台　约 60 度
　　　大跳台　约 71 度

适宜的着陆点为着陆坡下方距台前平台区“额头”处 2 至 4 米处，包括上下 1 到 2 米的可调整区域。

6004.1.2.2　非良好的高度和距离　0.4～0.6

腾空抛物线轨迹太高或太低，在台前平台区“额头”处至适宜着陆点之间的过渡区域内着陆。

6004.1.2.3　不好的高度和距离　0.0～0.3

跳跃落在台前平台区“额头”处或落在终点区内。

6004.2　动作（占总分的 50%）　最低分=0.0，最高分=5.0

动作占总分的 50%（每名裁判员最高给 5 分）。

动作是指运动员在空中身体、雪板、臂、手及转体轴的相对位置。动作是运动员完成每个技巧动作的表现。裁判员依据运动员完成动作的准确性（如身体的团紧程度，运动的经济性）、空中平衡、力学机制、空中稳定性（可控），动作界限及达到腾空最高点完成技巧动作的时机等评定动作质量。评定动作是从雪尖脱离台端开始直到运动员触及雪面为止。

根据竞赛通则 3057.11 条款，对于违反这条规则的运动员，所有裁判员将从其得分中扣除 0.5 分（3057.11 条款：在空中技巧项目中，运动员可以从起点出发，试滑后停下来，不进行跳跃。但运动员只能再重新出发一次。每名动作裁判员将从运动员这一跳成绩中扣掉 0.5 分）。

6004.2.1 Positions in the Form

6004.2.1.1 Planned maneuvers

If the number of planned maneuvers is not fulfilled (somersaults, twists, 360's, upright positions) resulting in too many or not enough maneuvers, the competitor receives DNF. ➔**Refer to ICR 3058**

Example:

Flight Plan:	Jump Performed:
Tuck-Tuck	Tuck-Tuck-Tuck DNF(**ICR 3058**).
Full-Double Full	Full-Full DNF (**ICR3058**).

6004.2.1.2 Breakdown of Formdeductions

A judge breaks down the form points to the number of maneuvers (somersaults, 360's, twists, upright positions), and takes off the percentage accordingly if the form in one, two, three, or more parts is missed completely or partially.

Example:

Flight Plan:	Jump Performed:	Value
Lay-Tuck	Lay-Tuck	max. 5.0
Lay-Tuck	Tuck-Tuck	max. 2.5
Lay-Tuck	Tuck-Lay	max. 0.0
Lay-Tuck	Lay-Lay	max. 2.5
Twister-Twister	Twister-Twister	max. 5.0
Twister-Twister	Twister-Spread	max. 2.5

6004.2.2 Formscore

Form is evaluated according to two criteria:
Timing; and the quality of execution as modified by Form breaks.

6004.2.1　动作中的姿势

6004.2.1.1　申请动作数量

如果申报的技巧动作的数量（空翻周数、转体度数、垂直转体度数、非空翻动作数量）没有充分完成，结果是技巧动作数量过多或不足，则该运动员不得分（DNF）。参看竞赛通则 3058 条款。

例如：

申报动作	完成动作	
bTT	bTTT	DNF（竞赛通则 3058 条款）
bFdF	bFF	DNF（竞赛通则 3058 条款）

6004.2.1.2　动作数量扣分

当裁判员就技巧动作数量（空翻周数、垂直转体度数、转体度数、非空翻动作数量）扣分时，假如该动作中的一部分、两部分、三部分或更多部分完全或部分缺失了，则应有根据地按一定百分比扣分。

例如：

申报动作	完成动作	得分
bLT	bLT	最高分 5.0
bLT	bTT	最高分 2.5
bLT	bTL	最高分 0.0
bLT	bLL	最高分 2.5
TT	TT	最高分 5.0
TT	TS	最高分 2.5

6004.2.2　动作分

动作分评判依据两个方面：
动作时机；动作完成质量和动作扣分。

6004.2.2.1 Timing

6004.2.2.1.1 Early Twist/Tuck/Pike Start

No deduction for early initiation will be made provided that (a) the twist does not begin before

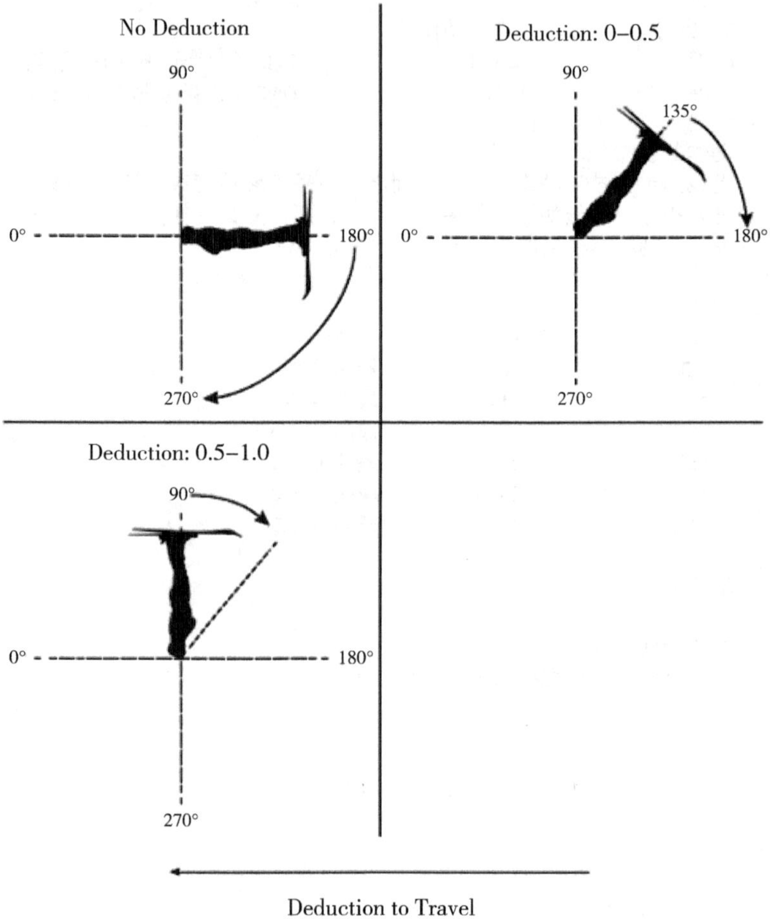

the head is at the 9:00 position and (b) no more than a quarter twist is completed before reaching 12:00.

6004.2.2.1　动作时机

6004.2.2.1.1 过早转体判罚/团身/屈体

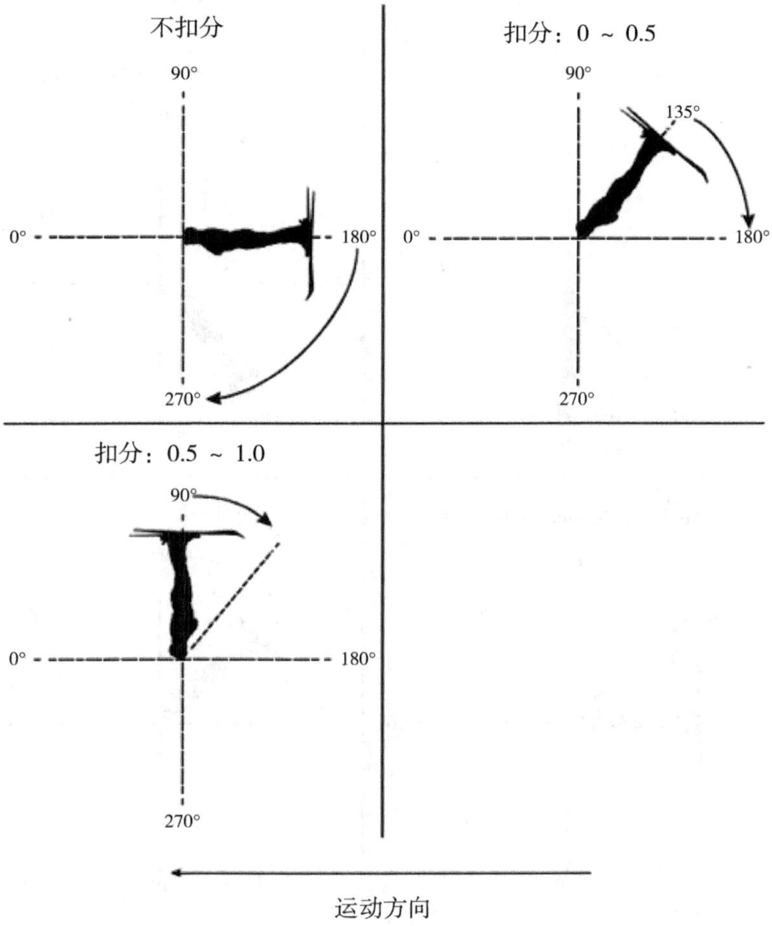

提早转体有两种情况不扣分：

(a)：头部位置在到达 9 点钟前未发动转体

(b)：至多在 12 点前完成 1/4 周转体。

6004.2.2.1.2 Late conclusion of twists in Double somersaults (late finish)

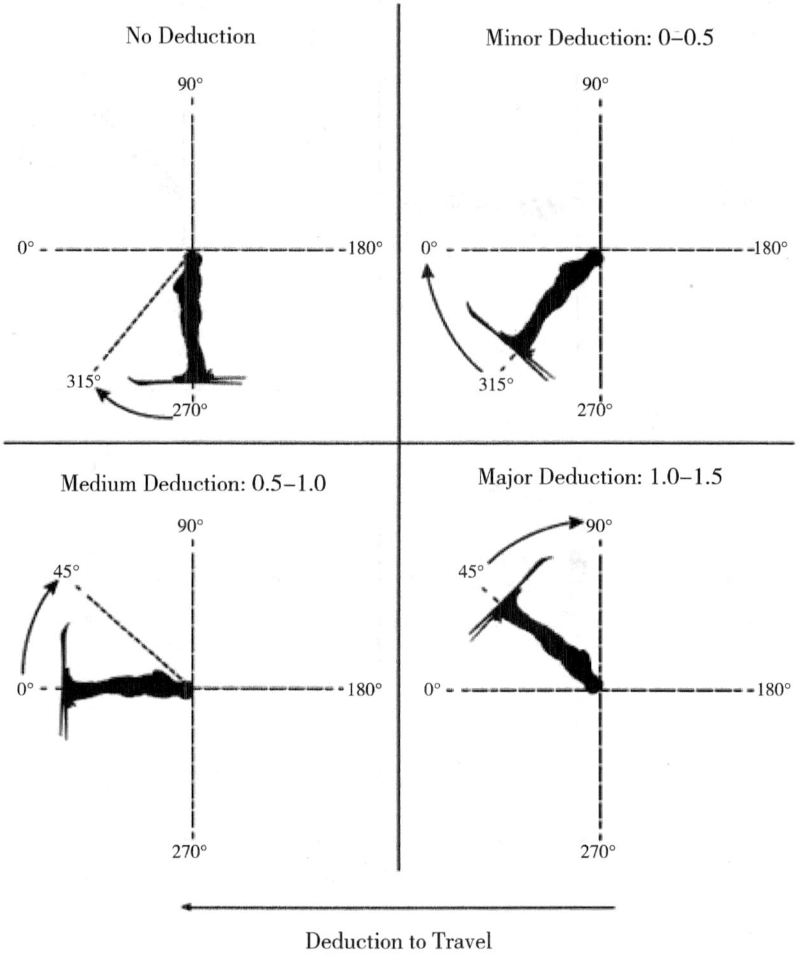

6004.2.2.1.2　两周空翻转体最新结论（最晚结束时机）

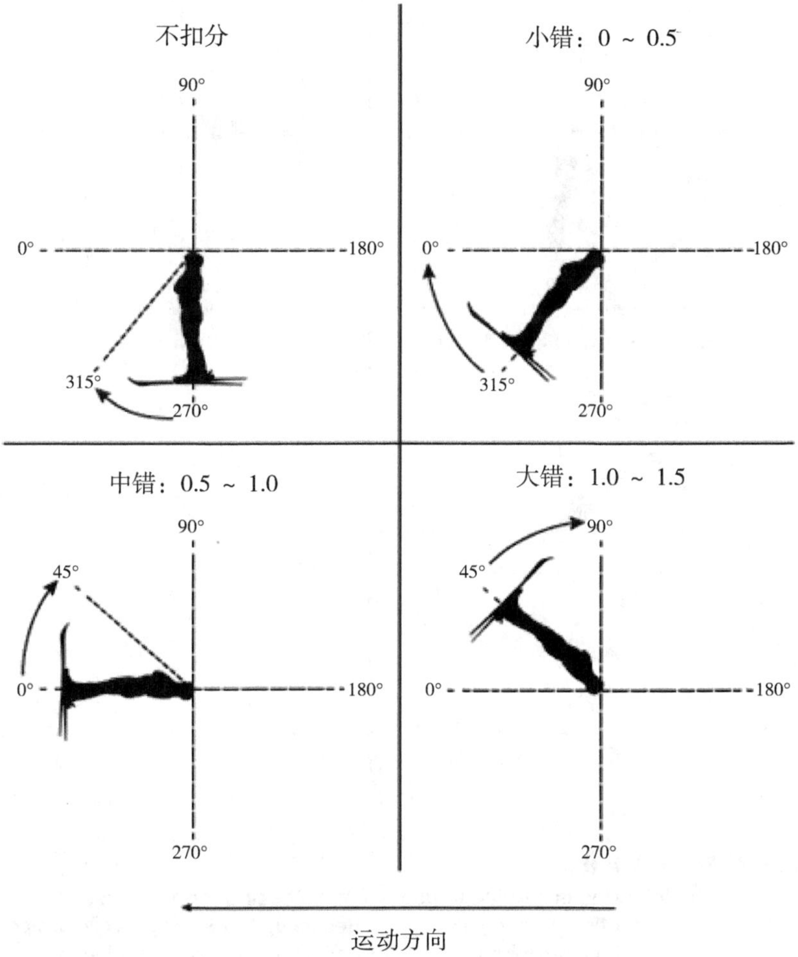

6004.2.2.1.3 Late conclusion of twists in Triple somersaults (Twist finish)

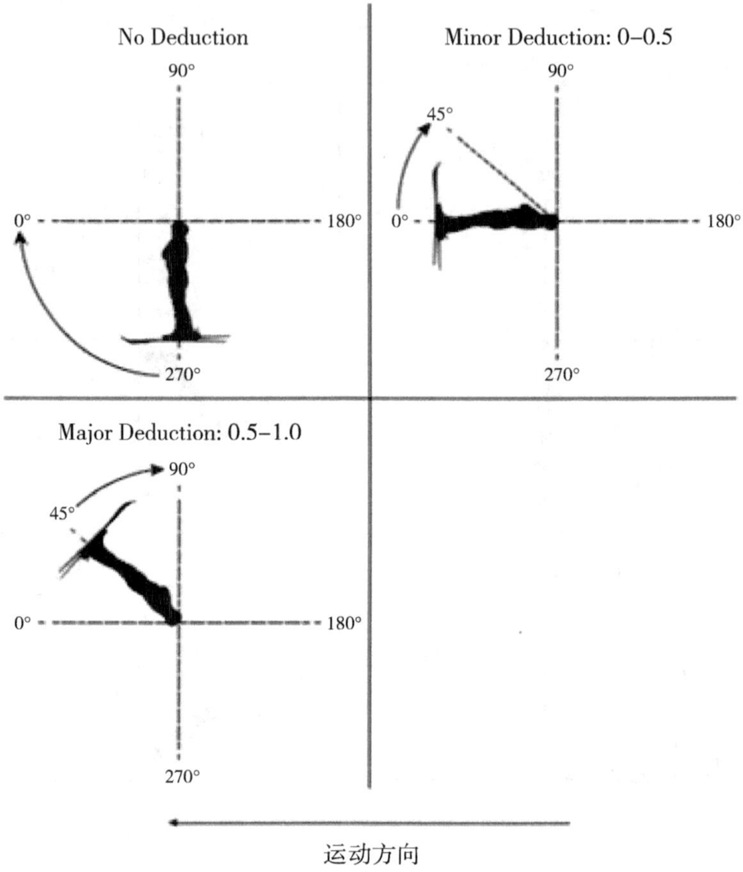

6004.2.2.2 FormBreaks

The following is a guide to use when assessing form breaks:

- Minor form breaks — deduct up to 25% of possible formpoints
- Medium form breaks — deduct up to 50% of possible formpoints
- Major form breaks — deduct up to 100% of possible formpoints

As in take-off, the body should be extended, not only at take-off, but also prior to landing. The amount of deduction depends on whether the form is bad throughout the whole jump or only in parts of the maneuver.

For example, Jumps performed with a minor form break in **one** somersault:

	Single Twist	Double Twist	Triple Twist
Form	2.5–5.0	1.7–2.5	0.9–1.7/ 1.6
Deduction	1.2	0.6	0.4
Total	**3.8**	**4.4**	**4.6**

6004.2.2.1.3　三周空翻转体最新结论（转体结束时机）

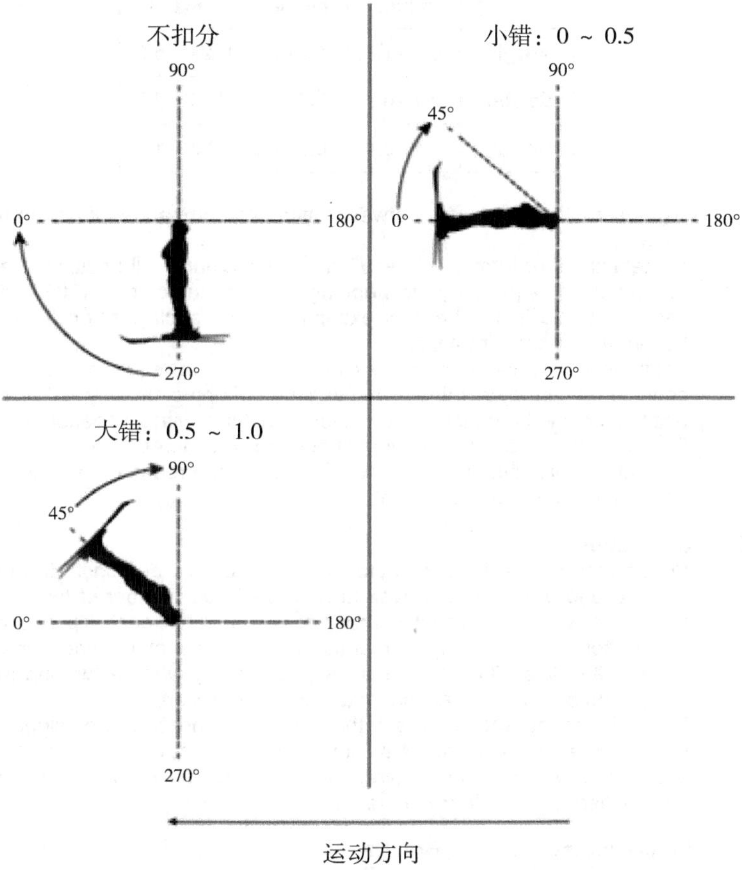

6004.2.2.2　空中动作的扣分

空中动作的扣分遵循下述准则：
小错扣到该动作分值的 25%；
中错扣到该动作分值的 50%，
大错扣到该动作分值的 100%。
如起跳时，身体应伸展，不只在起跳时，而且在着陆之前身体都应伸展。扣分多少依据整个跳跃过程中动作是全部或部分失误。
例如，在一**周**空翻中的小错扣分：

	单周空翻	两周空翻	三周空翻
动作分值	2.5～5.0	1.7～2.5	0.9～1.7/1.6
扣分	1.2	0.6	0.4
总分	**3.8**	**4.4**	**4.6**

Jump	Form Break / per flip		
	minor	medium	major
single	0.1 – 1.2	1.3 – 2.5	2.6 – 5.0
double	0.1 – 0.6	0.7 – 1.2	1.3 – 2.5
triple	0.1 – 0.4	0.5 – 0.8	0.9 – 1.7

A guideline to differentiate between minor, medium and major form breaks is as follows:
All definitions of form are based on body positions. All positions have to be in the layout (straight body, no bending, 0°), or tuck or pike (90° bending at the knees, hip) position. The only exception is the puck position (only allowed for half-in and twisting front flips).
Anything with a variation of less than 45° off the required position should be considered minor. Anything with a variation of approximately 45° off the required position should be considered medium. Anything with a variation of clearly more than 45° off the required position should be considered major.
Deductions are cumulative. Multiple minor form breaks in the same movement can result in a major form break.

6004.2.2.2.1 Separation

Separation means the competitor is able to clearly demonstrate the beginning and the end of each maneuver, i.e. the declared number of twists within each flip. If there are a different number of twists within each flip of the jump, the competitor should clearly demonstrate a change of twisting speed between each of the flips. The hands can help to identify when a twisting maneuver is completed but are not necessary to show separation.
Presence of separation, or lack thereof, should not have any significant impact on the criterion of timing. Any particular jump may have clear separation of maneuvers without proper timing and vice versa: timing criteria can conceivably be satisfied without clear separation.

6004.2.2.2.2 Points to Assess Form Breaks
6004.2.2.2.3 General Body Position (as defined above)

Leg Position	Ski Position	Body Position
• Legs apart • Scissoring • Knee bend	• Skissplayed • Skis apart (tips ortails)	• Pucking • Spiral segmentation • Separation • Arch • Hollow

跳跃动作	空中动作扣分/每周		
	小错	中错	大错
一周空翻	0.1～1.2	1.3～2.5	2.6～5.0
二周空翻	0.1～0.6	0.7～1.2	1.3～2.5
三周空翻	0.1～0.4	0.5～0.8	0.9～1.7

关于空中动作小错、中错、大错的扣分参照如下准则：
空中技巧所有动作的定义都基于身体姿势。所有身体姿势都是处于直体（身体伸直，无弯曲，0°），或团身或屈体（膝关节弯曲 90°，髋关节弯曲 90°）姿势。唯一例外是半团身姿势（只允许在第一周 180° 转体和前空翻转体时出现）。
与标准动作相比，任何动作变形小于 45° 将被认定为小错；大约 45° 将被认定为中错，大于 45° 则被认定为大错。

扣分为累加扣分。同一动作的几处小错扣分累加将导致一项大错扣分。

6004.2.2.2.1　动作界限

动作界限指的是运动员能够清晰展示每个动作的开始和结束，即：每个空翻动作中申报的转体数量。如果一跳动作中每周有一定数量的转体，运动员应该清楚表明每个转体速度变化，手臂可有助于裁判员判别转体动作但不一定能表明动作界限。
动作界限不应该对时机的评判标准有任何明显的影响。任何一个跳跃动作都可能有清晰的动作界限而没有恰当的时机，反之，动作时机恰到好处但动作界限不清也是可以理解的。

6004.2.2.2.2　空中技巧动作扣分点

6004.2.2.2.3　一般身体姿势（如下所述）

腿部姿势	雪板姿势	身体姿势
•分腿	•雪板完全分开	•屈体形态
•绞腿	•雪板部分分开（板尖或板尾）	•上下肢扭曲形态
•屈膝		•上下肢脱节形态
		•反背弓形态
		•内凹陷形态

6004.2.2.2.4 Control In Air

Excessive motion to control speed can be pulling and stretching as defined below, and the relative over or under rotation of the flip. Excessive motion can also be exhibited in upright jumps mostly with the arms being used for balance, or to increase or decrease rotational speed and to prevent landing too far forward, backwards or not square to the fallline.

In the case of a layout position, flipping speed can be increased by pulling the body inward and bending at the knees and waist and neck, or decreased by stretching the body and the arms parallel to the head, both of which could be formbreaks.

NOTE:

In the last quarter of flip rotation, just prior to landing, it is acceptable for the athlete to make minor adjustments in the body position and leg position in order to square the skis and body to the landing hill. During this "preparation for landing" the athlete may have a slight bend at the waist and knees (to 45°) and open the legs (to shoulder width) without being assessed form break deductions.

6004.3 Landing (30% of the Score) Min. = 0.0 / Max. =3.0

A proper landing involves a balanced, stable and controlled body position throughout. The competitor should demonstrate precision and grace with minimal interruption upon contact with the landing surface. Absorption should be made primarily with the knees and lower body with only a slight bend at the waist. The evaluation of a landing starts immediately when the competitor touches the snow and continues until the competitor has exhibited sufficient skiing control.

Landing consists of 30% of the total score (maximum 3.0 points per judge).

Landing consists of two parts

1. Landing – body position in relation to the landing hill following preparation for landing, ski snow contact on impact as well as absorption of the body to come back to the neutral bodyposition.
2. Exit from the landing following the snow contact, impact andabsorption.

NOTE:

Preparation for landing is considered in form.

6004.2.2.2.4　空中控制

在旋转或状态相近的空翻动作中拉伸和伸展肢体被称为动作过度速度调控。动作过度速度调控在非空翻动作中主要表现为，通过手臂来控制平衡以达到增加或减缓旋转速度目的，以及防止着陆时前倾和后仰或防止着陆偏离滑降线上。

在直体状态下，空翻速度可以通过低头、屈膝、团身、弯腰来增加，或者通过伸展身体或伸展平行于头部的两臂来减速，所有这些动作都将被扣分。

注：

在空翻转体最后一周着陆前 1/4 处，允许运动员微调身体姿势和腿部姿势以备着陆。在这个“准备着陆”过程中，运动员轻微屈髋（达到 45°）和分腿（与肩同宽）将不扣分。

6004.3　着陆（占总分的 **30%**）　最低分**=0.0**，最高分**=3.0**

正确的着陆包括平衡、稳定和可控制的身体姿势。运动员以较小的着陆冲撞表现出精确而优美的着陆动作。着陆时以屈膝、下肢在腰部轻微地弯曲完成缓冲动作。

着陆的评定从运动员接触雪面瞬间开始直到该运动员呈现出着陆后成功地控制滑行为止。

着陆占总分的 30%（每名裁判员最高 3.0 分）。

着陆包括两部分：

1. 着陆——准备着陆后身体相对于着陆坡的位置，雪板与雪面接触冲撞得以较好地缓冲并回到自然的身体姿势，最高分 2.0 分。
2. 紧跟着接触雪面、冲撞和缓冲的着陆滑出，最高分 1.0 分。

注：

准备着陆应考虑在空中动作之中。

6004.3.1 Landing Min. = 0.0 / Max. = 3.0

6004.3.1.1 Applicable Ranges for landing

0.0	No weight on skis
0.1– 0.5	Minimal weight on skis, sliding on back or side; immediate crash.
0.6 – 1.0	Landing with immediate body contact; hard back slap or punch front with snow contact back to skis; severe over or under rotation
1.1– 1.5	Light back slap, severe turn to 45 degrees or more to landing hill, turn around no fall or touch, severe imbalance.
1.6– 2.0	No body contact but hand or hands dragging with hard compression, heavy imbalance.
2.1– 2.5	No touch of hand(s) but some imbalance on landing or ski away;hard compression with no touch
2.6– 3.0	Excellent landing, good balance with little or no compression.

NOTE:
If an athlete has any hand contact, the maximum score is 2.0.
If an athlete has any body contact, the maximum score is 1.5.

An athlete that doesn't touch can receive a score lower than 2.0 for severe imbalance, skiing sideways, circling or backwards.
Landing will stopped being judged when the athlete shows control and at least 4 meters after making contact with the snow. If the athlete does not show control within 4 meters of contact with the snow, then landing will be judged until the athlete shows control or reaches finish area.

6004.3.1　着陆　最低分=0.0，最高分=3.0

6004.3.1.1 着陆评分标准

0.0	着陆时身体重量没有落在雪板上。
0.1~0.5	极少的身体重量落在雪板上，后背拍雪或侧倒滑行；着陆后立即跌倒。
0.6~1.0	着陆后身体立即触雪；重度背拍或前空翻后背触雪滑行；严重翻转过度。
1.1~1.5	轻度背拍，着陆时严重翻转过度到45° 或以上，着陆时旋转滑行但未跌倒或未触雪，严重失衡。
1.6~2.0	身体未触雪，但僵硬地缓冲时单手或双手拖雪，过度失衡。
2.1~2.5	手未触雪但着陆时轻微失衡或侧向滑出；僵硬缓冲并触雪。
2.6~3.0	完美着陆，良好平衡，轻微或无僵硬缓冲。

注：

如果运动员任何一只手触雪，最高得2.0分。

如果运动员身体触雪，最高得1.5分。

如果运动员未触雪，但严重失衡、侧向滑行、旋转滑行或倒滑，则得分应低于2.0分。

着陆若停止的判罚是运动员着陆触雪后至少显示控制滑出4米的距离。

如果运动员着陆触雪后4米内没有良好控制，那判罚将持续到运动员可以显示控制或到结束区为止。

6004.3.1.2 Applicable Ranges for Water Ramp landing

0.0 Full fall (135°, over-or under-rotation) with no weight onskis.

0.0- 0.5 Minimum weight on skis (skis are entering the water at an angle of 45°- 90°), the athlete's body is leaning forward or backward by about 90°- 135°, twisting is short by about 90°, hands are down or stretching up, bent hips, skis are 112°- 135° to the water.

0.6 - 1.0 Minimum weight on skis (skis are entering the water at an angle of 45°- 90°), the athlete's body is leaning forward or backward 45° to 90°, hands are down or stretching up, bent hips, skis are 90°- 112° to the water.

1.1 - 1.5 Landing on skis, but the athlete's body is leaning forward or backward 22°to 45°, twisting is short by less than 45°, hands are down or stretching up, bent hips, skies are 45°- 90° to the water.

1.6 - 2.0 Landing on skis, but the athlete's body is leaning forward (22°- 45 °), twisting is completed, hands are down, knee(s) bent, hips straight, skis are 22°(short) to the water.

2.1 - 2.5 The centre of mass at touchdown is projected through the toes or heels of the boots, the athlete's body is straight or leaning forward up to 45° (short), skis are 0° (flat) – 10° to the water.

2.6 - 3.0 The centre of mass at touchdown is projected through the centre of the boot, the athlete's body is slightly (10°) leaning forward and hip is bent 10°to 15°, hands are slightly above or below shoulders (it doesn't matter whether hands are in front or to the sides), the skis are 10°- 15° to the water.

NOTE:

1. Skiers may bend hip about 10° - 15°/ slight pike (in a hollow position) to protect their lowback.

2. Skiers may use the front of the skis (skis to water = 10°- 15°) to absorb some of the impact.

*See appendix Water Ramp landing criteria drawing.

6004.3.1.2 水池着陆评分适应范围

0.0 着陆完全失误（身体后仰角度 135°，旋转过度或不足），雪板未承受身体重量。

0.1~0.5 极少的身体重量落在雪板上（雪板入水角度为 45°~90°），运动员身体前倾或后仰 90°~135°，入水时转体度数小于 90°，入水时手向下或伸展、屈髋，雪板角度达到 112°~135°。

0.6~1.0 极少的身体重量落在雪板上（雪板入水角度为 45°~90°），运动员身体前倾或后仰 45°~90°，入水时手向下或伸展、屈髋、雪板角度达到90°~112°。

1.1~1.5 着陆身体重量落在雪板上，运动员身体前倾或后仰 22°~45°，转体小于 45°，入水时手向下或伸展、屈髋，雪板角度达到45°~90°。

1.6~2.0 着陆身体重量落在雪板上，运动员身体前倾或后仰 22°~45°，转体完成，入水时手向下或伸展、屈髋，雪板角度达到小于22°。

2.1~2.5 着陆身体质心通过脚趾或雪鞋跟， 运动员身体垂直或前倾 45°（或小于），雪板入水角度0°（水平）~10°。

2.6~3.0 着陆身体质心通过脚趾或雪鞋跟， 运动员身体垂直或微前倾（10°）， 髋关节弯曲 10°~45°，手臂略前上伸展或低于肩关节（手向前或向侧不重要），雪板入水角度 10°~15°。

注意：

1. 运动员可以屈髋10°~15° 或轻微屈体（在空中）以防止背拍入水。
2. 运动员可以用雪板前部（雪板入水10°~15°）来缓冲入水反作用力。

*看附件水池着陆标准示意图。

Water Ramp landing criteria drawing

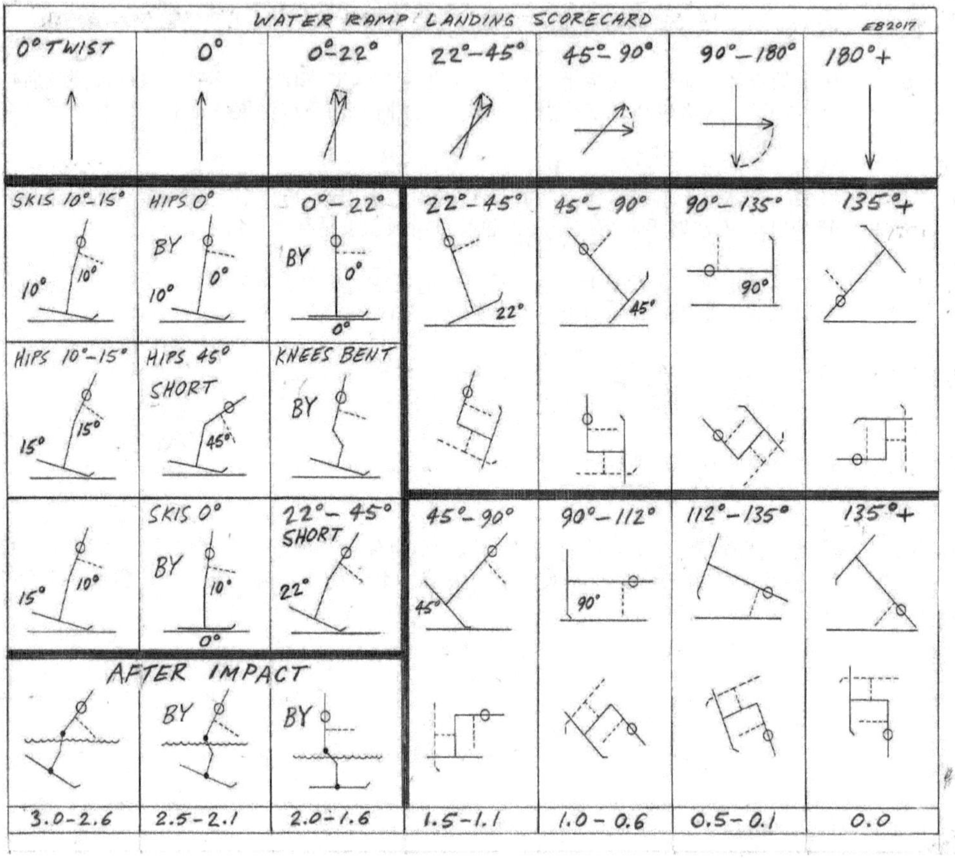

水池着陆标准示意图

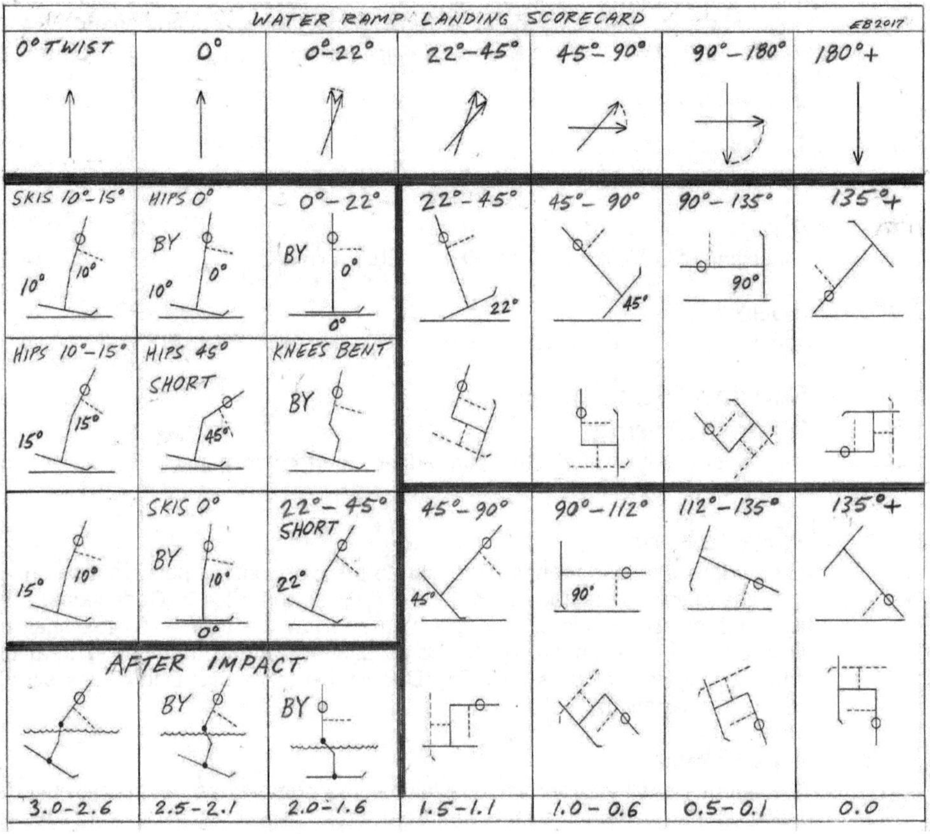
WATER RAMP LANDING SCORECARD
EB2017
0° TWIST
0°
0°-22°
22°-45°
45°-90°
90°-180°
180°+
SKIS 10°-15°
HIPS 0°
BY
0°-22°
22°-45°
45°-90°
90°-135°
135°+
HIPS 10°-15°
HIPS 45° SHORT
KNEES BENT
SKIS 0°
22°-45° SHORT
45°-90°
90°-112°
112°-135°
135°+
AFTER IMPACT
3.0-2.6
2.5-2.1
2.0-1.6
1.5-1.1
1.0-0.6
0.5-0.1
0.0

6200 MOGULS

6201 Definition

Mogul competition shall consist of one run of free skiing on a steep, heavily moguled course, stressing technical turns, aerial maneuvers and speed.

Refer to ICR 3060.2.1 concerning Qualification and Finals.

6202 Scoring

6202.1 Turns

Consisting of 60% of the score. ➔max 60.0 points.

6202.2 Air

Consisting of 20% of the score. ➔max. 20.0 points.

6202.3 Speed

Consisting of 20% of the score. ➔max. 20.0 points.

6203 Scoring Procedures

6203.1 7 Judge Format

The Judges will evaluate the competitor's performance using a split scoring system as follows.

6203.1.1 Turn Judges

Five Judges shall independently evaluate the competitor's performance based upon the criteria as stated in JH 6204.1 (Turns) and 6204.2 (Deductions). The high and low Turns scores and the high and low Deductions scores shall be discarded and the remaining six scores shall be added together to form the combined score for Turns including Deductions (note that Deductions scores are always negative).

6203.1.2 Air Judges

Two Judges shall independently evaluate the competitors aerial maneuver(s) based upon the criteria as stated in JH 6204.3. The scores will be averaged for a total air score and truncated to two decimal places.

Total Air Score = 10.0 (max) x 2 jumps = 20.0 (max) per run.

6203.1.3 Time

The speed score shall be calculated according to JH 6204.4.

6203.1.4 Total Score

The average of the two air scores is added to the total of the counting turns/deductions scores to get the competitor's total Judges' score. The speed score shall be added to the total Judges' score to determine the competitor's complete Moguls score.

6200　雪上技巧

6201　定义

雪上技巧指在斜坡陡峭且多雪包的线路上进行的一次自由滑雪，强调技术性转弯、速度和空中动作。

参照竞赛通则 3060.2.1 款有关半决赛和决赛部分。

6202　评分

6202.1　回转

占总分的 60%。最高分 60.0 分。

6202.2　空中技巧

占总分的 20%。最高分 20.0 分。

6202.3　速度

占总分的 20%。最高分 20.0 分。

6203　评分方法

6203.1　**7** 人制裁判法

裁判员依据以下各自独立评分系统来评定运动员的成绩。

6203.1.1　回转裁判员

5 名裁判员依据裁判手册 6204.1 条款（回转）和 6204.2 条款（扣分）标准独立评定运动员的成绩，去掉回转和扣分的最高分和最低分，余下 6 个分数相加作为包括扣分在内的回转综合分（扣分总是消极的）。

6203.1.2　空中技巧裁判员

2 名裁判员依据裁判手册 6204.3 条款标准独立评定运动员的空中技巧动作，2 名裁判员分数的平均值作为空中技巧的有效分，有效分数保留两位小数。

空中技巧完成分=10.0（每跳最高分）×2 跳=20.0（最高分）每轮。

6203.1.3　时间分

时间分的计算依据裁判手册 6204.4 条款。

6203.1.4　总分

2 名空中技巧裁判员分数的平均值加上裁判员的回转分/扣分得出运动员的裁判评分，速度分加上运动员的裁判评分便得出运动员雪上技巧比赛的总得分。

6203.2 5 Judge Format

The Judges will evaluate the competitor's performance using a split scoring system as follows:

6203.2.1 Turn Judges

Three Judges shall independently evaluate the competitor's performance based upon the criteria as stated in JH 6204.1 (Turns) and 6204.2 (Deductions). The three scores shall be added together.
Total Turns Score = 20.0 x 3 judges = max. 60.0 points.

6203.2.2 Air Judges

Two Judges shall independently evaluate the competitor's aerial maneuver(s) based upon the criteria as stated in JH 6204.3_The scores will be averaged for a total air score and truncated to two decimal places.
Total Air Score = 10.0 (max) x 2 jumps = 20.0 (max).

6203.2.3 Time

The speed score shall be calculated according to JH 6204.4.

6203.2.4 Total Score

The average of the two air scores is added to the total of the three turn/deduction scores to get the competitor's total Judges' score. The speed score shall be added to the total Judges' score to determine the competitor's complete Mogul score.

6204 Judging Criteria

6204.1 Turns (60% ofthe Score) Min. = 0.1 / Max. =20.0)

Turns, in terms of judging criteria, refers to a technical evaluation of how well a competitor turns through the moguls. They refer to rhythmic changes in direction of travel to either side of the fall line, utilizing an aggressive, controlled technique. The competitor shall be judged from crossing the start line until crossing the finishline.

Technical considerations

Full control must be gained after every jump, resulting in controlled turns. It is important to register the direction of the landing. Air is scored until return to control; turns begin scoring when the initial landing direction has been changed, so the changeover between the scoring of airs and turns judges is when the skis change their initial direction into a turn.

6204.1.1 Fall Line

Skiing in the fall line is considered the shortest way from the Start to the Finish. To avoid deductions for fall line deviations, the competitor must stay in the selected fall line out of the start gate. Competitors will receive score deductions for fall line deviations as noted in JH 6204.2 including drifting in Air maneuvers. Landing on the center of the mogul is a deviation from the fall line.

6203.2 **5** 人制裁判法

裁判员依据以下各自评分系统来评定运动员的成绩。

6203.2.1 回转裁判员

3 名回转裁判员依据裁判手册 6204.1 条款（回转）和 6204.2 标准条款评定运动员的成绩，名裁判员分数相加作为回转分。

3回转总分=20.0×3 名裁判员=最高 60.0 分。

6203.2.2 空中技巧裁判员

2 名裁判员依据裁判手册 6204.3 款标准独立评定运动员的空中技巧动作，2 名裁判员分数的平均值作为空中技巧分，有效分数保留两位小数。

空中技巧完成分=10.0（每跳最高分）×2 跳=20.0（最高分）。

6203.2.3 时间分

时间分的计算依据裁判手册 6204.4 条款。

6203.2.4 总分

2 名空中技巧裁判员分数的平均值加上裁判员的回转分/扣分得出运动员的裁判评分，速度分加上运动员的裁判评分便得出运动员雪上技巧比赛的总得分。

6204 评分标准

6204.1 回转（占总分的 **60%**） **最低分=0.1**，**最高分=20.0**

回转的评分标准主要是用来评定运动员通过雪包时回转技术的完成情况。 在雪上技巧项目中，回转是指沿着滑降路线两侧滑行有节奏的变化、对雪包有攻击性的利用以及控制技术。裁判员将评判运动员通过起点线和终点线之间的表现。

技术咨询

运动员每跳之后必须处于完全控制状态，这将影响运动员的回转效果。完全控制相对于着陆的起始方向是非常重要的。运动员的空中技巧得分归结于控制；回转的评分起始于运动员着陆方向的变换；因此，空中技巧裁判和回转裁判之间的评分转换时机是当运动员雪板方向转变到回转动作上来。

6204.1.1 滑降路线

从出发到终点的滑降路线应是最短的滑行路线，运动员应该在离开出发口后的限定路线内滑行，要避免偏离滑降线扣分。运动员若因完成空中技巧动作产生飘移而导致偏离滑降线，将依据裁判手册 6204.2 条款进行扣分。着陆在雪包中心算作偏离滑降线。

6204.1.2 Carving

6204.1.2.1 General

A pure carved turn is one in which the tail of the ski follows precisely the track made by the ski tip. The upper ski is edged inward at the entrance to the turn, with the competitor's weight placed well forward on that ski. This maneuver flexes the ski into a curve whose radius is determined by the angulation of the ski, by its side cut and by the size of the bending moment acting on the ski. The other ski needs to move in the same fashion to produce a similar curve with the weight on its outer edge. Reverse camber of the ski (flex) can also be increased by flexion of the edged ski tip into the face of the mogul orrut.

As shown in the figure below, in a purely carved turn there is no skidding/lateral sliding, and the only snow resistance present is the very small gliding friction between ski base, edge and snow. As a result of this minimal level of friction between ski and snow, the speed reduction of the competitor is optimized and fully under the control of the competitor.

Turn radius should reflect the deflection required in relation to the gradient of the slope. Excessive deflection across the hill impacting the face of a mogul is a form break as it results in excessive braking and poor ski line. Turn shape and deflection should vary according to the spacing between the moguls.

6204.1.2.2 Body Position for Carved Turns

- A properly carved ski requires less effort to work, and gives higher levels of control and stability.
- The turn is initiated with pressure as the knees and ankles/feet roll the skis onto edge and extension begins.
- At the middle of the turn (when the ski is edged and the tip is pointing down the fall-line) the ski tips contact the face of the mogul.
- Absorption is used to maintain balance and control pressure in the skis and should match the shape and size of mogul to optimize snow to ski contact.
- Rotations in the upper legs are minimal, feet remain under the body (shoulders and hips) in both fore-and-aft and lateral planes, and knees remain flexed.
- Legs should be together or in a consistent position throughout the run.
- Breaks in balance and separations in position are inefficient turns.
- Angulation of the lower leg controls the radius of the turn. Timing of the initiation dictates how deep the feet go into therut.
- Movements should be symmetrical and equal side to side,specifically:

Timing and placement of pole plants (double pole plant is adeduction).

Arm movements (little movement is preferred but if there is movement it should be equal).

Shape of turns: do the turns adjust to the gradient of the slope and the size and disposition of the moguls.

Position of the feet in relation to the body (do the feet move further outside the body's midpoint on one turn).

6204.1.2 刻雪动作

6204.1.2.1 刻雪概述

一个完美的回转刻雪是板尾精准地伴随板尖的轨迹动作。雪板上半部向内刻雪开始回转时，运动员很好地将重心向前压在雪板上，这个动作使雪板弯曲成弧形，其半径取决于雪板形成的角度、雪刃刻雪及雪板弯曲形状。另一雪板则需要同样的运动形式以产生同样的曲线并使重心落于外刃上。雪板反向的弧形同样因雪板切入雪包表面或雪辙而产生弯曲。

如下图所示，一个完美的回转刻雪动作没有雪板横向/侧向滑行动作，仅仅展现雪板底、板刃与雪之间顺畅的摩擦现状。由于雪板和雪之间最小限度的摩擦，运动员的速度的降低最小化且处于完全控制之下。

回转半径所反映的偏差与雪坡的角度有关，运动员通过雪坡偏差过大、撞击雪包等导致的过度制动和较差的滑降形路线将被扣分。回转形状和偏差将因雪包之间的空间而发生变化。

6204.1.2.2 刻雪回转中的身体姿势

- 一个正确的刻雪动作要求是无须费力就能表现出动作的高水平控制和稳定性。
- 回转以及伸展开始即在膝关节以及踝关节/脚保持压力用刃刻雪。
- 在回转动作中间（当雪板用刃切板尖向下指向滑降线）板尖应保持与雪包表现接触。
- 缓冲是为了保持平衡和控制雪板压力以匹配雪包的形状和尺寸并达到雪板与雪面的最优化接触。
- 大腿旋转最小限度，双脚保持在上体（肩和髋）下方的纵向和侧面，膝关节保持弯曲。
- 回转中双腿并拢或保持一致姿势。
- 打破身体平衡和上下肢脱节都是低效回转。
- 下肢回转角度控制着回转半径，回转的起始时机决定了脚进入雪辙的深度。
- 回转动作应该保持对称性，即左右两侧动作相同，特别关注的是：

点杖的时机和落点（双杖同时点杖是扣分动作）。

手部动作（微小动作是优先的，但双手应该是均等的）。

回转形状：回转调整依据雪坡的形状和角度以及雪包的倾向。

脚部相对于身体位置（每一回转脚部移向身体中心点外侧）。

- Specifically movements should be symmetrical and equal side to side.
- Timing and placement of pole plants is a significant factor (double pole plant is a deduction)

6204.1.2.3 Illustrations/References

Illustration of a purely carved turn

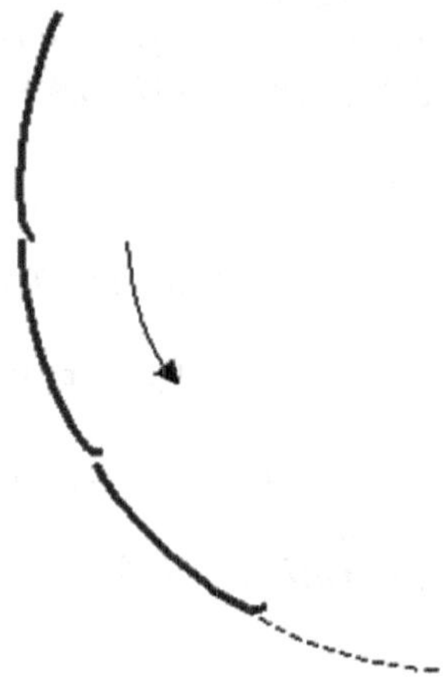

Illustration of a skidded turn bycontrast; the figure below illustrates a turn that is executed while skidding or sliding laterally.

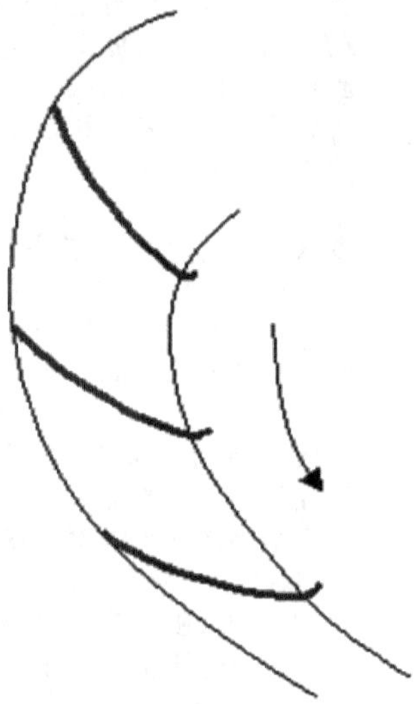

The path "swept" by the skis is the result of ploughing the base of the skis through the snow at the face of the mogul. This happens when the competitor turns his skis too sharply into the turn and the ski impacts the face of the mogul on the sidewall and base of the ski, as opposed to the tip of the ski on edge. A skidding ski pivots across the path of the turn.
However, in some cases, a degree of steering or skidding during initiation is unavoidable, but the key is to minimize snow resistance from skidding during the remainder of the turn. This is in order to maintain correct speed control and balance during an accurate carved turn.

6204.1.3 Absorption and Extension

The competitor should follow the shape of the mogul through absorption from the start until the top of the mogul. Extension starts right after the top of the mogul. Extension also follows the shape of the mogul. Pressure between skis and snow should remain the same during absorption and extension, absorbing as the competitor moves up and extending as the competitor moves down.

- 特别关注运动的对称性，左右两侧动作相同。
- 点杖时机和位置是非常重要的因素（双杖同时点杖是扣分动作）。

6204.1.2.3　插图/引用

完美回转刻雪动作

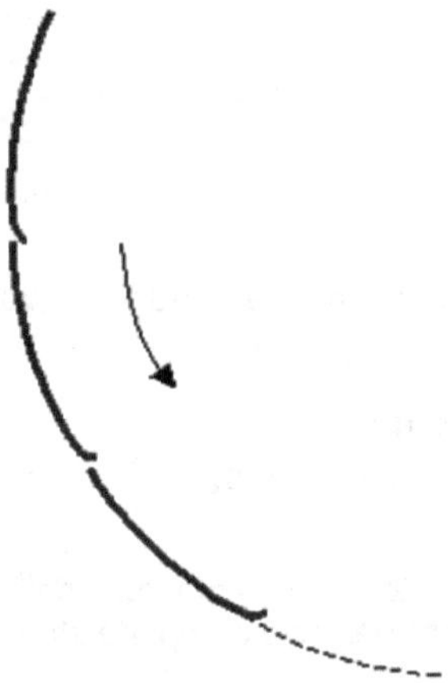

侧滑对比，下图展示的是回转侧滑或横滑

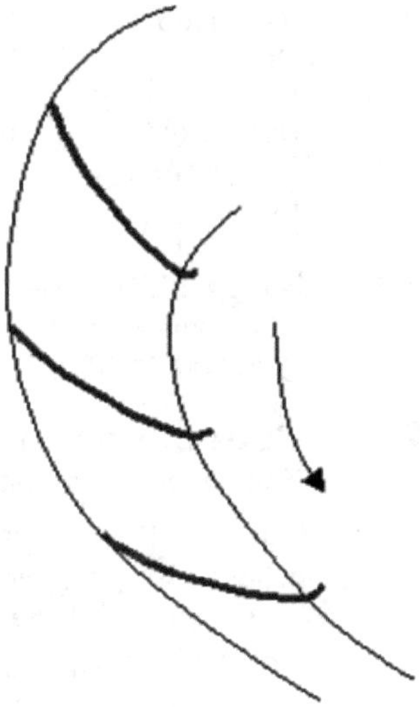

上图雪板的"横扫"路径是因为雪板底犁过雪包表面的缘故。产生这种现象的原因是，相对于雪板板尖用刃，运动员回转切雪太深，导致雪板底撞击雪包的侧面所致。
然而，在某些情形下，运动员一定程度上从一开始回转，侧滑就是不可避免的，但关键是在后续的回转中最小化所受到的雪的阻力，这就是为了满足在精确的回转刻雪中保持正确的速度控制和平衡。

6204.1.3　缓冲与伸展

运动员应从开始到雪包顶部通过缓冲使身体随着雪包的形状滑行，过了雪包顶部后身体立刻伸展。伸展动作也随着雪包的形状而变化。在缓冲收缩与伸展的过程中雪板与雪之间保持同样的压力，向上滑行时缓冲身体，向下滑行时伸展身体。

Additionally, the competitor should aggressively utilize the moguls to assist initiation of turns, rather than waiting for the moguls.

6204.1.4 Upper Body

The head should remain still, facing downhill. The chest should also stay straight and natural. Hands stay in front of the body in a natural position. Pole plants should be light and wrist movement goes forward.

6204.1.5 Mogul Ranges

Excellent	18.1–20.0
Very good	16.1–18.0
Good	14.1–16.0
Above Average	12.1–14.0
Competent	10.1–12.0
Below average	8.1–10.0
Poor	4.1–8.0
Verypoor	0.1–4.0

6204.1.6 Mogul Course

At a course with 11 control gates including start and finish gate (each control gate counts 1/10 of the course)

6204.2 Deductions of Turns Points

The “Deductions” category is used for all errors.

6.0	Any complete stop.
4.1–5.9	Complete fall without stop or interruption/significant sliding down fall line or across hill to nearly a complete stop.
2.9– 4.0	Hard touchdown or front roll without stop or interruption/sliding significantly reducing downhill momentum.
2.1– 2.8	Medium touchdown without stop.
0.1– 2.0	Light touchdown without interruption, small stumbles, fall line deviations, speed check, double pole plant, shooting.

Definitions

- Small stumbles,
- Fallline deviations refer to JH 6204.2.1
- Speedcheck
- Significant sliding Sections of course not skied. Skis are perpendicular to the fall line and are typically sliding with no carving action. (max 2.0 points per gate)
- Shooting Sections of course not skied. Skis remain flat and track straight down the fall line. (max 2.0 points per gate)
- Light Touchdown: Momentary touch with one or bothhands.
- Medium Touchdown: Touch with hips or arm(s).
- Hard Touchdown: Back or side slap, or front roll.
- Complete Fall: Full body contact, no weight on skis.
- Complete Stop: A complete stop for any reason.

此外，运动员应有效利用雪包来使回转产生助动力，而不是等待雪包的到来。

6204.1.4 上体姿势

头保持正直，面向山下，胸部也保持自然正直，双臂自然留于体前，轻握雪杖，腕部向前运动。

6204.1.5 雪上技巧等级范围

优秀	18.1～20.0
很好	16.1～18.0
好	14.1～16.0
一般上	12.1～14.0
较好	10.1～12.0
一般下	8.1～10.0
差	4.1～8.0
很差	0.1～4.0

6204.1.6 雪上技巧滑行路线

在滑行路线设有 11 个旗门，包括起点旗门和终点旗门（滑行路线上每 1/10 处设置一个旗门）。

6204.2 回转扣分

"扣分"种类适用以下所有错误：

6.0	完全停止
4.1~5.9	完全摔倒但未停止，中断滑行/明显侧滑过滑降线或滑过雪坡几乎完全停止。
2.9~4.0	严重触雪或前滚但未停止，中断滑行/明显侧滑并滑行动量减少。
2.1~2.8	中度触雪但未停止。
0.1~2.0	轻触雪未中断滑行，小跌撞，偏离滑降线，速度调整，点双杖，"射出滑行"。

定义

- 小跌撞。
- 偏离滑降线　　详见裁判手册 6204.2.1 条款。
- 速度调整。
- 明显侧滑　　部分路线未滑行，雪板垂直滑降线或典型无刻雪侧滑（每个旗门最高 2.0 分）。
- "射出滑行"　部分路线未滑行，雪板保持平直沿滑降线下滑（每个旗门最高 2.0 分）。
- 轻触雪面：一只手或两只手瞬间触雪。
- 中度触雪：臀部或手臂触雪。
- 重度触雪：后背或侧身拍雪或前滚。
- 完全摔倒：整个身体触雪，雪板上没有承载任何重量。
- 完全停止：任何原因的完全停止。

Notes:

1. A competitor loses control and rides the tails of her skis with no turns for 2 full control gates. A competitor may get partial deductions for turning minimally within a section vs making no turns at all in a section.

("shooting")
Deduction= 4.0 (2.0 x control gates for shooting)
2. A competitor loses his balance after a jump and does a back slap then immediately continues skiing with no fall line break.
Deductions = 2.9 – 4.0
3. A competitor has a complete fall and slides two control gates then comes to a full stop, and then continues skiing.
Deductions = 5.3 + 4.0 (2.0 x control gates for not skiing) +6.0

6204.2.1 **Other deductions**

Deductions in turns points are for specific errors on the course. Deductions will also be used for deviations from a fall line as noted below:

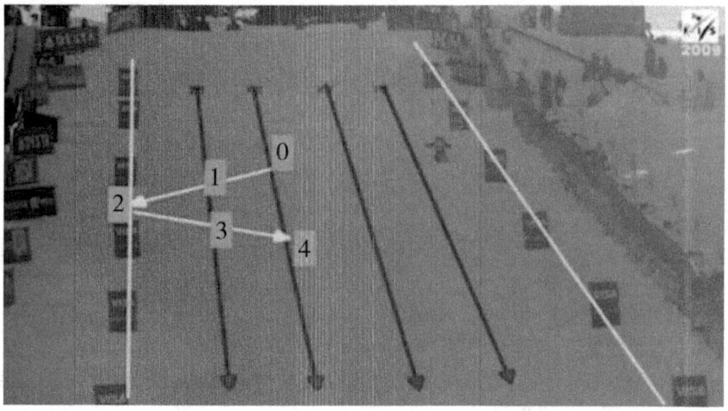

Fall line deviations (leaving the fall line) are based on the guidelines of a 1.6 deduction for any complete line deviation.

Other deductions may be taken for factors that caused the line deviation.

Fall line deviations may be more or less than a complete line change and will be scored accordingly. A competitor who returns to a fall line immediately after deviating will NOT receive a deduction for a second line deviation. If the line deviation is more than one line, the competitor may return to either line without further deduction. In the image above, the competitor starts at position 0 and deviates to position 2 and would receive a deduction of 3.2 (1.6 x 2). The athlete may immediately return to position 3 or 4 without further deduction.

Deductions = 1.2 + 3.2 + 4.0 = 8.4 ➔ 1.2 for stumble + (2 x 1.6 =) 3.2 (for each complete line deviation) + 4.0 (2.0 x2 control gates for not skiing)

6204.3 **Air (20% of the Score) Min. = 0.0 / Max. = 10.0 (per jump)**

The scoring of air is broken into two parts, Form and Difficulty. The maneuver will be evaluated for form out of 10.0 with a degree of difficulty multiplier, based on the maneuver(s) performed ➔ **Refer to 6204.4.5.**

注：

1. 如果运动员失控且板尾拖行无回转过 2 个完整旗门，这名运动员可在这一区域内最小限度被扣部分回转分数，这种情况是相对于在这一完整区域没有滑行而言（射出滑行）。

扣分=4.0（2.0×射出滑行的旗门数）

2. 如果一个跳跃动作后背拍失去平衡，但随后立即继续滑行且没有滑降线错误

扣分=2.9 - 4.0

3. 运动员完全跌倒和侧滑过 2 个旗门后完全停止后，再继续滑行。

扣分=5.3+4.0（2.0×无滑行的旗门数）+6.0

6204.2.1　其他扣分

针对回转扣分的一些特殊错误，扣分通常发生在偏离滑降线方面：偏离滑降线（离开滑降线）是以完全离开滑降线扣 1.6 分为基础。

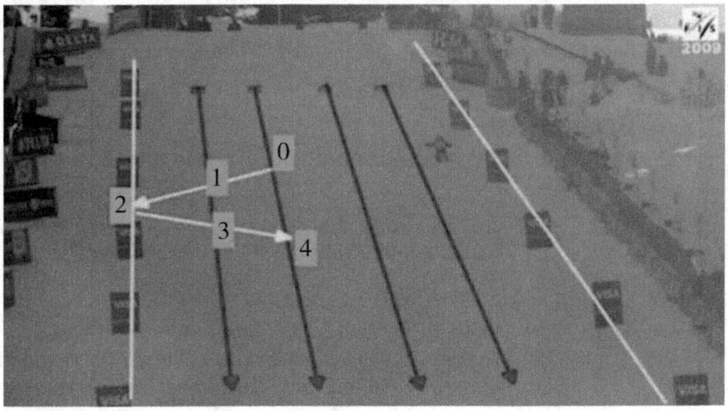

另外还有其他扣分因素导致偏离滑降线。
偏离滑降线将依据完全偏离滑降线或多或少的程度得到相应的判罚分数。
运动员偏离一条滑降线后立即返回，将不会因处于第二条滑降线而被扣分；如果运动员偏离超出不止一条赛道后，运动员仍可返回原赛道或在其他赛道继续滑行而不扣分。如图所示，某运动员由 0 位置偏离到 2 位置，将被扣 3.2 分（1.6×2），运动员立即返回位置 3 或位置 4 将不再扣分。

扣分=1.2+3.2+4.0=8.4→1.2 的小跌撞+（2×1.6=）3.2（每一次完全偏离滑降线）+4.0（2.0×2 个旗门无滑行）

6204.3　空中技巧（占总分的 20%）　　最低分=0.0，最高分=10.0（每一跳）

空中技巧的评分分为两部分：空中技巧动作完成情况及其难度。整个动作将依据空中技巧动作的完成情况 10.0 分以及完成动作难度的大小来评定。参照裁判手册 6204.4.5 条款。

6204.3.1 Jumpgroups

Different jump groups in Moguls are listed below (with examples):

1. Flips: (somersault) Inverted flips include all jump somersaults. Only single inverted flips are allowed.

2. Loop: Include all loop jumps. Only single loops areallowed.

3. Straight Rotations (helicopters/360,720): Straight Rotations include all traditional single and multiple rotations (helicopters/360/540/720...). A straight rotation maneuver can also include up to three (3) positions and/or one (1) grab.

4. Off Axis (D-spin, Cork, Misty): Off Axis includes all traditional single and multiple off axis maneuvers (360/540/720...).

The Off Axis jumps are grouped in three categories:

- **A**= D-spin, Cork, and Loopfull
- **B**= Rodeo, Flatspin
- **C**= Misty,Bio

5. Upright (Spread Eagle, Kosak, Zudnick, Daffy, Back Scratcher, Mule Kick, Iron Cross, Twister etc.; Singles - Quints). Upright jumps include all jumps performed in the vertical axis without rotation. These include the traditional upright jumps (twister, spread, daffy etc.). A competitor can perform 1 (single) to 5 (Quint) upright maneuvers. Any more than 5 will not be counted. There is no bonus for any position modifiers (i.e. grabs etc.) in upright jumps.

6204.3.2 Form

Priorities to judge form and position of the jumps in mogul skiing are set as follows:

First — Quality (Form, Landing)

NOTE: Air in moguls will be judged until the competitorisinfull control.

Second — Air (Height and Distance)

Third — Fluidity. (Speed check, etc.)

Fluidity is the ability of the competitor to maintain the rhythm of turns prior to the jump, including the initiation for take-off.

When judging form for all jump groups (uprights, flips, off-axis, etc.) the primary factor for evaluation is the “Purposeful Motion” utilized by the competitor.

6204.3.1　跳跃种类

雪上技巧不同的跳跃动作种类如下（举例）：

1. 空翻：包括所有的跳跃空翻，每次只允许单周空翻。

2. 环状旋转：包括所有的环状跳跃，每次只允许单周环状跳跃。

3. 垂直旋转（直升机/360°，720°）：垂直旋转包括所有传统单圈和多圈转体（360°/540°/720°……）。直体转体动作可包括三个姿势和（或）一个抓板姿势。

4. 偏轴旋转（偏轴旋转直体后空翻转体360°，偏轴旋转后空翻水平转体360°，偏轴旋转直体前空翻转体360°）。偏轴旋转包括所有传统单周和多周偏轴旋转动作（360°/540°/720°等）。

偏转旋转动作有三种类型：

- A=偏轴旋转直体后空翻转体 360°，偏轴旋转后空翻水平转体 360°，环状旋转 360°。
- B=偏轴旋转前空翻 180°接 540°，偏轴旋转后空翻水平转体 360°
- C=偏轴旋转直体前空翻转体 360°，偏轴旋转前空翻水平转体 360°

5. 非空翻动作（横大一字跳，哥萨克跳，并腿体前屈跳，纵一字跳，后屈腿挺身跳，后屈小腿扭摆跳，十字交叉跳，下肢扭摆跳等；即，1个至5个）。非空翻跳跃包括所有垂直轴没有转体的跳跃动作。包括传统的非空翻跳跃（下肢扭摆跳，横大一字跳，纵一字跳等）。运动员可以完成1个（单个）到5个（多个）非空翻动作。多于5个的动作不予计分。在非空翻动作中任何附加姿势（如抓板等）没有加分。

6204.3.2　动作完成情况

在雪上技巧滑行中优先评定空中动作完成情况及跳跃姿势，具体内容如下：

第一、质量（空中动作、着陆）。

注：在雪上技巧中，只有运动员处于完全控制之中时，腾空才得分。

第二、腾空（高度和远度）。

第三、流畅性（速度调整等）。

流畅性是指运动员在跳跃前，包括起跳前保持回转节奏的能力。

评判所有跳跃组合动作（直体，空翻，偏轴旋转等）主要是评判运动员使用的“目的性动作”。

Purposeful motion means:

- Athleticism displayed
- Control
- Balance
- Continuity of Motion

All jumps, including traditional jumps (such as uprights and vertical axis rotations) and new jumps (such as off-axis rotations), will be evaluated using the Purposeful Motion criteria.
Maximum raw point allotment: 10.0 for form, with DD max. 10.0 / jump.

Note: Jumps must receive at least 0.1 form points to receive difficulty multiplier. The height of the jumps should be related to the weight point of the body (not to the head, or top or body).

6204.3.2.1 Axis

Axis will be evaluated as an element of Quality – how the jump was executed and performed. In order to achieve a maximum point value, the maneuver must be performed within the defined axis range (see 6204.3.2.2.1, 6204.3.2.2.2 & 6204.3.2.2.3). If the maneuver being attempted is not within the defined axis range, the score shall be reduced proportionate to the variation from the defined axis range as an element of quality (see 6204.3.3 POINT GUIDELINE CATEGORY).

i.e. if all other components of the jump are excellent the Jump will be scored at the highest end of the defined axis range category.

6204.3.2.2 Determining ProperAxis

Axis should always be assessed with relation to the position of the upper body or torso at the apex of the jump.
The legs and feet are not a clear indicator of axis as the lower torso can be a position not related to the axis of the maneuver simply by bending at the knee. In order to manipulate the direction of the upper body, the athlete must hinge at the waist, altering the axis of the maneuver in the process.

目的性动作指的是：
- 竞技性展示
- 控制力
- 平衡
- 动作的连贯性

所有的跳跃，包括传统跳跃（如非空翻动作和垂直轴旋转）和新跳跃（如偏轴旋转）都是依据目的性动作标准来评判。

最高分：动作分 10.0 分，难度系数×10.0 分/每跳

注：跳跃必须至少得 0.1 分的动作完成分才能得到动作难度分。跳跃高度与身体重心相关（与头部、板尖或身体无关）。

6204.3.2.1 旋转轴

旋转轴作为动作质量因素将被评判——即跳跃动作完成得如何为获最高得分，运动员的动作轴必须在限定的范围内（见规则 6204.3.2.2.1，6204.3.2.2.2 和 6204.3.2.2.3），如果企图完成一个超出可接受的动作轴范围的动作，成绩将依据作为质量因素的动作轴范围变化酌情扣分（见规则 6204.3.3 评分等级种类）。

即如果跳跃动作的其他部分都非常优秀，该跳跃动作被赋予限定动作轴范围内的最高分的下限。

6204.3.2.2 旋转轴的决定

旋转轴的判定依据动作最高点时上体及躯干的位置关系。

腿和脚并不是旋转轴的明确标志，当下肢躯干成一种姿势时，屈膝动作与旋转轴变化无关。为控制上体方向，运动员在改变旋转轴时必须以腰为中心发动旋转。

6204.3.2.2.1 Proper Axis for Upright and Non-Twisting Inverted Jumps

<u>Score Guidelines Green Zone</u>

Jump may achieve maximum points – "excellent" category score.

<u>Yellow Zone</u>

Jump may achieve a maximum of a "good" category score (8.0).

<u>Red Zone</u>

Jump should receive a maximum of a "poor" category score.

6204.3.2.2.2 Proper Axis for Inverted Twisting Jumps

<u>Score Guidelines Green Zone</u>

Jump may achieve maximum points – "excellent" category score.

<u>Yellow Zone</u>

Jump may achieve a maximum of a "good" category score (8.0).

<u>Red Zone</u>

Jump should receive a maximum of a "poor" category score.

6204.3.2.2.1　直体或转体无空翻动作的正确旋转轴位置

绿色得分区域：

旋转轴处于该区域动作最高得分——“优秀”级别。

黄色得分区域

旋转轴处于该区域动作最高得分——“良好”级别（8.0）。

红色得分区域

旋转轴处于该区域动作将获得最低得分——“差”级别。

6204.3.2.2.2　转体空翻的正确旋转轴位置

绿色得分区域：

旋转轴处于该区域动作最高得分——“优秀”级别。

黄色得分区域

旋转轴处于该区域动作最高得分——“良好”级别（8.0）。

红色得分区域

旋转轴处于该区域动作将获得最低得分——“差”级别。

6204.3.2.2.3 Proper Axis for Off Axis Jumps

Score Guidelines Green Zone

Jump may achieve maximum points – "excellent" category score.

Yellow Zone

Jump may achieve a maximum of a "good" category score (8.0).

Red Zone

Jump should receive a maximum of a "poor" category score.

6204.3.2.2.3　偏转空翻的正确旋转轴位置

<u>绿色得分区域</u>：

旋转轴处于该区域动作最高得分——“优秀”级别。

<u>黄色得分区域</u>

旋转轴处于该区域动作最高得分——“良好”级别（8.0）。

<u>红色得分区域</u>

旋转轴处于该区域动作将获得最低得分——“差”级别。

6204.3.3 Point Guideline

Excellent Jump	8.1 – 10.0
Good Jump	6.1 – 8.0
Average Jump	4.1 – 6.0
Poor Jump	2.1 – 4.0
Very Poor Jump	0.1 – 2.0

6204.3.4 Full control

Full control must be gained after every jump, resulting in controlled turns. It is important to register the direction in the landing. Air is scored until return to control; turns evaluation continues when the initial landing direction has been changed, so the chang eover between judges occurs when the skis make their initial change of direction into a turn. If there is no change of direction after landing, turn judges shall evaluate the competitors' performance landing until the end of the run.

6204.3.4.1 Falls after Jumps / Deep Landings

—The jump is judged up to a controlled landing.

—If the landing is very poor or completely missed the jump score is affected.

The jump may only receive a maximum score of 5.0.

—Falls and touchdowns also affect the turn score.

6204.3.5 Difficulty

Jumps will be identified by a specific code. This code will identify the basic jump group and additional difficulty components that make up the difficulty formula.

The difficulty of the upright maneuver will be established in accordance with the Difficulty table, using a "Base DD", enhanced by the values established for the jump components. The table of jump codes and Degree of Difficulty values is maintained and published on the FIS website.

6204.3.6 Jump Codes

Moguls jump codes are created by adding individual codes together to form a jump. Each letter code represents a value and these values are added together to calculate the Degree of Difficulty (DD). The table of jump codes and Degree of Difficulty values is maintained and published on the FIS website.

6204.3.3　评分等级

优秀跳跃	8.1～10.0
较好跳跃	6.1～8.0
一般跳跃	4.1～6.0
差的跳跃	2.1～4.0
很差的跳跃	0.1～2.0

6204.3.4　完全控制

运动员每跳之后必须保持完全控制状态，这将影响其回转评分，因为处于完全控制状态相对于着陆的起始方向非常重要。运动员腾空动作的评分延续至其回归完全控制状态；回转裁判的评分起始于运动员着陆变换方向时，因此，在空中技巧评分和回转评分之间的转换，是当雪板改变方向并回到回转动作上来。如果运动员着陆后没有改变方向，回转裁判员将直至运动员着陆动作结束才进行评判。

6204.3.4.1　跳跃后跌倒/着陆深蹲

——跳跃的判罚是一直延续到运动员控制着陆；
——如果着陆很差或完全失控，跳跃分数将受到影响；
跳跃分数最高可得 5.0 分。
——跌倒或触雪将影响回转分。

6204.3.5　难度

跳跃动作难度将由特殊符号确定。这些符号将由基础跳跃动作和附加跳跃动作的难度构成难度表。
非空翻类动作的难度依据下表，以一个基础难度系数计算跳跃动作组合。动作代号及难度系数将在国际雪联官方网站公布。

6204.3.6　动作代号

雪上技巧跳跃动作代号是叠加每一个代号组合而成。每个代号代表一个分值，所有分值相加就是该动作的难度系数（DD）。动作代号及难度系数将在国际雪联官方网站公布。

6204.3.7 Position Modifiers

Modifier	Code	
Positions	p	➔add0.03
For 2 positions	pp	➔add0.06
For 3 positions	ppp	➔add0.09
Grab	G / g	➔see notes below
	Layoutposition L	➔add0.02

NOTES:

▪ Up to three positions and one grab can be added to a jump. All positions (p) are to be listed first, then the grab (g) or (G) (e.g. bLpg, bLpG or bPpppg not bLgp or bPpgpp).

▪ The layout position modifier is only used after a half twist if performed in the layout position e.g. bHlw for a Back/Half (layout) with switch landing.

▪ Switch Take-off andLanding

A competitor can take-off and/or land in either direction (i.e. forwards or backwards). If a take-off or landing is backwards it is known as switch. Switch take-off or landing is notated using sign "w"at the beginning of the jump code for a switch take-off and/or at the end for a switch landing.

The switch "w"modifier has a value of 0.06 each time it is used. So if a competitor performs a jump with a switch take-off and landing there would be a "w"at the beginning and end of the jump code and you would add a value of 0.12 to the maneuver.

▪ A "**g**" shall be assigned to any grab that is from mid ski to the boot (except for cross bodygrabs).

▪ • A "**G**" shall be assigned to any grab from beyond mid ski to the tail or tip, including cross body grabs (i.e., mute, japan,critical).

NOTE: Grabs cannot be performed as a single maneuver. They can only be incorporated within a rotational maneuver like inverted flip, straight rotations and off axis maneuvers. Grabs performed must be identifiable as a Grab. A grab should be held, at a minimum, so it is presented clearly tothe judges.

An attempted grab will be considered as a grab in the coding of the jump. A poor or missed grab will be counted as a grab but the fact that it may have been missed or not presented clearly to the judges will affect the overall package of the jump and scored accordingly. When one element of a jump is very poor or barely done, the whole score will reflect the combined effort and substantially reflect the missed grab. An attempted grab will be coded according to the way it wasattempted.

6204.3.7　姿势变化

变化	代号	
1 个姿势	p	→增加 0.03 分
2 个姿势	pp	→增加 0.06 分
3 个姿势	ppp	→增加 0.09 分
抓板	G/g	→看下方注示
直体姿势	L	→增加 0.02 分

注：
- 三个姿势变化和一个抓板可以累加到一个跳跃动作中，所有姿势变化代号（p）必须写在前面，然后是小“g”抓板或大“G”抓板（例如，直体后空翻接姿势变化 1 次接小“g”抓板、直体后空翻接姿势变化 1 次接大“G”抓板或后空翻自由式姿势接姿势变化 3 次接小“g”抓板，但不能是后空翻接小“g”抓板接姿势变化 1 次或后空翻接姿势变化 1 次接小“g”抓板接姿势变化 2 次）。
- 直体姿势变化仅适用于直体姿势的 180° 转体动作，如，bHlw 动作：后空翻转体 180°（直体）接转换姿势着陆。
- 转换姿势起跳和着陆

运动员的起跳和着陆可选两个方向之一（如，向前或向后），如果一个起跳或着陆是向后滑行做的动作，则这个动作被认定为“转换姿势”，转换姿势起跳或着陆的代号用一个“w”表明起始动作代号和结束动作代号。

转换姿势每次使用有 0.06 分值。如果一个运动员采用一个转换姿势起跳和着陆，则有一个“w”号在动作起始和结束，而且将被加 0.12 分。

- 小“g”被指定为任何形式的从雪板中部到雪鞋位置抓板动作（交叉身体的抓板除外）。
- 大“G”被指定为任何形式的超过雪板中部到板尖和板尾的抓板，包括交叉身体的抓板（如，mute 抓，japan 抓，critical 抓）。

注：抓板不能作为单一动作，它们可以结合到像空翻、垂直旋转和偏轴旋转动作中。抓板动作必须清晰可辨，抓板可持续的最小时间必须清楚地展现给裁判员。

企图抓板将被认定为跳跃中的抓板动作，一个差的抓板或失误抓板也将被认定为抓板动作，实际上，失误的抓板动作无法清楚地呈现给裁判员，将会影响到整体跳跃动作的得分，当一个跳跃的抓板动作非常差或近似抓板失误，其最后总分反映的是综合努力和动作流畅性的结果。一个尝试的抓板动作将按照它的尝试方式进行动作认定。

For example:

Imperfectly executed grabs will result in deductions as follows:

1. If the grab is not properly held but the hand makes positive contact with the ski, deduct 0.5 to1.0
2. If the hand barely makes contact or misses but the correct position is held, deduct up to1.5.
3. If the grab and the position is missed completely, deduct up to3.0.

6204.3.8 Repeats

Every competitor must perform two different jumps in order for two jumps to count. If a jump is repeated, only the better scoring jump of the two will count. Only identically performed jumps will be considered repeated jumps, with the exceptions noted below. "Two different jumps" are defined as:

Inverted Flips: Allow only one (1) jump in this category per run unless there is a different direction in initiation (front vs back) or rotation added (straight over jump vs full twisting).

	Can do	Can't do
First Jump	backfull	backfull
Second Jump	fronttuck	backhalf

Loop: Allow only one (1) jump in this category perrun.

	Can do	Can't do
First Jump	looppike	looppike
Second Jump	backfull	loop pike withgrab

OffAxis: Allow the same jump from the same category if there is a different primary axis of rotation, front or back, or there is a different secondary axis of rotation by 180 degrees or more (same system as with straight rotations).

	Can do	Can't do
First Jump	7o 7oA/B	7opA
Second Jump	3o 7oC	7ogB

Straight Rotations: If two (2) jumps are done from this category they must differ by 180 degrees or more.

	Can do	Can't do
First Jump	360	720 pp
Second Jump	720	720 pg

例如：
不完美的抓板动作将导致如下扣分：
1. 如果抓板动作不正确但手是积极地接触雪板，将被扣 0.5～1.0 分；
2. 如果手几乎抓到板或抓板失误，但抓板位置正确，将被扣 1.5 分；
3. 如果抓板动作和抓板位置全失误，将被扣 3.0 分。

6204.3.8　动作重复

每名运动员必须完成两次不同的跳跃，这样两跳才能记入总分。如果一跳重复，则其中成绩较好的一跳记入总分。
只有当完成的动作相似时才被认定为重复跳跃，下面注明的除外。“两次不同跳跃”的定义为：

空翻：在这一类别中每次只允许一周空翻，除非起跳时方向不同（前或后）或者增加了转体（垂直跳跃或 360° 转体）。

	可做	不可做
第一跳	直体后空翻转体 360°	直体后空翻转体 360°
第二跳	团身前空翻	后空翻转体 180°

环状旋转：在这一类别中每次只允许一周空翻。

	可做	不可做
第一跳	屈体环状旋转跳跃	屈体环状旋转跳跃
第二跳	直体后空翻转体 360°	屈体环状旋转跳跃接抓板

偏轴旋转：如果它们在第一主旋转轴不同，如向前或向后转体动作，或者第二旋转轴转体相差 180° 或更多（与垂直转体评分体系相同），那么相同类别的动作允许跳跃。

	可做	不可做
第一跳	7o 7oA/B	7opA
第二跳	3o 7oC	7ogB

垂直旋转：在这一类别中，完成的两次跳跃必须相差 180° 转体或更多。

	可做	不可做
第一跳	360	720pp
第二跳	720	720pg

Upright : Must have a different number of moves (i.e. double spread, triple twister)

	Can do	Can't do
First Jump	TST	DTS
Second Jump	TS	TTT

6204.3.9 **Exceptions and Notes:**

1. When grabs are performed in jumps, all grabs are considered to be the same for purposes of the repeat rule. For example, a 360 mute grab is a repeat of a 360 tail grab. Also there is no difference between grabs made as "**g**" or "**G**". All Grabs are classified as the same maneuver : a 720 off axis with 2 grabs is a repeat of another 720 off axis with 2 different grabs, and is also a repeat if the grabs are merely reversed in order or done once as "**g**" and then as"**G**".
2. When positions are performed in flips, loops, or vertical or off axis rotational maneuvers, the location of the position within the jump does not change the jump.
3. Two off-axis jumps are considered to be repeats unless there is a different primary axis of rotation, front or back, or there is a different secondary axis of rotations by at least 180 degrees. Competitors can do A and C or B and C combinations.
4. Positions with grabs or any attempt to grab are considered to be grabs for the purpose of this rule.

6204.4 Speed (20% of the Score) Min. = 0.0 / Max. =20.0

Speed is simply the amount of time taken to complete the run. Time shall be taken from the moment that the competitor leaves the starting gate until they cross the finish line. The points awarded for speed will be called time points and calculated. ➔**Refer to ICR 4203.3**

非空翻动作：动作数量必须不同（如两个横大一字跳，三个下肢扭摆跳）

	可做	不可做
第一跳	TST	DTS
第二跳	TS	TTT

6204.3.9 例外和注释：

1. 当跳跃中有抓板动作，则所有抓板动作都遵循动作重复规则。例如，360° 转体抓前脚侧刃是重复转体 360° 抓板尾。同理，采用小“g”抓板和大“G”抓板完成也有雷同之处；所有抓板分类被认为同类重复的动作有：一个 720° 偏轴旋转抓 2 次板和另外一个 720° 偏轴旋转 2 次不同抓板算作重复；如果做过一次小“g”抓板和大“G”抓板动作，只是抓板顺序颠倒变化同样被认定重复。
2. 在空翻、环状旋转、垂直旋转、偏轴旋转等动作中的姿势变化，应在跳跃动作中完成且不能改变跳跃动作。
3. 两个复合轴的偏轴旋转动作除非它们在第一主旋转轴不同，如向前或向后转体动作，或者第二旋转轴转体度数相差至少 180°，否则将被认定为重复。运动员可以完成 A 类、B 类和 C 类组合动作。
4. 抓板姿势变化和任何被认定为抓板动作企图都适用动作重复规则。

6204.4 速度分（占 20%） 最低分=0.0 分/最高分=20.0 分

速度分仅是计算一轮滑行中的时间。时间从运动员离开起点旗门直至滑过终点线结束算起。
速度的奖励称为速度分，换算参照竞赛通则 4203.3 条款。

6300 Dual Moguls

6301 Definition

The Dual Mogul competition shall consist of elimination rounds where pairs of competitors compete against each other. Each loser is eliminated and each winner advances to the next round until a final result is achieved. The competition will take place on a steep, heavily moguled course, stressing technical turns, aerial maneuvers and speed.

6302 Pairings

Refer to ICR 4305.

6303 Scoring Procedures

In Dual Mogul Format, each judge shall determine which competitor more fully exhibits the requirements set forth in Rule JH 6204, Judging Criteria for Moguls, and indicate such selection by the Dual Mogul system, corresponding to the course on which such competitor competed.
The loser shall be eliminated and the winners move on to the next round until the final placing is determined. See JH 6304 for additional event procedures.

6304 Judging Procedure, Dual Mogul Format

6304.1 Dual Moguls

The judging criteria used in the dual mogul elimination format shall be the same as set forth in Rule JH 6204.1 "Turns" and Rule JH 6204.3 "Air". Speed is a comparison of relative time as per rule JH 6304.4.

6304.1.1 5 Judges Format

A panel of five (5) judges shall administer scores based upon specific duties for each judge as follows:

AIR	- One (1)Judge
SPEED	- One (1)Judge
TURNS	- Two (2)Judges
OVERALL PERFORMANCE	- One (1)Judge

J1	J2	J3	J4	J5
Turns	Turns	Speed	Air	Overall

Speed is a comparison of relative time as per rule JH 6304.4.

6300　双人雪上技巧

6301　定义

双人雪上技巧比赛是 2 名运动员利用回转、空中技巧以及速度等多项技术在有陡坡、雪包的赛道进行的淘汰对抗赛，每轮负者将被淘汰，胜者进入下一轮直至决赛。比赛将在一个陡坡、有雪包赛道上举行，强调滑行的回转技巧、空中技巧动作和速度。

6302　选手配对

参见国际竞赛通则 4305 款。

6303　评分方法

双人雪上技巧评分方法是，每名裁判将依据裁判手册 6204 条款判定哪名运动员能符合规则要求并能充分完成规则要求。雪上技巧的评判标准表明适用双人雪上技巧体系，并与赛道上竞争的对手相匹配。

负者将被淘汰，胜者进入下一轮，直至最后的名次确定。参照规则裁判手册 6304 款。

6304　双人雪上技巧的裁判步骤及评分方法

6304.1　双人雪上技巧

双人雪上技巧淘汰制使用的裁判标准与规则 6204.1 款“回转”和规则 6204.3 款“空中技巧”相同，速度依据规则 6304.4 作为相对时间参照比较。

6304.1.1　五人制裁判

五人制裁判组将依据如下特殊职责进行评分：

空中技巧	1 名裁判员
速度	1 名裁判员
回转	2 名裁判员
总体印象	1 名裁判员

裁判员 1	裁判员 2	裁判员 3	裁判员 4	裁判员 5
回转	回转	速度	空中技巧	总体印象

速度则依据规则 6304.4 款作相对时间的比较。

6304.1.2 7 Judge Format

A panel of seven (7) judges shall administer scores based upon specific duties for each judge asfollows:

AIR	- Two (2)Judges
SPEED (Turns tie break)	- One (1)Judge
TURNS	- Four (4)Judges

J1	J2	J3	J4	J5	J6	J7
Turns	Turns	Turns	Turns	Air	Air	Speed*

** Speed is a comparison of relative time as per rule 6304.4. The Turns score delivered by the Speed Judge shall be used only for the purpose of tie breaking within the provisions of Tie-Breaking 7 Judges Dual Mogul Format.*

6304.2 Dual Mogul System

6304.2.1 Scoring

Each judge will have a total of five possible votes to cast, with possible combinations of 5-0, 4-1, 3-2, 2-3, 1-4, or 0-5, for the red course vs. the blue course. This results in 25 or 35 possible votes to be cast as follows:

7 Judges			5 Judges
Turns #1:	5 votes	Turns #1	5 votes
Turns #2:	5 votes	Turns #2	5 votes
Turns #3:	5 votes	Air	5 votes
Turns #4:	5 votes	Speed	5 votes
Air #1:	5 votes	Overall	3 votes Turns
Air #2:	5 votes		1 vote air, 1 vote speed
Speed:	5 votes		
Total:	**35 votes**		**25 votes**

If both competitors finish and are tied on Speed, each competitor shall be awarded half of the Speed votes, resulting in a score of 2.5-2.5 (7 Judges) or 3-3 (5 Judges).

A scorekeeper will be on the Judges' stand assisting the Head Judge to add up all the votes. The result will be written in the protocol and announced immediately. The winner of each match will be the competitor who received the simple majority of votes.
The scorekeeper is also responsible for recording all decisions of each judge on a protocol form.

6304.1.2　　七人制裁判

七人制裁判组将依据如下特殊职责进行评分：

空中技巧	2 名裁判员
速度（打破回转平分）	1 名裁判员
回转	4 名裁判员

裁判员 1	裁判员 2	裁判员 3	裁判员 4	裁判员 5	裁判员 6	裁判员 7
回转	回转	回转	回转	空中技巧	空中技巧	速度*

*速度则依据规则 6304.4 款作相对时间的比较。速度裁判主要是在 7 人制裁判中回转分数已经上交且运动员成绩相等的情况执行判罚。

6304.2　　双人雪上技巧评分体系

6304.2.1　　评分

每名裁判员共有 5 种可能的表决票。对于红色赛道和蓝色赛道来说，可以组成 5-0，4-1，3-2，2-3，1-4 或 0-5。其结果可能产生以下的 25 种或 35 种表决票。

7 人制裁判			5 人制裁判			
回转	#1：	5 张表决票	回转	#1：	5 张表决票	
回转	#2：	5 张表决票	回转	#2：	5 张表决票	
回转	#3：	5 张表决票	空中技巧		5 张表决票	
回转	#4：	5 张表决票	速度		5 张表决票	
空中技巧	#1：	5 张表决票	总体印象		3 张表决票	回转
空中技巧	#2：	5 张表决票	1 张表决票	空中技巧	1 张表决票	速度
速度：		5 张表决票				
总计：		35 张表决票			25 张表决票	

如果两名运动员速度相同，将每名运动员分别获得一半的速度表决票，结果将是 2.5-2.5（7 人制裁判）或 3-3（5 人制裁判）。

一名记分员帮助裁判长合计总表决票数，并将结果记录，立即宣告。每次比赛的获胜者将是得票最多的运动员。
记分员还有责任记录每位裁判员的表决结果。

6305 Special Procedures: Dual Moguls

6305.1 Number of Aerial Maneuvers

All courses will be two jump courses for international competitions. The recommended number of aerial maneuvers shall not restrict the competitor to the stated amount, but represents the number of aerial maneuvers that will receive anevaluation.

6305.2 Scoring Air in Dual Moguls

6305.2.1 Jump sevaluation

Air Judges evaluate jumps based on the scoring criteria from single moguls (Quality, Air and Spontaneity), as well as difficulty and variety. Competitors may repeat jumps but judges will consider variety in comparing the two competitors. Variety reflects a different number of maneuvers and different types of maneuvers. A competitor who repeats (identically) the same manoeuvre during a run will receive a deduction of two (2) votes per Air Judge; A competitor who performs two different manoeuvres from the same scoring category will receive a deduction of one (1) vote per Air Judge. Scoring category as defined in 6204.3.8 – single moguls repeat rule.

Time Differential for Speed

After the time difference between the competitors has been calculated. Judging Points will be awarded as follows:

- Both competitors are within 0.74 seconds =3/2
- The time difference is between 0.75 and 1.49 seconds =4/1
- The time difference is equal to or greater than 1.5 seconds =5/0

Tie Breaking Dual Moguls

Tie Breaking 5 JudgeFormat

All ties can be broken in the 5 Judges Dual Mogul Format. If there is a tie in Speed, the Overall Judge has 4 votes resulting in 19 votes possible. If there is a tie in Air (neither competitor jumps), the Overall Judge has 4 votes resulting in 19 votes possible. If there is a tie for both speed and air, the Overall Judge has 3 votes resulting in 13 votes possible.

Tie Breaking 7 Judge Format

Should a tie occur, the competitor with the greater number of votes from the Turns judges shall be ranked higher; if still tied, the competitor with greater number of Turns judges in favor shall be ranked higher. If still tied, the **Turns Tie Break Judge (J7/Speed)** shall determine the result by giving a Turn score.

6305　双人雪上技巧特殊裁判法

6305.1　空中技巧动作数量

国际比赛的所有赛程都安排两次跳跃。虽然确定了空中技巧的跳跃次数，但并不限制运动员必须按此次数跳跃，然而评分却按确定的次数进行。

6305.2　双人雪上技巧空中技巧动作的评分

6305.2.1　跳跃动作评分

双人雪上技巧比赛中的空中技巧动作是基于单人雪上技巧的评分标准（质量、腾空、自发性）、难度以及动作多样性。运动员可以重复跳跃动作，但裁判员会对比两个运动员空中技巧动作的多样性，而多样性主要体现在不同动作数量和不同动作类型上。运动员在一轮比赛中可以重复（相同）跳跃动作，但会被每名空中技巧裁判员减去2票；如果运动员在一轮比赛中采用同类别中的不同动作，将会被每名空中技巧裁判员减去1票。跳跃动作类别依据竞赛通则6204.3.8条款中单人雪上技巧动作的重复规则。

速度方面的时间差别

两个不同运动员时间被计算后，裁判员依据如下给分：

两名运动员时间相差在0.74秒以内=3/2

两名运动员时间相差在0.75至1.49秒之间=4/1

两名运动员时间相差等于或大于1.5秒=5/0

双人雪上技巧平分处理

五人制平分处理

所有平分现象会在5人制双人雪上技巧比赛中被打破。如果在速度出现平分现象，总体印象裁判有投4票导致19种结果可能；如果空中技巧平分（两运动员都不是），总体印象裁判有投4票导致19种结果可能；如果在速度和空中都平分，总体印象裁判有投3票导致13种结果可能。

七人制平分处理

如果发生平分现象，运动员累计回转裁判的票数高者列前；如果继续平分，运动员累计支持其的回转裁判员人数之和高者列前；如果仍就平分，打破回转平分裁判（裁判7/速度）将决定回转分结果。

Crossing the center line (DNF)

A competitor has crossed the center of the dual mogul course when both feet have completely crossed over the center line and into the opposing course.

See diagram below:

Direction of

Both boots have

Direction of

跨越中心线（不得分）

双人雪上技巧比赛中，一名运动员跨过赛道中心，双脚完全跨过中心线并过渡到对手场地，如下图所示：

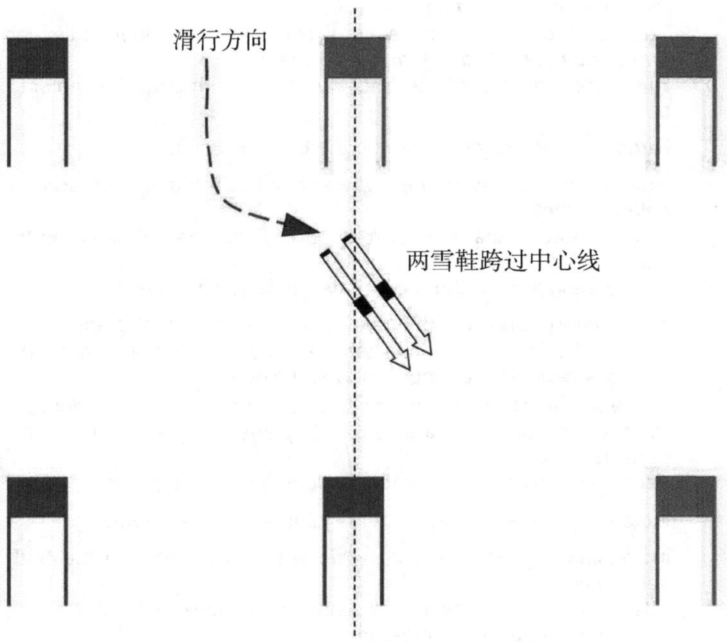

Appendix A: General Description of Jump Definitions

1. Basic JumpDefinitions

Center of Balance	Is located at the center of mass, where the three axes intersect.
Balance Point	Is where the forces on the body are equal to the forces created by the dynamic body actions.
Body Segments	The body is divided into several sections; the upper body and lower body are two of the major segments.
Vertical Axis	Runs from the top of the body to the feet, through the balance point.
Horizontal Axis	Runs from side to side, through the balance point.
Lateral Axis	Runs from the front of the body to back of the body, through the balance point.
Tilted	One or more of the axes of rotation are less than 90 degrees to the direction of the rotation.
Off Axis	The rotation around the primary axis is tilted off of the axis.
Direction of Travel	The primary direction of travel is in the horizontal plane and through the balance point. There are lateral movements around the body segments during flexion and extension.
Plane	There are three planes which the body passes through during dynamic movement: the vertical plane, lateral plane and horizontal plane.
Flexion	decreasing the angle between the joint or body segments.
Extension	increasing the angle between the joint or body segments.
Rotation	increasing or decreasing the different angles between the body segments.
Degrees of Rotation	The number of rotations or part of rotations around an axis expressed in degree of rotation.
Primary Axis	the body actions to rotation on the first axis.
Secondary Axis	the body actions to rotation on an additional axis.
Grabs	With the body action of a flexion, a section or part of the ski is grabbed by the hand or hands.
Holds	With the body action of a flexion, a section or part of the ski or skis are grabbed by one or more hands and then held for a duration.

附录 A：跳跃动作定义概述

1. 跳跃动作的基础定义

平衡中心：　位于质量中心，三个轴通过该中心。

重心：　身体各部都受到重力的作用且各部分所受重力作用集中于一点，这一点叫重心。

身体环节：　身体分为几个部分，主要分为上肢和下肢两个部分。

纵轴：　贯通人体上下，从头到脚，且通过重心。

横轴：　贯穿人体左右，从一侧到另一侧，且通过重心。

垂直轴：　贯穿人体前后，且通过重心。

倾斜：　一轴或多轴相对于旋转方向小于90度的旋转状态。

偏轴：　绕主轴旋转同时且倾斜的轴。

运动方向：　主动方向在通过重心的水平面内，并伴随身体环节的屈伸完成一些侧向运动。

平面：　人体运动有三个平面，水平面、垂直面、矢状面。

屈：　关节或环节间减少角度。

伸：　关节或环节间增加角度。

旋转：　在身体环节间增加或减少不同的角度。

旋转度数：　围绕旋转轴旋转的度数。

主旋转轴：　身体旋转所绕的第一个轴。

副旋转轴：　身体旋转所绕的一个附加轴。

抓：　利用身体柔韧，单手或双手抓雪板或雪板的一部分。

持续抓板：　利用身体柔韧，单手或双手持续抓雪板或雪板的一部分。

2. Back Flip: One complete rotation in the backwards direction around the horizontalaxis.

Back Tuck: The take-off is initiated both upwards and backwards which starts A primary rotation on the horizontal axis. The upper and lower body then extends. There is a flexion at the waist between the upper body and lower body to the tuck position. The body rotates backwards a total of 360 Degrees, then the skiers extend and prepares for thelanding.

Back Layout: The take-off is initiated both upwards and backwards which starts a primary rotation on the horizontal axis. The upper and the lower body extends. The body rotates backwards a total of 360 degrees, then the skier flexes and prepares for the landing.

Pike: A body action that starts from an extended position then there is a flexion at the waist, with legs being kept straight.

Free Position: Could also be called the 'puck' position which is in-between a layout and a tuck position, mainly seen in off axis rotations.

Half Twist: A 180° rotation of the body around its vertical axis in a "free" position, except in the half out movement the body must be laid out.

Twisting: Rotation around the primary and or the secondary axis. All twists (including multiple twists in one somersault) are performed in a layout position.

Back Full: The take-off is initiated both upwards and backwards which starts a primary rotation on the horizontal axis. An additional axis of rotation on the vertical axis is initiated with the rotation of the upper body. The upper and lower body then extends straight. There is a full extension at the waist between the upper body and lower body continues on bothaxes.
The body rotates backwards a total of 360 degrees on the primary axis and rotates 360 degrees on the secondary axis, then the skiers–extends and prepares for thelanding.

Double Full: The take-off is initiated both upwards and backwards which starts a primary rotation on the horizontal axis. An additional rotation on the vertical axis is initiated with the rotation of the upper body. The upper and lower body then extends straight. There is a full extension at the waist between the upper body and lower body continues on bothaxes.
The body rotates backwards a total of 360 degrees on the horizontal axis and 720 degrees on the vertical secondary axis, then the skiers extends and prepares for the landing.

2. 后空翻：　沿水平轴向后的完整翻转

团身后空翻：运动员起跳开始沿横轴向上向后翻转，上体和下肢伸展，随后上体和下肢在腰部屈成团身姿势，整个身体向后翻转 360°，最后运动员要伸展身体准备着陆。

直体后空翻：运动员起跳开始沿横轴向上向后翻转，上体和下肢伸展，整个身体向后翻转 360°，最后运动员要伸展身体准备着陆。

屈体：　身体开始从伸展位到腰部屈曲位，腿伸直。

自由姿势：　亦称作“半团身”姿势，介于团身和直体之间的动作姿势，多见于偏转旋。

180°转体：身体绕垂直轴在一种“自由”姿势中转体 180°，但在结束时的转体 180°身体必须为直体。

转体：　运动员身体沿主旋转轴和副旋转轴的转体动作，所有的转体（包括单周空翻里的多圈转体）动作必须以直体状态完成。

直体后空翻 360°：运动员起跳开始所进行的主旋转是沿横轴向上向后的翻转动作，另外的附加旋转是起始于上体沿纵轴的转体动作，上体和下肢呈直体状态，上下肢在沿各自旋转轴翻转的过程中保持完全伸直，整个身体向后分别在主旋转轴和附旋转轴上同时翻转 360°，最后运动员要伸展身体准备着陆。

直体后空翻 720°：运动员起跳开始所进行的主旋转是沿横轴向上向后的翻转动作，另外的附加旋转是起始于上体沿纵轴的转体动作，上体和下肢呈直体状态，上下肢在沿各自旋转轴翻转的过程中保持完全伸直，整个身体向后同时在水平轴上翻转 360°和垂直轴上翻转 720°，最后运动员要伸展身体准备着陆。

3. Front Flip: One complete rotation in the forward direction around the horizontal axis.

Front Tuck: The takeoff is initiated both upwards and forwards which starts a primary rotation on the horizontal axis. The upper and lower body then flexes. There is a flexion at the waist between the upper body and lower body to the tuck position. The body rotates forwards a total of 360degrees, then the skier extends and prepares for the landing.

4. Side Flip: One complete rotation, in the sideways direction around the lateral axis.

Loop: The takeoff is initiated both upwards and sideways which starts a primary rotation in the lateral axis. The upper and lower body then extends either straight on into the free position and rotates. The body rotates a total of 360 degrees, then the skier flexes and prepares for thelanding.

Loop Full: The take-off is initiated both upwards and sideways which starts a primary rotation in the lateral axis. The upper then also starts to rotate on the secondary vertical axis, then extends into the free position. The body rotates a total of 360 degrees in the lateral axis and 360 degrees in the vertical axis. Then the skier flexes and prepares for the landing.

5. 360: One complete rotation around the vertical axis with a straight body position.

360: The takeoff is initiated both upwards and vertically which starts a primary rotation in the vertical axis. The upper and lower body then fully extends straight and rotates. The body rotates a total of 360 degrees, then the skier flexes and prepares for the landing.

720: The takeoff is initiated both upwards and vertically which starts a primary rotation in the vertical axis. The upper and lower body then fully extends straight and rotates. The body rotates a total of 720 degrees then the skier flexes and prepares for the landing.

1080: The takeoff is initiated both upwards and vertically which starts a primary rotation in the vertical axis. The upper and lower body then extends and rotates. The body rotates a total of 1080 degrees the skier then flexes and prepares for the landing.

6. 7o (general): The takeoff is initiated both vertically and upwards or vertically and downwards which starts a tilted primary rotation off of the vertical axis. The upper body rotates in the direction of travel and lower body follows. Then the body flexes into the free position and continues to rotate. The body rotates and rolls a total of 720 degrees. The skier then flexes and prepares for thelanding.

Cork7: The takeoff is initiated both vertically, upwards and to the side which starts a tilted primary rotation off of the vertical axis. The upper body leads and lower body follows then flexes into the free position and continues to rotate. The

3.前空翻：　沿水平轴向前的完整翻转。

团身前空翻：运动员起跳开始沿横轴向上向前翻转，上体和下肢伸展，随后上体和下肢在腰部屈成团身姿势，整个身体向前翻转 360 度，最后运动员要伸展身体准备着陆。

4.侧空翻：　沿垂直轴向侧的完整翻转。

环状旋转：　运动员起跳开始所进行的主旋转是沿垂直轴向上向侧的翻转动作，上下肢既可伸直也可以自由姿势进行旋转，整个身体旋转 360 度，最后运动员要伸展身体准备着陆。

环状旋转360：运动员起跳开始所进行的主旋转是沿垂直轴向上向侧的翻转动作，上肢开始绕副旋转轴即纵轴旋转，顺势伸展成自姿势，整个身体沿垂直轴和纵轴各旋转 360 度，最后运动员要伸展身体准备着陆。

5.360:　沿纵轴直体转体 360 度。

360：　运动员起跳开始所进行的主旋转是沿纵轴向上的旋转动作，上体和下肢保持完全直体状态旋转，整个身体旋转 360 度，最后运动员要伸展身体准备着陆。

720：　运动员起跳开始所进行的主旋转是沿纵轴向上的旋转动作，上体和下肢保持完全直体状态旋转，整个身体旋转 720 度，最后运动员要伸展身体准备着陆。

1080：　运动员起跳开始所进行的主旋转是沿纵轴向上的旋转动作，上体和下肢保持完全直体状态旋转，整个身体旋转 1080 度，最后运动员要伸展身体准备着陆。

6.7o（一般偏轴旋转 720 度）：运动员起跳开始所进行的主旋转是伴随着垂直上、下且倾斜于纵轴的偏轴旋转，上体引领运动方向，下肢配合伴随，身体屈曲成自由姿势继续旋转，整个身体翻转了 720 度，最后运动员要伸展身体准备着陆。

body rotates and rolls a total of 720 degrees. The skier then flexes and prepares for the landing.

Misty 7: It starts with forward rotation on the horizontal/ diagonal axis (where the horizontal axis is primary axis and the vertical axis is secondary axis) there is a full twist and half completed. Look for the rotation so that the head goes down and under while the hips go over the horizon.

Rodeo 7: The takeoff is initiated both vertically, upwards and to the side which starts a tilted primary rotation off of the vertical axis to 180 degrees and moves into the free position (back is facing downhill). The upper body leads and lower body follows then continues to rotate 540 degrees. The skier then flexes and prepares for the landing.

7. Grabs

1st Category of GRABS ('**g**') shall be assigned to any grabs that are from Mid ski to the boot (except for cross bodygrabs).

Safety: The body in Puck Position, a hand come and holds the same side ski, just under the boot.

Liu Kan: It's a safety grab with the free leg straight. One hand holds the same side of the ski, just under the boot. At the same time the other leg is straight.

2nd Category of GRABS ('**G**') shall be assigned to any grab from beyond mid ski to the tail or tip, including cross body grabs. This 2nd category is more difficult because of the location of the grab. The skier loses time to execute the grab because the grab location is farther from the boot or across the body.

Japan: A hand goes from the back to take the opposite ski by its inside just behind the boot.

Mute: In a cross skis position, a hand takes the opposite ski near the front binding and pulls it up. At the same time the back of the skier is in an extended position.

Tail: In a cross skis position, a hand takes a ski behind the binding and pushes it to the external side.

Truck Driver: The body is in a Pike position with legs straight. Both hands pull the two ski tips with one tip in each hand. It's like the skier has a wheel in one's hands.

Cork7：　偏轴旋转后空翻水平转体 720°。运动员起跳开始所进行的主旋转是伴随着垂直向上和向侧且倾斜于纵轴的偏轴旋转，上体引领运动方向，下肢配合伴随，身体屈曲成自由姿势继续旋转，整个身体翻转了 720 度，最后运动员要伸展身体准备着陆。

Misty 7（一般定义)：偏轴旋转直体前空翻转体 540°。运动员起跳开始沿横轴或倾斜的轴（横轴是主旋转轴，纵轴是副旋转轴）向前旋转，共完成 540° 旋转，当运动运动员臀部接近水平时头部向下。

Rodeo7：　偏轴旋转前空翻 180° 接 540°。运动员起跳开始垂直向上、向侧并沿倾斜的主旋转轴纵轴旋转 180 度并进入自由姿势（背对着陆坡），上体引领下肢运动继续旋转 540°，最后运动员要伸展身体准备着陆。

7.抓板

第一类型抓板动作称作“容易抓”，任何形式的从雪板中部到雪鞋底的动作（交叉身体抓除外）。

安全抓:　身体处于自由姿势，一只手抓同侧雪板并触及板底。

Liu Kan抓：　此种是伸直腿的安全抓，即一只手抓同侧雪板并触及板底的同时，异侧腿伸直。

第二类抓板动作称作“难度抓”，任何形式的超过雪板中部到板尖和板尾的抓板动作，包括交叉身体抓板。第二种抓板较难是因为抓板位置，主要原因是运动员将消耗时间来完成抓板动作，而抓板的位置远离雪鞋或交叉身体。

“日本”抓：　一只手从背后抓异侧板位于雪鞋后的位置。

“沉默”抓：　雪板处于十字交叉状态，运动员一手抓异侧雪板固定器前方，同时同侧腿做伸展动作。

“板尾”抓：　雪板处于十字交叉状态，运动员一手抓一支雪板固定器后侧位并推雪板伸展。

“卡车司机”抓：身体处于屈体姿势并两腿伸直，两手分别抓两支雪板板尖，运动员完成此动作像卡车司机控制方向盘。

8. **uprightManeuvers**

Spread Eagle: After take-off the outstretched arms and legs are extended out to the sides away from the body. The legs should be spread to form a minimal angle of 90° when viewed from the front. The skis should be parallel to each other (tails and tips equally spread) and 90° to the body. The upper body should remain straight and upright without any noticeable forward bend at the waist.

Zudnik: A Nordic type jump in which the upper body is bent roughly 90° at the waist by bringing the upper body forward and down and the lower body forward and up. The toes rise up towards and in the vicinity of the competitor's chin. The skis should remain close together and parallel and the head remains upright.

Twister: The skis are twisted a minimum of 90° to the fall line. The skis should remain parallel to each other, together and 90° to the body. The hands and arms may move to counter the twisting of the skis.

Daffy: After take-off, one leg should be brought up and forward while the other leg is simultaneously brought backwards and up, resulting in a 180° split position in which the front ski is parallel to the back ski, skis pointing straight up and down.

Back Scratcher: The skis' tails are brought back and up to a minimum angle of 90° to the horizontal when viewed from the side, knees bent, hips forward and a slight backwards counter motion of the upper body (shoulders). Legs must be together and skis parallel.

Mule Kick: The Mule Kick is a Back Scratcher with a 45° twist of the hip to the side.

Iron Cross: This is a combination of the back scratcher and the tip cross. The skis are crossed in a 90° angle while pointing to the ground at a 90° angle. The maneuver is held with the upper body in the neutral position until the skis are extended to the landing hill.

Kosak: A Kosak is a combination of a Spread Eagle and a Zudnik. Arms can be held in different ways; in front, between the skis, at the side, or a competitor may grab the ski tips. Legs are simultaneously raised and spread in front and to the side of the body. Legs should approach the horizontal level and upper body is brought forward to counter inertial forces of legs being raised. Skis should achieve a vertical position and besymmetrical.

*Multiple Maneuvers:

Any combination of the above maneuvers. These must exhibit the full requirements of each of the individual maneuvers included in thecombination.
For multiple uprights the body must pass through the standard upright position (legs straight and together, skis parallel) before performing the next maneuver.

8. 非空翻动作

横大一字跳（**S**）：跳起后手臂和腿向体侧伸展。从前面看，双腿分开最小 90°。双板平行（板尾与板尖等距离分开）且垂直于躯体。上体正直向上，腰部无任何明显前倾。

并腿体前屈跳（**Z**）：上体在腰部弯曲约 90°。上体向前下动作，同时下肢向前上动作。板尖上抬至运动员的下颏附近。双板保持接近且与髋平行。头正直。

下肢扭摆跳（**T**）：双板向一侧扭摆至少 90°。双板平行且与身体垂直。手臂向雪板的反方向扭摆。

纵大一字跳（**D**）：起跳后一条腿向前上方摆动，同时另一条腿向后上方摆动。前板与后板平行，形成 180° 纵向分腿姿势。

后屈小腿挺身跳（**Y**）：从侧面看，双板向后摆动至少 90° 角，膝盖弯曲，髋部向前，上肢（肩部）反方向稍微向后。腿部并拢，双板平行。

后屈小腿扭摆跳（**M**）：后屈小腿扭摆跳是髋部向身体一侧扭摆 45° 的后屈小腿挺身跳。

十字交叉跳（**X**）：它是后屈小腿挺身跳和板尖叉的结合动作。双板交叉呈 90° 角，并指向地面，上体正直居中直至双板伸向着陆坡上。

哥萨克跳（**K**）：它是横大一字跳与并腿体前屈跳的结合体。手臂可处于不同位置，既可在前面，可在双板间，可在体侧，也可用手抓板尖。腿部同时抬起，从体前到体侧伸展。双腿应达到水平位，上体前倾以对抗腿部上提带来的惯性力。双板应垂直对称。

组合跳跃：指上述技术动作的任何组合方式，必须圆满完成组合跳跃中的各种动作，在组合非空翻动作中，运动员在完成下一个动作之前，身体必须呈现标准的非空翻姿势（腿伸直并拢，双板平行）。

第五篇　自由式滑雪竞赛规则中英文对照翻译

F I S®

THE INTERNATIONAL FREESTYLE SKIING COMPETITION RULES (ICR)

BOOK V

JOINT REGULATIONS FOR FREESTYLE SKIING

AERIALS

MOGULS

DUAL MOGULS

SKI CROSS

SKI HALFPIPE

SKI SLOPESTYLE

SKI BIG AIR

APPROVED BY THE 50TH INTERNATIONAL SKI CONGRESS, CANCUN (MEX)

INCL. CHANGES AND PRECISIONS 2016 AND 2017

EDITION August 2017

FÉDÉRATION INTERNATIONALE DE SKI
INTERNATIONAL SKI FEDERATION
INTERNATIONALER SKI VERBAND

F I S®

国际自由式滑雪竞赛规则（ICR）

书 **V** 自由式滑雪合版

空中技巧
雪上技巧
双人雪上技巧
障碍追逐技巧
单板 **U** 型场地技巧
坡面障碍技巧
大跳台技巧

第 **50** 届国际滑雪大会审定
坎昆（墨西哥）

包括 **2016** 版和 **2017** 版的变化和确认

2017 年 **8** 月版

国际雪联

INTERNATIONAL SKI FEDERATION
FEDERATION INTERNATIONALE DE SKI
INTERNATIONALER SKI VERBAND

Blochstrasse 2, CH- 3653 Oberhofen / Thunersee, Switzerland

Telephone: +41 (33) 244 61 61
Fax: +41 (33) 244 61 71
Website: www.fis-ski.com
FIS Wiki: http://wili.fisskie.com
Email: mail.@fisskicom

Oberhofen, August 2017

国际雪联

通讯地址：**Blochstrasse 2, CH- 3653** 奥伯霍芬城堡 **/** 图恩湖，瑞士

电话**:+41（33)244 61 61;**
传真**:+41（33)244 61 71;**
网址**: http://www.fis-ski.com/**
FIS Wiki: http://wili.fisskie.com
Email: mail.@fisskicom

奥伯霍芬城堡，**2017** 年 **9** 月

3000 **Organisation**

3010 **The Organiser**

The Organiser of an international ski competition is the person or group of persons who make the necessary preparations and directly carry out the running of the competition in the resort.

3010.1 If the National Ski Association itself is not the competition Organiser, it may appoint an affiliated club to be the Organiser.

3011 **Organiser's Contract**

3011.1 **Competition organiser appointed**

In the event that the National Ski Association appoints a competition organiser, it shall do so by means of a contract in the form satisfactory to the FIS.

3011.2 **No Competition Organiser appointed**

In the event that the National Ski Association does not appoint a competition Organiser, it shall execute a contract with the FIS.

3012 **Organising Committee**

3012.1 **Composition**

The Organising Committee consists of those members (physical or legal) who are delegated by the Organiser and by the International Ski Federation. It carries the rights, duties and obligations of the Organiser.

3012.2 The Organising Committee must assume all responsibility for ensuring that the details involved in hosting a FIS authorized competition are properly controlled. Efficient communications with all individuals and participating associations are essential to a well-planned competition.

3012.3 The Organising Committee should provide a service to all participants and guests, which provides information and material regarding accommodation and travel details. This information should be circulated at least three (3) months in advance to ensure availability.

3012.4 The Organising Committee is responsible for providing results in approved electronic form to the FIS Office and those countries participating in the competition immediately they are available. Only if there has been a delay may the results be made available the day after the competition. The communication of results on the same day is the responsibility of the representatives from each country.

3012.5 **Appointments by the International Ski Federation**

FIS appoints the Technical Delegate (TD) and if required, the Race Director (RD) / Contest Director (CD)for all competitions. (see 3030.1)

3012.5.1 The Judges for a competition will be a group of qualified individuals. For international competitions, the FIS Office will appoint the panel of judges.

3012.5.2 The Head Judge will be appointed by the FIS Office.

第二部分

3000　组织

3010　组织者

国际滑雪比赛组织者是进行必要准备工作并直接在比赛场地组织实施比赛活动的个体或群体。

3010.1　如果主办国滑雪协会不作为竞赛的组织者，可委派其附属俱乐部作为组织者。

3011　组织者协议

3011.1　任命竞赛组织者

主办国滑雪协会任命竞赛组织者时，应有国际雪联同意的协议文件。

3011.2　未任命竞赛组织者

如果主办国滑雪协会未指定竞赛组织者，应执行与 FIS 签订的协议。

3012　组织委员会

3012.1　组成

组委会由组织者和国际雪联委派的成员（自然人或法定人）组成。它行使组织者的权利、职责和义务。

3012.2　组委会必须尽一切职责，确保在承办国际雪联授权的比赛中完成一切有关组织工作，并同各参赛协会及个人保持紧密联系，这是比赛顺利进行的关键。

3012.3　组委会要充分准备好接待工作，包括对参赛运动员及官员提供食宿、交通等安排的信息和资料。这些安排都应以书面通知的形式确保在赛前至少 3 个月寄送到参赛单位。

3012.4　成绩一经生效，组委会应立即通过传真、电子邮件向国际雪联办公室和各参赛国提交成绩。如果出现延误，成绩应在比赛结束后的第二天发出。当日比赛成绩的交流由各参赛国代表负责。

3012.5　国际雪联任命人员

国际雪联任命技术代表（TD），如果有需要，国际雪联任命所有比赛的赛事总监（RD）、竞赛主任（CD）（详见规则 3030.1 条款）。

3012.5.1　竞赛裁判员由具有资格的人员担任。国际比赛裁判员的名单须由国际雪联自由式滑雪委员会任命。

3012.5.2　裁判长由国际雪联任命。

3012.5.3 By these appointments the officials mentioned above become members of the organising committee.

3013 Basic Costs of the Organising Committee

3013.1 The Organising Committee must pay the calendar fees of the competition according to the regulations in the FIS Calendar.

3013.2 The Organising Committee must compensate the Judges/TD according to the current policy of the FIS.

3013.3 **Officials' Expenses**

The TD's and Judges* have a right to reimbursement for their travel expenses up to a maximum of CHF 600.--[1] (highway taxes included) as well as free accom-modation and meals during the assignment. This rule also applies to inspections as well as the trip to the competition (train, first class; for longer distance air fare, tourist class; or car per kilometer, CHF 0.70 or equivalent).
In addition a fixed daily rate of CHF 100.--* is added for the travel days to and from, as well as each day of the assignment, which includes postage charges for mailing reports, etc. Double charges (e.g. travelling home on the same day as the last competition) are not permitted. Overnight accommodation during the journey to and from the assignment if necessary, must be justified and reimbursed sepa-rately.

1) The maximum payment of CHF 600.-- is valid for all races except Olympic Winter Games, World Championships, World Cup and Continental Cup.

* This rule applies to all jury members at the Olympic Winter Games and FIS World Championships

3013.4 The Organising Committee must provide accommodation in accordance with the current policies of the FIS.

3013.5 The Organising Committee must provide lift tickets for training and competition in accordance with the current policies of the FIS. .

3020 The Competition Committee & Competition Officials

3020.1 **The Competition Committee**

3020.1.1 Appointments by the Organiser

The organiser appoints all other members of the organising committee. The chairman (or their representative) represents the committee in public, leads the meetings and makes decisions concerning all matters that are not made by other persons or groups. Before, during and after the competition they work closely with the International Ski Federation and their appointed officials. They take on all other duties that are necessary for carrying out the competition.

- The Chief of Competition;
- The Referee;
- The Chief(s) of Course;
- The Course Designer;
- The Chief of Inrun and Chief of Jumps;
- The Chief of Maintenance;
- The Chief of Course Equipment;
- The Chief of Gate Judges;
- The Gate Judges;
- The Chief of Timing;

3012.5.3　通过任命，上述官员即为组委会成员。

3013　组织委员会的基本经费支出

3013.1　组委会按照国际FIS竞赛日程规定，支配竞赛经费。

3013.2　组委会按照 FIS 自由式滑雪委员会现行标准，向裁判员/技术代表支付酬金。

3013.3　裁判费用

技术代表和裁判员有权得到差旅最高为每日600瑞士法郎的补偿(包括高速 税费)。执行裁判任务期间食宿免费。这条规则同等适用于检查工作和到达比赛场地的旅行费用（火车头等座；长距离航空票价，经济舱；汽车每公里0.70 瑞士法郎或等同于此标准的其他货币）。

另外，每天固定的 100 瑞士法郎。天数为往、返日期和工作期间，补助费包括邮寄报告的邮资等。

不允许双重收费(例如，返程日和比赛最后一天为同一日)是不允许的。过夜的旅程或有必要的话，往返途中的食宿必须出具证明并单独给予补偿。

600 瑞士法郎是最高支付。除冬季奥运会、世界锦标赛、世界杯和欧洲大陆杯外，所有比赛都是有效的。

这条规则适用于所有参加冬奥会和世界锦标赛的仲裁成员。

3013.4　组委会应按照国际雪联自由式滑雪委员会现行标准安排食宿。

3013.5　组委会按照国际雪联自由式滑雪委员会现行标准支付训练和比赛所需索道票款。

3020　竞赛委员会和竞赛主要官员

3020.1　竞赛委员会

3020.1.1　组织者任命组委会所有的其他成员。主席（或其代表）在公众场合代表委员会、主持会议并对其他人员无法决定的事情做出决定。赛前、赛中和赛后，他都应与 FIS 及其任命的官员密切合作，行使一切与竞赛有关的职责。

——竞赛长
——裁判长
——线路长
——线路设计者
——助滑区主管和跳台区主管
——维护主管
——线路设备主管
——旗门裁判长
——旗门裁判员
——计时长

- The Chief of Scoring;
- The Finish Officials;
- The Competition Secretary;
- The Bib Coordinator;
- The Chief Steward;
- The Chief of Press;
- The Chief of Sound and DJ;
- The Chief of Medical and Rescue Services;
- The First Aid and Medical Service.

3020.1.2 Role of the Competition Committee

The Competition Committee is responsible for all technical matters, including the selection and preparation of the courses.

The Competition Committee appoints all additional officials not already designated by the Organising Committee.

3020.2 Competition Officials

The TD, appointed by the FIS as per 3030.1, may not be an organiser (except at national or regional level) but, as a member of the Jury, is a member of the organising committee.

The Organiser appoints the following officials. The most important officials and their duties are set out below:

3020.2.1 The Chief of Competition

The Chief of Competition directs and controls the work of all officials, summons the meetings of the Competition Committee for consideration on technical questions and generally acts as chairman of the Team Captains' Meetings after consultation with the TD and the Referee (if appointed). The Chief of Competition is also a member of the Jury.

3020.2.2 The Referee

The Referee will record the reports from the Chief of Gate Judges about infractions of the rules and gate faults at the end of each heat and at the end of the competition - checking, signing and posting referee minutes immediately after each phase on the official notice board.

The referees minutes shall include, a list with the names of the competitors disqualified, the gate numbers where the faults occurred, the names of the gate Judges who noted the faults leading to the disqualifications and the exact time the disqualifications were posted.

Sending a report to the FIS in special cases or in the event of a difference of opinion among the Jury members or in the case of severe injury to a competitor

3020.2.3 The Chief of Course

The Chief of Course is responsible for the preparation of the courses in accordance with the decisions of the Competition Committee and the Jury. They must be familiar with the local snow conditions on the terrain concerned.

3020.2.4 The Course Designer

Based upon the characteristics of the course and the Freestyle Course Specifications the Course Designer shall develop a plan and work schedule for the development of the course.

——计分长
——终点官员
——竞赛秘书
——号码布协调员
——场地主管
——新闻媒体主管
——音响主管
——医务及营救主管
——急救和医疗服务人员

3020.1.2　竞赛委员会职责
竞赛委员会将负责包括场地选择和准备等在内的一切技术工作。
竞赛委员会可以任命组委会尚未任命的其他成员。

3020.2　竞赛官员
根据3030.1款，由国际雪联指定的技术代表可以不是一名组织者(国家或地区级别赛事除外)，但作为仲裁委员会成员之一，应是组委会成员。
组织者任命下述官员，重要官员及其职责如下：

3020.2.1　竞赛长
指导并监督所有竞赛官员的工作。在与技术代表、裁判长（如果任命）协商的基础上，召开有关研究技术问题的竞委会议，并担当领队会议主席。竞赛长也是仲裁委员会成员之一。

3020.2.2　裁判长
裁判长负责在每组比赛结束时，记录旗门裁判员记录的违规报告和旗门错误报告，并在每组比赛结束后立即核对记录、签字并将记录张贴到官方公告板上。
裁判记录数据上报包括，不合格运动员名单、错误发生时旗门位置代号、旗门裁判员姓名并注明错误导致的不合格判罚确切时间等。
在仲裁针对比赛意见不同、严重伤害竞争对手等特殊情况下向国际雪联汇报况。

3020.2.3　线路长
根据竞赛委员会和仲裁委员会决定，线路长负责场地线路的准备工作。他必须熟悉当地的雪质及场地状况。

3020.2.4　线路设计者
依据线路特点和自由式滑雪场地的具体要求，线路设计者要为完善场地制定工作时间表。

3020.2.5 The Chief of Inrun and Chief of Jumps

The Chief of Inrun and Chief of Jumps are assistants to the Chief of Course for Aerials. These officials prepare and maintain the different Aerials jumps and associated transitions and inruns.

3020.2.6 The Chief of Maintenance

The Chief of Maintenance is responsible for controlling the work of side slippers and other course crew during competition and training in order to provide for the preparation of the slope.

3020.2.7 The Chief of Course Equipment

The Chief of Course Equipment is responsible for the provision of all equipment required for the preparation and maintenance of the courses.

3020.2.8 The Chief of Gate Judges

The Chief of Gate Judges is responsible for all the gate judges and for conveying necessary information to the jury.

3020.2.9 The Gate Judges

A Ski Cross Competition must have a minimum of 4 and a maximum of 8 Gate Judges placed appropriately on the entire length of the course so as to provide for a full visual reference of all gates and features to those Gate Judges. All Gate Judges must be able to communicate by radio to the Referee as well as the Chief of Gate Judges. All Gate Judges must be familiar with the rules governing a Ski Cross Competition and in particular those rules governing DSQ and Contact. A Gate Judge may be responsible for the supervision of one or more gates.

A Gate Judge must observe accurately whether the passage of the competitor was correct through their area of observation and immediately report both in writing and by radio any gate faults or breaches of the rules.

3020.2.10 The Chief of Timing

The Chief of Timing is responsible for the co-ordination of officials at the Start and Finish, including timing equipment. The following officials are under his direction:

- Starter; (see 3042.1)
- Assistant Starter; (see 3042.2)
- Chief Timekeeper; (see 3042.3)
- Assistant Timekeeper.

3020.2.11 The Chief of Scoring

The Chief of Scoring is responsible for the verification of all scoring calculations during the competition. They must have a thorough working knowledge of all the rules concerning the calculation of competition results.

3020.2.12 The Finish Officials

The Finish Officials in the Moguls and Dual Mogulsare responsible for checking that all jumps are landed in the course (A jump is landed in the course if the center of the skis is on the ground before the competitor crossesthe line). In Ski Cross, they determine the finish order of the competitors.

The Finish Official assists the Jury with, DNS, DNF and DSQ rulings.

3020.2.13 The Competition Secretary

The Competition Secretary is responsible for all secretarial work for all aspects of the competition. They must ensure that the official results contain the information required by 3045. They are responsible for the minutes of the Competition Com-mittee, Jury and Team Captains' meetings. They must ensure that all forms for

3020.2.5　助滑区主管和跳台区主管

助滑区主管和跳台区主管协助线路长完成空中技巧部分工作。裁判人员在不同空中技巧跳台区域负责准备和维护工作，也负责过渡区和助滑区工作。

3020.2.6　维护主管

维护主管负责控制比赛和训练期间推雪员和其他赛道工作人员以保证赛道着陆坡准备工作。

3020.2.7　线路设备主管

线路设备主管负责准备并维护好线路所需的一切器材准备，以保证比赛的顺利进行。

3020.2.8　旗门裁判长

旗门裁判长负责管理所有旗门裁判员并负责向仲裁报告必要信息。

3020.2.9　旗门裁判

障碍技巧旗门裁判员由最少 4 人，最多 8 人组成。为了看清所有旗门和旗门周围的特殊区域，旗门裁判员必须位于整个赛道的合适位置。所有旗门裁判员必须能够使用对讲机与裁判长和旗门裁判长进行联络。旗门裁判员必须熟悉障碍技巧规则，尤其是有关取消资格和身体碰撞等方面的条款。每名旗门裁判员可负责对一个或多个旗门的监控。

3020.2.10　计时长

计时长负责起点、终点计时官员的协调工作和计时设备。下列人员在计时长监督下工作：

——发令员（参见规则 3042.1 条款）

——助理发令员（参见规则 3042.2 条款）

——计时组长（参见规则 3042.3 条款）

——计时副组长

3020.2.11　计分长

比赛期间计分长负责计算核实所的分数计算。他必须熟练掌握得分统计规则的全部内容。

3020.2.12　终点裁判员

在雪上技巧、雪上双人技巧比赛中，终点裁判员负责检查是否所有跳跃动作都在场地内着陆（如果运动员在越线前其滑雪板中心落在场地上，那么判定该跳着陆在场地内）。 在障碍技巧中，终点裁判员决定参赛选手的最终名次。终点裁判协助仲裁做出无得分、未完成、取消资格的裁决。

3020.2.13　竞赛秘书

竞赛秘书负责竞赛的所有事务性工作。他们必须保证所有正式成绩符合规则 3045 条款要求，并负责竞赛委员会、仲裁及领队会的会议纪要。

start, judging, timing, calculation and protests are properly prepared and deliv-ered in good order at the proper time. They must ensure that results are duplicat-ed and distributed properly immediately following the competition (see 3012.4).

3020.2.14 The Bib Coordinator

The Bib Coordinator is responsible for the preparation, assignment, distribution and collection of all bibs provided to the competitors'- and officials.

3020.2.15 The Chief Steward

The Chief Steward is responsible for ensuring that spectators are kept off all parts of the course. Sufficient personnel must be used according to an exact plan. Ropes or fences should be erected in due time. There should be sufficient space behind these barriers to permit free circulation of the spectators.

3020.2.16 The Chief of Press

The Chief of Press is responsible for all arrangements for journalists, photogra-phers, television and radio reporters.

3020.2.17 The Chief of Sound and DJ

The Chief of Sound and DJ is responsible for the provision and operation of sound installations.

3020.2.18 The Chief of Medical and Rescue Services

The Chief of Medical and Rescue Services is responsible for organising adequate first aid and medical coverage during the official training periods and the actual competition.
They must arrange an appropriate facility to which injured competitors should be taken and treated.
The Race Doctor coordinates plans with the Team Doctors before the start of the official training. During training and the competitions they must be in telephone or radio communication with their assistants. They must co-ordinate plans with the Chief of Competition before the start of the official training.

A Doctor, who should be a good skier, should be ready at the start to deal with any eventuality and has to stay in contact with the Jury and the members of the Rescue Service. This task can be delegated to a team doctor. Details of the Med-ical Support Requirements are given in Chapter 1 of the FIS Medical Guide (con-taining the Medical Rules and Guidelines).

3020.2.19 First Aid and Medical Service

The first aid and medical services must be completely operational during all train-ing times. Details of the Medical Support Requirements are given in Chapter 1 of the FIS Medical Guide (containing the Medical Rules and Guidelines).

3020.2.20 The Start Referee

The Start Referee must remain at the Start from the beginning of the official in-spection time until the end of a training / competition.

- Ensures that the regulations for the start and the start organisation are properly observed.
- Determines late and false starts.
- Communicates immediately with the Jury at all times.
- Reports to the referee the names of the competitors who did not start and in-forms the Jury of all infringements against the rules, such as false or delayed starts or violations against the rules for equipment.
- Ensures that reserve bibs are at the start.

他们必须适时、充分地准备起点及裁判、计时、计算统计工作和抗议者使用的表格、用具，赛后及时复印并发出比赛成绩（参见 3012.4 条款）。

3020.2.14 号码布协调员

号码布协调员负责准备、分配、分发和收集提供给运动员和其他裁判员的所有号码布。

3020.2.15 场地主管

场地主管负责确保观众与比赛场地保持适当的距离。 根据确切的比赛计划组织足够的场地人员。 及时设置绳索和竖立围栏，围栏外侧应留有足够的空间，使观众能自由移动通行。

3020.2.16 新闻媒体主管

新闻媒体主管负责新闻记者、摄像人员及电视、广播记者的所有安排工作。

3020.2.17 音响主管

音响主管负责广播器材和广播设备的操作。

3020.2.18 医务及营救主管

医务及营救主管负责在正式训练和比赛期间组织现场急救及医疗服务工作。
他们必须设立急救站，接收受伤运动员并给予治疗。
在正式训练开始前， 赛会医生必须和随队医生统筹计划。在训练和比赛期间，赛会医生必须与其助手用电话和对讲机保持联系。 正式训练前他们必须和竞赛长协调计划。
在起点处待命的医生应该具有良好的滑雪技术， 要随时准备处理可能出现的一切情况， 并与仲裁委员会和营救人员保持联络。医疗救护的详细要求在国际雪联医疗指南（包括医疗规则和准则）的第一章中有详细描述。

3020.2.19 急救和医疗服务

在所有的训练时间内，急救和医疗服务必须到位。医疗救护的详细要求在国际雪联医疗指南（包括医疗规则和准则）的第一章中有详细描述。

3020.2.20 起点裁判长

起点裁判长必须在起点从比赛或训练正式检查开始至结束。
—保障起点规则和起点组织能被正确看到；
—确定晚起动或抢跑现象；
—在任何时间联系仲裁；
—向裁判长通报未出发选手姓名和向仲裁通报犯规情况，类似抢跑、延迟出发或违反器材规则；
—确保预备号码布在起点区。

3020.2.21 The Finish Referee

The Finish Referee must remain at the finish from the beginning of the official in-spection time until the end of a training/competition and throughout the training and the competition.

- Ensures that all the regulations for the organisation of the finish and the inrun to the finish or landing hill and out-run/finish area are properly observed.
- Supervises the Finish officials, the timing and the crowd control in the Finish ar-ea.
- Must be able to communicate immediately with the Jury at all times.
- Reports to the Referee the names of the competitors who did not finish and in-forms the Jury of all infringements against the rules.

3030 The FIS Technical Delegate (TD)

3030.1 Appointment

For all international competitions, FIS shall appoint the FIS TD according to the recommendations of the respective working groups. For national competitions, the National Ski Association may appoint the TD.

The appointments must be decided 60 days before each competition and made known to the TDs concerned, the Organiers of the competition and the TD's National Ski Association.

3030.2 Technical Delegate Qualifications

3030.2.1 A TD may not undertake another role on the Organising Committee, except at national or regional competitions.

3030.2.2 For World Ski Championships, Olympic Winter Games, World Cups and any other championship competition a qualified TD must be used.

3030.3 Replacement of the Technical Delegate

In all cases where a replacement is made, a full report must be made and forwarded to the FIS Office, the Organising Committee of the competition concerned and the designated FIS Freestyle Representative.

3030.3.1 Before the Competition

For World Championships and Olympic Games

The FIS Council must appoint a replacement from among the qualified people present. The Organising Committee of the competition and the FIS Office must be informed.

For all other International and Continental Competitions

The FIS Office is responsible for the immediate appointment of a licensed substitute. The Organising Committee of the competition, the FIS Office and other affected parties must be informed.

3030.3.2 During the Competition

For World Championships and Olympic Winter Games

The FIS Council as well as the National Association from which the TD comes must appoint a replacement.

For all other International and Continental Competitions

The designated Freestyle representative has the power to appoint a replacement. This should be done after consultation with the FIS Office.

3020.2.21　终点裁判长
终点裁判长必须在终点从比赛或训练正式检查开始至结束。
——保障终点规则和终点助滑区、着陆坡和滑出区能被正确看到；
——在终点区域监督终点计时裁判员及其工作成员；
——在任何时间联系仲裁；
——向裁判长通报未完成选手姓名和向仲裁通报犯规情况。

3030　国际滑雪联合会技术代表（TD）

3030.1　任命
在所有国际比赛中，国际雪联自由式滑雪委员会将根据技术分会的推荐，任命自由式滑雪委员会的技术代表。对于全国性比赛，技术代表可由国家滑雪协会任命。
技术代表的任命不得迟于赛前60天，并须将任命决定通知技术代表本人、赛会组委会以及技术代表所属的雪协。

3030.2　技术代表的资格

3030.2.1　除国家和地区性竞赛外，技术代表不准作为组委会成员。

3030.2.2　在世界滑雪锦标赛、冬奥会、世界杯赛及其他锦标赛中，必须有合格的技术代表。

3030.3　技术代表的替换
无论在什么情况下，技术代表的替换均须做出正式报告并提交给国际雪联办公室、竞赛组委会和指派的国际雪联自由式代表。

3030.3.1　比赛前
世界锦标赛、冬奥会：
国际雪联理事会在出席大会的有资格的人员中指定技术代表的替换者，并报告给竞赛组委会、国际雪联办公室。

其他国际性比赛和洲际比赛：
国际雪联办公室直接指定有资格的技术代表，替换原技术代表履行其职责，并通知竞赛组委会，国际雪联办公室及其他受影响的组织。

3030.3.2　比赛中
世界锦标赛、冬奥会：
国际雪联理事会和原技术代表所属国滑雪协会负责指定新的技术代表。

其他国际性比赛和洲际比赛：
被指定的自由式滑雪代表有权任命替代者。但必须与国际雪联磋商后实施。

For an international competition, a TD capable of assuring the start and continuation of the competition can be appointed even though they do not meet all the conditions of article 3030.2. Provided that this criterion is met, the most highly qualified available substitute should be appointed.

3030.4 **Duties of the Technical Delegate in the Jury**

3030.4.1 The TD acts as technical consultant to the Jury.

3030.5 **Duties of the Technical Delegate before the Competition**

3030.5.1 The TD must inspect official and reserve courses just prior to the start of official training.

3030.5.2 **The inspection should cover the following:**

- The technical data of the courses in accordance with the FIS Freestyle Course Standards Manual.
- Preparation of the terrain of all courses and arrangements for all necessary and proper measures (width of courses etc.) in accordance with 4002, 4201, 4202, 4302, 4502, 4602 and in the FIS Freestyle Course Specifications.
- Influence of weather during the winter on the courses.
- Choice and preparation of the Start and Finish areas for the different courses (see 3043 - 3044).
- Means of transporting the competitors to the Start.
- Communications between Start and Finish.
- Medical service during and after the competitions.

3030.5.3 It is the duty of the TD to be ready to advise the organizers, when necessary.

3030.5.4 The Organisers must keep the TD informed of the progress of technical preparations. The contact between the Organisers and the Technical Delegate is useful and should be continuous.

3030.5.5 The TD must arrive at the location of the competition at least 24 hours before the beginning of the official training.

3030.5.6 The TD must read the report of the TD of the preceding competition.

3030.5.7 The TD must check to see that the proposals of FIS or the Homologation Inspector have been carried out.

3030.5.8 The TD is responsible for the review of the Technical Delegate's reports from previous competitions on the same site.

3030.5.9 The TD will review the list, furnished by the Organising Committee, of supplies and service personnel.

3030.5.10 The TD has to spot-check the competitors' licences.

3030.6 **Duties of the Technical Delegate during Training and Competition**

3030.6.1 Observation of the training, the work of the Organising Committee and the competition officials.

3030.6.2 Attendance at all meetings of the Jury and of the Team Captains;

3030.6.3 Supervision of the technical conduct of the competition.

对于某一国际比赛，也可任命一位不完全符合规则 3030.2 款要求的 TD，但他必须具备保证赛会举行和继续进行的能力，倘若这一标准满足，最合格的替代者可以确定。

3030.4　仲裁委员会中技术代表的任务

3030.4.1　技术代表以仲裁委员会技术顾问身份工作。

3030.5　比赛前技术代表的职责

3030.5.1　在正式训练即将开始前，技术代表必须检查正式和备用场地。

3030.5.2　检查场地包括以下内容：
——场地技术数据要与国际雪联自由式滑雪场标准手册上的要求相一致。
——所有场地地形的准备和对必要测量的安排（如场地宽等），要与自由式滑雪场地具体要求 4002、4201、4202、4302、4502、4602 条款相一致。
——冬季天气对场地的影响。
——不同场地起点和终点区域的选择和准备（3043 和 3044 条款）。
——运送运动员到起点的工具。
——起点和终点的通讯工作。
——赛中和赛后的医疗服务。

3030.5.3　必要时，技术代表有责任随时向组织者提出建议。

3030.5.4　组委会须将所有的竞赛准备情况向技术代表通报。组委会和技术代表要取得密切联系。

3030.5.5　技术代表至少在正式训练 24 小时之前到赛会报到。

3030.5.6　技术代表必须阅读前一次比赛技术代表的报告材料。

3030.5.7　技术代表必须调查以确保国际雪联建议或确认检查意见得以实施。

3030.5.8　技术代表有责任审查同一场地以往比赛时技术代表报告的有关情况。

3030.5.9　技术代表要掌握组委会提供的供给物品和服务人员等一览表。

3030.5.10　技术代表可抽样检查运动员的参赛许可证。

3030.6　技术代表在正式训练及比赛中的职责

3030.6.1　观察正式训练时的情况以及组委会、赛会官员的工作情况。

3030.6.2　出席所有仲裁会议和领队会议。

3030.6.3　监督整个赛会技术执行工作。

3030.6.4 Immediately after the competition approve the results and prepare the FIS point calculation according to the Rules for Freestyle FIS Points (section 4).

3030.7 TD Report

The online TD report has to be transmitted immediately after the event and check if the results on the website are correct.

3030.7.1 The TD will make a report on the TD candidates' technical capabilities. This report must be sent to FIS Office and the responsible person in the candidate's National Ski Association.

3030.8 Rights of the Technical Delegate

3030.8.1 Chairman of the Jury, with the deciding vote in case of a tie.

3030.8.2 Decisions according to 3030.5.

3030.8.3 If necessary, the TD may appoint qualified persons as members of the Jury.

3030.8.4 Reimbursement of travel expenses and all costs arising out of their duties at the inspections and competitions, as per the current policy of the FIS (see 3013.3).

3030.8.5 Complete briefing by the Organising Committee through punctual dispatch of all documents on the conduct of the competitions, such as the official invitation, pro gram, bulletins, etc. as well as immediate information concerning the cancellation or postponement of a competition.

3030.8.6 To request the support of the Organising Committee and its officials in all matters concerning the fulfillment of his duties.

3030.9 Candidate Technical Delegates

3030.9.1 Each National Ski Association has the right to nominate to the FIS Office capable persons for the position of TD Candidate.

3030.9.2 The development pathway for a TD is:

- Initial basic training and development activities delivered by NSA, to include practical tasks on competitions under the NSA's control covering the key skills and knowledge required by a TD.
- Candidate nominated to FIS by their NSA
- Attend official FIS TD Clinic
- A minimum of two on hill practical assignments with a qualified FIS TD (see 3030.10.1 to 3030.10.6).
- Attend a second official FIS TD Clinic and take final written and oral examination.

3030.9.3 The cost of the assignments has to be covered by the TD Candidates them selves. TD Candidates have no right of reimbursement, by the OC or by FIS, of costs while undertaking their assignments and examinations.

3030.10 Training

The preliminary training of the Candidate is the responsibility of each National Association, prior to their nomination to FIS. It is the responsibility of NSAs to present nominees who have sufficient experience and skills to receive basic training at a FIS TD Clinic, and then undertake practical assignments with a good chance of passing assessment by the supervising TD, and the later Final Examination.

3030.6.4　在比赛结束后马上提交成绩和依据国际雪联积分规则计算运动员积分（第4部分）。

3030.7　技术代表
技术代表在赛后立即上传赛事报告并检查网面成绩是否正确。

3030.7.1　技术代表将就技术代表候选人的技术能力做出报告，并提交给国际雪联办公室和候选人所在国滑雪协会的负责人员。

3030.8　技术代表的权利

3030.8.1　任仲裁委员会主席，当投票数相等时有最后决定权。

3030.8.2　以3030.5款为依据做出决定。

3030.8.3　必要时，技术代表指定有资格的人任仲裁委员会成员。

3030.8.4　检查比赛中所涉及的旅费以及一切其他费用，按国际雪联的现行规定支付。

3030.8.5　要求组委会准时投发所有关于赛事进行的一切文件，例如官方邀请、活动日程、大会要事以及有关赛事取消或延期等的即时信息。

3030.8.6　技术代表有权要求组委会及其他官员在其执行任务中给予必要的支持。

3030.9　技术代表候选人

3030.9.1　各国滑雪协会有权向国际雪联办公室提名合适人选。

3030.9.2　技术代表的成长之路：
——国家滑协会提供初始基本培训和发展活动，包括国家滑雪协会控制下的竞赛中涉及技术代表关键技能和知识的内容。
——被国家滑雪协会提名为国际雪联的候选人。
——参加国际雪联技术代表培训班。
——伴随国际雪联合格技术代表至少有两次山坡实际作业（参见规则3030.10.1—3030.10.6条款）。
——参加第二次国际雪联技术代表培训班，并参加最终的笔试和口试。

3030.9.3　参与实习的成本必须由技术代表候选人自己来承担，技术代表候选人没有权利得到由国际奥委会和国际雪联承担他们的任务和考试费用的补偿。

3030.10　训练
候选人的初步训练是每个国家滑雪协会的责任。他们被提名国际雪联之前，国家滑雪协会的职责是提供有足够经验和技能的候选人到国际雪联技术代表培训班接受基础培训，然后进行实际的工作，他们有很好的机会通过技术代表的评估，以及后来的最终考试。

3030.10.1 Examinations will take place in English.
Candidates must, within two years after nomination, successfully carry out two practical assignments in each Event in which they wish to be qualified, at a FIS competition or competitions. The assignments should be at two different levels of competition. At all practical assignments, the Candidate is required to undertake all the tasks normally undertaken by a TD, including production of a complete TD Report in the approved format. Different supervising competition TDs are recommended for each assignment.

3030.10.2 At any competition only one TD candidate may undertake the Assessment. Exceptions may be authorised by the FIS, on receipt from the proposed supervising TD of a plan for delivery of the practical assignments, and with the agreement in advance of the OC.

3030.10.3 The TD Candidate's Practical Assignments are under the supervision of the officially assigned qualified FIS TD for the competition concerned. The Technical Delegate shall make a report on the TD Candidate's technical capabilities, on the applicable FIS forms.

3030.10.4 The TD Candidate's completed TD Report and the supervising TD's written assessment must be sent to the FIS Office and the responsible person in the Candidate's National Ski Association.

3030.10.5 After completion of the practical and the written examination, confirmation of acceptance by the Technical Delegates Advisory Group, TD Candidates will receive their personal and numbered TD licence.

3030.10.6 Licence

The licence is a numbered identification document valid for 2 years. It must be renewed every two years and is obligatory for every FIS TD.

3030.10.7 Further Training and Expiration of the Licence

Every licensed TD should take part annually in a FIS organised Freestyle TD Clinic. A TD who without good reason misses the update for two consecutive years or fails to undertake an assigned TD assignment will be subject to loss of the TD licence.

3032 Jury

3032.1 Composition

The Jury consists of the following members who are members of the Organising Committee:
- TD appointed by FIS
- Head Judge / Referee (SX) - appointed by FIS for major competitions - Chief of Competition - appointed by the Organiser

Each Jury member has one vote with the Chairman having the deciding vote.
At the Winter Universiade the FISU Race Director, as approved by FIS, has a voting right as a member of the Jury.

3030.10.1 考试将用英语进行

候选人必须在提名后的两年内成功地完成两项实习作业，在国际雪联比赛的每一项活动中，他们都希望有资格获得实际的任务。实习作业应该在两个不同的层次的比赛上。在所有实际的作业中，候选人必须进行所有通常由技术代表完成的任务，包括写出一个被认可的技术代表报告。每一项实习作业都推荐不同的技术代表进行赛事监督。

3030.10.2 在任何比赛中，只有一个技术代表候选人可以被进行评估。除了在收到提议的技术代表赛监督实习作业计划的指导方案后和得到奥委会同意之前，可以由国际雪联授权。

3030.10.3 技术代表候选人的实习作业是比赛中由国际雪联指定合格的技术代表监督进行的。技术代表将用国际雪联适用表格对技术代表候选人的技术能力作出报告。

3030.10.4 技术代表候选人完成的技术代表报告和技术代表监督书面报告，必须向国际雪联办公室和国家滑雪协会候选人负责人送报。

3030.10.5 在实践和笔试完成后，经技术代表顾问组确认，技术代表候选人将获得他们的个人的带编号的技术代表证书。

3030.10.6 证书

证书是一份编号为 2 年的身份证明文件，必须每两年更新一次，这是每一个国际雪联技术代表的义务。

3030.10.7 证书的进一步训练和期满

每一个有证书的技术代表都应该每年参加国际雪联组织的自由式滑雪技术代表培训班。一个没有充分理由的技术代表连续两年错过更新，或未能完成技术代表的作业，将会受到失去证书的损失。

3032 仲裁委员会

3032.1 组成

仲裁委员会由下列成员组成：

——竞赛主任由国际雪联任命；

——裁判长/裁判员（障碍技巧），由国际雪联为重大比赛任命；

——竞赛长，由组织者任命。

表决时仲裁委员会成员每人有权投票一次，主席持有决定权。

冬季大学生运动会大体协竞赛长，由国际雪联任命，在仲裁委员会有投票权。

Members of the Jury must be from different countries as follows:

3 different countries	**2 different countries**
Olympic Winter Games	Continental Cups
World Cup	FIS International competitions
World Championships	
Junior Championships	

Advisory Committees as per 3034 will act in an advisory capacity to the Jury, but will not have a vote.

3032.1.1 The voting members of the Jury must be positioned on the course at all times and be in communication with one another.

3032.1.2 The Jury has the right to cancel, interrupt or postpone a competition in any case where to continue could, in the Jury's estimation, be inadvisable on grounds of safety or fairness.

Causes for cancellation shall include but not be limited to:

- Insufficient snow on and beside the course;
- Inadequate or uneven preparation of the snow surface on the course;
- Insufficient protective measures;
- Deficient or insufficient organisation of the medical, rescue and first aid ser-vice;
- Insufficient organisation of crowd control;
- Unacceptable weather conditions;
- Extreme cold: if the temperature measured at the Start falls below -20°C, the Jury must meet to consider delaying training or competition until the temperature rises to -20°C or above, or cancelling the competition if it judges that a rise to an acceptable temperature is unlikely. The decision to interrupt a competition may be final or temporary. See rule 3060.2.4.

3032.1.3 The Jury examines, evaluates and takes the necessary decisions on protests. Minutes must be taken of such discussions.

3032.1.4 The Jury has the right to grant a provisional re-run.

3032.1.5 The Jury has the right to determine the maximum Degree of Difficulty or choose to limit the number of somersaults performed in an Aerials competition based upon the guidelines of the FIS Sub Committee Mougls/Aerials, which limits the competition to either double flips with multiple twists or triple flips with a single twist.

The Jury has the choice to limit the Men's Aerials competition to either 3.55 or 4.175 degree of difficulty. The Jury can limit the Ladies' Aerials competition to 3.55 degree of difficulty.

3032.1.6 The Jury has the right to determine the choice of competition format for the Ski Halfpipe. The Jury will determine the number of heats, and whether a Semi-Final is to be run, based on available time and number of entries.

3032.1.7 Written minutes are to be kept of all meetings and decisions of the Jury and signed by each individual member of the Jury, with each individual vote on decisions recorded. They must be verified by the Chairman of the Jury and written in at least one official language of the FIS.

3032.1.8 A member of the Jury should periodically inspect the course during the competition.

仲裁委员会成员必须来自不同国家。要求如下：
冬奥会、世界杯、世界锦标赛、青年锦标赛须有来自三个不同国家的仲裁委员。
洲际杯赛、国际雪联国际比赛必须有来自两个不同国家的仲裁委员。

顾问委员会将依据规则 3034 条款参加仲裁会议，但没有投票权。

3032.1.1　有投票权的仲裁委员，必须在场地线路上坚守岗位并互相取得联系。

3032.1.2　依据仲裁委员的判断，如果继续比赛会导致不安全、不公平，那么仲裁委员会有权取消、中断或推迟比赛。
可以取消比赛的原因（但不限于这些原因）包括：
——线路上及线路周围雪太少；
——线路上的雪面不平或准备不良；
——保护措施不充分；
——医疗、救护、抢救设施准备不充分；
——观众组织有问题；
——气候条件恶劣；
——极其寒冷。如果在场地起点测量温度低于零下 20℃，那么仲裁委员会必须召开会议考虑推迟训练或比赛，直到温度达到零下 20℃或以上，或者如果经判断温度无法达到理想值时可取消比赛。中断比赛的决定可以是临时的，也可以是永久的。见规则 3060.2.4 条款。

3032.1.3　在审议研究的基础上，仲裁委员会有权对抗议进行必要裁决并做出议事记录。

3032.1.4　有权决定临时性的重赛。

3032.1.5　根据国际雪联自由式委员会准则，仲裁委员会有权决定空中技巧比赛的最高难度系数或限定空翻周数，包括限定两周空翻多圈转体或三周空翻 1 圈转体。
仲裁委员会可以限定男子空中技巧比赛最高难度为 3.55 或 4.175，女子空中技巧比赛最高难度为 3.55。

3032.1.6　仲裁有权决定 U 型场地技巧比赛形式、比赛的轮次、是否有半决赛，所有这些取决于比赛和运动员数量。

3032.1.7　仲裁委员会所有的会议及决议记录必须由每名仲裁委员签字，并记录对裁决的个人投票，在得到仲裁主席的确认后保存好。必须至少使用一种 FIS 官方语言记录。

3032.1.8　仲裁成员在比赛期间定期检查线路。

3033 The Judges

3033.1 Appointment of Judges

The Judges for a competition will be a group of qualified individuals. For international competitions, the FIS Office or authorized groups will appoint the panel of judges. For Ski Halfpipe and Ski Slopestyle appropriately qualified FIS Snowboard Judges may be appointed.

Judges may not be assigned to events in which a family member is participating (grandparents, parents, children, brother, sister, husband, wife)

3033.1.1 Number of Judges:

A - Level competitions:	1 Head Judge + 5 to 7 scoring Judges
At all other competitions:	1 Head Judge + 5 scoring Judges

In special cases, fewer judges can be scheduled.

3033.2 Number of Judges per country

At Olympic Winter Games and World Championships
- maximum 1 (one) per country

At World Cup and Junior World Championships
- maximum 2 (two) scoring per country. (1) one other from the same country can be the Head Judge in a non-scoring position.

At Continental Cups
- at least 2 (two) countries represented on scoring panel.

At other FIS competitions
- any FIS Licensed judge

3033.3 The Head Judge will be appointed by FIS or authorised groups.

3033.4 An alternate for the Head Judge and for a member of the judges' panel should be named and available if for any reason an individual is unable to perform his duties.

3033.5 The Rights and Duties of the Head Judge

3033.5.1 The Head Judge is a member of the Jury.

3033.5.2 The Head Judge is preferably a non-judging member of the judging panel, responsible for checking the accuracy of the judges' decisions, checking the scoring results with the Chief of Scoring and policing the judges' stand.

3033.5.3 The Head Judge may act as a substitute judge.

3033.5.4 The Head Judge shall ensure that all arrangements for transportation, accommodation and expenses are organised for each judge. The responsibility for all communications, scheduling, timetables, materials, clinics, attendance, sundry preparations and any detail concerning the judges rests with the Head Judge. Thus, the Head Judge shall accept all responsibility for any irregularity in the service provided by the judges to the competition.

3033　裁判员

3033.1　裁判员的任命

竞赛裁判人员由有资格的人员来担当。国际竞赛裁判员由国际雪联任命。U 型场地技巧和坡面障碍技巧的国际雪联单板裁判也可以任命。

裁判不得安排参加家庭成员参与的活动（祖父母、父母、孩子、兄弟、姐妹、丈夫、妻子）。

3033.1.1　裁判员数量

A 级比赛：1 名裁判长+5 至 7 名评分裁判员；

所有比赛：1 名裁判长+5 名评分裁判员；

特殊情况下，裁判员可适当减少。

3033.2　每个国家裁判员名额

冬奥会和世界锦标赛：

——每个国家最多选派 1 名裁判员。

世界杯、世界青年锦标赛：

——每个国家最多 2 名。来自该国还可以有 1 人担任不参加评分的裁判长。

洲际比赛

——每个国家最多 2 名。

其他国际比赛

——任何等级的国际雪联裁判员。

3033.3　裁判长由 FIS 自由式滑雪委员会任命。

3033.4　要提交候补裁判长及裁判员名单以备出现某人由于种种原因不能工作时之用。

3033.5　裁判长的权利和职责

3033.5.1　裁判长是仲裁委员会成员之一。

3033.5.2　裁判长最好不参与实际评分工作，负责检查裁判评分的准确性，与计分长一道检查评分情况并统一领导裁判员。

3033.5.3　裁判长在必要时可作替补裁判员。

3033.5.4　裁判长负责保证裁判员的交通、住宿和花销等一切安排妥当，负责裁判员的通讯联系、计划、日程、资料、医疗、出缺席等各方面的准备及细节。因此裁判长必须对裁判员在裁判过程中出现的任何不正当行为负责。

3033.5.5 The head judge shall schedule a post competition review meeting within one hour of the completion of the competition. The timing and location to be announced at the Team Captains Meeting.

3033.6 Judging Procedures

3033.6.1 Each judge shall use scorecards, which indicate who the judge is and the name and bib number of the competitor. All scorecards will indicate a score for each category utilised to assign a final score.

3033.6.2 Judges shall be separated on the judges' stand by a minimum of one meter and a partition. There shall be no discussion between the judges concerning the competitors' scores (except by the Head Judge).

3033.6.3 No competitor, team official or spectator will be allowed to approach the judges' stand and talk to the judges during competition.

3033.6.4 The Jury must deal with any problems or disputes arising from the judges or with the judging. The Jury may refer any problem that it cannot resolve to FIS.

3034 Advisory Committees, Technical Advisor, Course Advisor, Video Controller, Connection Coach and Jump Shapers

Every FIS authorized international competition shall have Advisory Committees formed prior to the start of competition to advise the Jury.

3034.1 Competitors' Advisory Committees

For each event in every competition there shall be a separate Competitors' Advisory Committee, consisting of:

- The Chief of Course
- Two competitors' representatives (one lady and one man)

3034.2 The Connection Coach

For each event in every competition, one coach shall be appointed as a Connection Coach at the Team Captains' Meeting.
The coach and competitors' representatives may not be from the host nation.

3034.3 Role of Advisory Committee in the Competition

3034.3.1 The Competitors and Coach groups should inform the Jury or the FIS Freestyle Coordinator of its chosen representatives for the Advisory Committees in due time; if none are identified, they will be appointed at the Team Captains' Meeting.

3034.3.2 The members of the Advisory Committees report in an advisory manner directly to the Jury and are non-voting members of the Jury.

3034.3.3 The Advisory Committees shall monitor and provide input into all aspects of the competition pertaining to their participation.

3034.4 Jump and Air Bump Shapers

3034.4.1 For the express purpose of shaping and grooming the jumps in Aerials and the air bumps in Moguls and Dual Moguls, the Team Captains shall elect up to 2 shapers per special type of jump (i.e.: Air Bumps, the Large Kickers, the Small Kickers). These individuals will be responsible for the final preparation of the jumps and air bumps. In competitions other than World Cups, alternate jump preparation arrangements can be determined at the Team Captains' meeting.

3033.5.5　裁判长应在比赛结束后一小时内安排一次比赛评审会议。在领队会议上宣布时间和地点。

3033.6　裁判程序

3033.6.1　每位裁判员均使用标有裁判员姓名及运动员姓名、号码的评分卡。评分卡上须显示运动员各项得分以便裁判员给出最后得分。

3033.6.2　各裁判员之间的裁判席至少间隔 1 米，并须安置隔板。在评分时，禁止裁判员间谈论运动员的成绩（除裁判长外）。

3033.6.3　在竞赛中不准运动员、所在队官员或者观众靠近裁判席或与裁判员交谈。

3033.6.4　裁判员中产生的或因裁判评分引起的任何争议，均应由仲裁会处理。仲裁会不能解决的问题，可向国际雪联咨询。

3034　顾问委员会、技术顾问、线路顾问、视频操控员、教练联络员、跳台定型员

3034.1　运动员顾问委员会

国际比赛中的每项比赛都要设立独立的运动员顾问委员会，包括：

——线路长；

——2 名运动员代表（男、女各 1 名）。

3034.2　教练联络员

国际比赛中的每项比赛，在领队会议上都要任命一名教练员为教练联络员。教练联络员和运动员代表必须来自非主办国。

3034.3　比赛中顾问委员会的职责

3034.3.1　运动员和教练员应将入选顾问委员会的运动员代表，及时通知仲裁委员会或国际雪联自由式滑雪协调员，如有没有运动员代表入选，将在领队会上任命。

3034.3.2　顾问委员会成员以咨询方式向仲裁直接进行报告，并作为仲裁无投票权的成员。

3034.3.3　顾问委员会负责对比赛各个方面进行监控和指导。

3034.4　跳台和跳台定型员

3034.4.1　为了定型和修饰空中技巧跳台及雪上技巧和双人雪上技巧跳台，在领队会上为每种跳台（大跳台、小跳台）推选出跳台定型员各 2 名。这些人负责跳台和跳台的最后准备工作。在非世界杯赛中，领队会上决定轮换跳台准备工作的安排。

3034.4.2 These individuals must be prepared to perform this task at least one day prior to Official Training.

3034.5 The Technical Advisor
To support the Jury, FIS can appoint technical advisors for all categories of competitions.
The technical advisor has the right to express his opinion within the Jury - without the right to vote.

3034.6 The Course Advisor
To support the Jury, FIS can appoint course advisors for all categories of competitions.
The course advisor has the right to express his opinion within the Jury - without the right to vote.

3034.7 Video Controller
When the organiser has the technical installation for an official video control, the Jury will appoint an official video controller. The duties of the Video Controller are to observe the competitors' passage on the course. For ski cross, the jury can make final decisions about disqualifications / sanctions solely based on the recommendations of the official video controller.

3035 Team Captains

Each nation is responsible for providing one Team Captain.
If possible, the Team Captain should not be a competitor.
A Team Captain cannot undertake any other official organising function (Jury, TD, etc.) at the competition.

3035.1 Rights and Obligations of a Team Captain

3035.1.1 To submit protests to the Jury during the competition.

3035.1.2 To benefit from all advantages accorded to a competitor (lifts, accommodations, invitations, etc.).

3035.1.3 To enter into competition areas during training time.

3035.1.4 To enter all official ceremonies.

3035.1.5 Each Team Captain has one vote.

3035.1.6 To enter the preparation area during the competition.

3035.2 Duties of a Team Captain

3035.2.1 To attend all Team Captains' meetings.

3035.2.2 To provide all information received at meetings to his team members.

3035.2.3 To provide Aerials qualifications of his team members if requested by the Jury.

3035.2.4 Responsible for all registrations of their team.

3035.2.5 Responsible for the discipline of their team.

3035.2.6 To be familiar with the competition rules.

3034.4.2　这些人必须准备在正式训练前至少一天完成这项任务。

3034.5　技术顾问
支持仲裁决定，国际雪联任命各种比赛的技术顾问。
技术顾问有权直接向仲裁表达自己意见，但无投票权。

3034.6　线路顾问
支持仲裁决定，国际雪联任命各种比赛的线路顾问。
线路顾问有权直接向仲裁表达自己意见，但无投票权。

3034.7　视频操控员
当主办单位有一个官方视频控制的技术安装时，仲裁将指定一个官方视频操控员，视频操控员的职责是观察参赛者通过的赛道。对于雪上追逐赛，仲裁基于初步操控员的建议可以做出关于取消资格/制裁的最终决定。

3035　领队
各参赛国要推选一名领队。
领队最好不是运动员。
领队不能兼任赛会其他正式官职（仲裁成员、技术代表等）。

3035.1　领队的权利和义务

3035.1.1　竞赛期间，向仲裁委员会提出抗议。

3035.1.2　享受运动员的所有特许待遇（乘索道、住宿、参加宴会等）。

3035.1.3　在训练时，可以进入赛场。

3035.1.4　出席所有的正式仪式。

3035.1.5　投票时，一名领队有权投一票。

3035.1.6　在赛会期间，可以出入准备区域。

3035.2　领队职责

3035.2.1　出席所有领队会议。

3035.2.2　将会议内容传达给本队队员。

3035.2.3　如仲裁要求，介绍本国队员空中技巧资格情况。

3035.2.4　负责本国运动员的登记。

3035.2.5　负责本国运动员的纪律。

3035.2.6　必须精通竞赛规则。

3035.2.7 To be appointed to monitor and advise on the development of air bumps on Mo-guls courses and the shape of the Aerials Jumps. These trainers will be appoint-ed at the Team Captains' meeting.

3036 Team Medical and Service Personnel

The following are quotas for the right of access to the competition areas:

- Up to 3 competitors:	1 Trainer	1 Doctor	1 Technician
- 4 to 8 competitors:	2 Trainers	1 Doctor	2 Technicians
- 9 or more competitors:	3 Trainers	2 Doctors	3 Technicians

3037 Competitors' Equipment

The FIS Specifications for Competition Equipment and Commercial Markings contain the Rules for Competitors Equipment.

3037.1 Bibs

The shape and size of start numbers may not be changed on penalty of disqualification. All bibs must be worn correctly at all times during official training, competition and prize giving.

3037.2 Advertising

Advertising on material and equipment which is worn during competitions and training must conform to the FIS guidelines in Rule 206, 207 and 222.

3037.3 Equipment

Basic Rules concerning competitors' equipment which are specific to the individual competitions can be found in section 4008.2 for Aerials; section 4206.1 for Moguls, 4306.1 for Dual Moguls 4511 for Ski Cross and 4606 for Ski Halfpipe. Further definitions can be found in the FIS Equipment Rules, see Section E.

3041 Technical Installations

3041.1 Communications / Internet Connection

For all international competitions, there must be direct communication (telephone or radio, etc.) between the Start, judges' stand and in the case of Ski Cross, Moguls and Dual Moguls, the Finish. In Olympic Winter Games, the communications must be assured by fixed wiring. In the data service area, access to the internet (at least ADSL speed) is required for World Cup, World Championships and Olympic Winter Games competitions.

3041.2 Timing Equipment

3041.2.1 Electric Timing

For all international competitions electric timing with communication between Start and Finish must be used, which will allow measurement of the times to 100ths of a second. 1000th of a second, even when measured and recorded, may not be published or used in the event of competitors being tied in the 1/100's of a second.

3041.2.2 Height of Timing Cells

The photoelectric cells will be placed at a height of 1.0 meter for the starting light beam or at approximately 0.50 meters on the starting gates. The starting installation must be placed in such a way that starting is impossible without it opening.

3035.2.7 受命监督并对雪上技巧场地助腾雪包的改进以及空中技巧跳台定型工作提出意见。在领队会上任命教练员。

3036 医务人员和服务人员
每个参赛国出入赛场人员配备如下：
——3 名运动员：1 名教练员、1 名医生、1 名技术人员；
——4～8 名运动员：2 名教练员、1 名医生、2 名技术人员；
——9 名运动员或以上：3 名教练员、2 名医生、3 名技术人员。

3037 运动员器材
在国际雪联竞赛器材和商标具体要求中包括运动员器材规则。

3037.1 号码布（Bibs）
不得改变号码布的规格与形状，否则取消资格。在正式训练、竞赛、颁奖仪式上，均要正确佩戴号码布。

3037.2 广告
在竞赛和训练中使用的服装或器材上做广告，要与国际雪联规则 206、207、222 款中规定一致。

3037.3 器材
运动员器材的规定，空中技巧见 4008.2 款，雪上技巧见 4206.1 款，双人雪上技巧见 4306.1 款，追逐赛见 4511 款，U 型场地技巧见 4606 款，更多的内容见国际雪联装备规则 E 部分。

3041 技术设备

3041.1 通讯设备/互联网连接
所有的国际性比赛，必须设置起点与裁判台之间的直接联系设备（电话、对讲机等）。雪上技巧、双人雪上技巧、追逐赛项目还必须设置与终点的联系设备。在冬奥会上，必须备有固定的有线装置来加以保证。在世界杯赛、世界锦标赛和冬奥会比赛中，数据处理区域必须与互联网连接（至少是 ADSL 速度）。

3041.2 计时设备

3041.2.1 电子计时
所有国际性比赛，必须设置起点到终点连通的电子计时，精确到 1/100 秒。即使可以精确到 1/1000 秒，概不予公布，在运动员成绩在百分秒并列时也不能使用。

3041.2.2 计时光电管设置高度
光电管设在出发光束上 1 米的高处或在出发门约 0.5 米处。出发门设置须为不经运动员蹬开不能出发的装置。

The finish beam on the Moguls and Dual Moguls course should be at 1.0 meter high and the auxiliary finish beam at 0.75 meters.

3041.2.3 Independent Systems for Major Competitions
At World Ski Championships and Olympic Winter Games two independently functioning electric timing devices must be installed.

3041.2.4 Ski Cross Reaction Time
For the ski cross qualification and final, a reaction time will be measured and displayed at the start. The time will be measured from when the start gate is opened until a point 10 meters from the start gate. The reaction time will be measured and displayed to the nearest 1/100ths of a second. This is required for World Cups, World Championships and Olympic Winter Games.

3041.2.5 Timing in Dual Moguls
In Dual Moguls, the timing is based upon the difference in time between the competitors as they cross the finish line. The first competitor that crosses the finish line starts the time unit and the second competitor that crosses the finish line stops the timing unit.

3041.2.6 Timing Systems Approval
All timing devices must have the approval of the FIS.

3041.2.7 SX Qualification
For SX Qualification, wireless timing, maybe used for FIS, NC and COC Level Competition. Timing devices must meet FIS wireless standards that are set out in the Timing Booklet "Timing without Cable Connection between Start and Finish" and Set-Up Diagram Level 3 (without Cable)

3041.3 Hand Timing

3041.3.1 Hand Timing as Back Up System
A hand timing system must be used at all times during the Moguls, Dual Moguls and Ski Cross competitions, as a back up to the electric timing system. For all competitions, the hand timing must be totally separate and independent of the electric timing at the Start and Finish.

3041.3.2 Calculation of Hand Timing
In the event of a failure of the electric timing system, the official hand time shall be calculated in the following way:
The hand time shall be corrected by taking the average of the hand time minus the electronic time for the three runs prior to the missed electronic time and subtracting the result from the hand time: if there were not three electric times prior to the missed time, then the closest three times to the electric missed time shall be used.

3041.4 Public Address - Sound System

3041.4.1 Music at Freestyle Competitions
Music will be used in all competitions.

3041.4.2 The Chief of Sound shall be in radio contact with the competition officials at all times.

3041.4.3 The Chief of Sound and DJ is responsible for stock music during the competition.

在雪上技巧和双人雪上技巧比赛中，光电管应该设在终点光束上 1 米的高处，辅助终点光束上 0.75 米的高处。

3041.2.3 大型赛事独立运行系统

在滑雪世界锦标赛和冬奥会上，必须设置两个独立运行的电子计时装置。

3041.2.4 追逐赛反应时间

对于障碍追逐项目的预赛和决赛，反应时间将在开始时进行测量和显示。从开始门打开到从开始门到 10 米的时候，时间将被测量。反应时间将被测量并显示到最近的 1/100 秒。这是世界杯、世界锦标赛和冬季奥运会的必备条件。

3041.2.5 双人雪上技巧计时

在双人雪上技巧比赛中，计时取决于运动员在穿过终点线时的时间差，计时始于第一名运动员穿过终点线，结束于第二运动员穿过终点的时刻。

3041.2.6 计时系统的批准

所有计时设备必须得到国际雪联的批准。

3041.2.7 障碍追逐

对于障碍追逐资格赛，采用无线计时，可能用于国际雪联赛、国家比赛和洲际杯比赛。计时设备必须符合国际雪联无线标准计时手册，“开始和结束之间没有电缆连接的时间”，设置图 3 级标准（没有电缆）。

3041.3 手计时

3041.3.1 手动辅助计时系统

在进行雪上技巧、双人雪上技巧、障碍追逐赛时，要运用手动计时来辅助电子计时系统。所有比赛从起点到终点，手动计时和电子计时必须各自形成独立的操作系统。

3041.3.2 手动计时的计算

在电子计时系统失灵情况下，正式的手动计时将以下列方式计算：

为避免手动计时误差，先算出电子计时失灵前三次滑行的手动计时与电子计时差的平均值，再用手动计时减去这个值。如果电子计时失灵前没有三次电子计时，将使用电子计时失灵前最近的三个电子计时结果。

3041.4 公共广播——音响系统

3041.4.1 自由式滑雪比赛音乐

自由式滑雪所有比赛都使用音乐。

3041. 4.2 音响主管必须时刻用对讲机与竞赛官员保持联系。

3041.4.3 音响主管在竞赛期间负责播放节奏明快的音乐。

3041.4.4 Moguls, Dual Moguls and Ski Halfpipe

During the Moguls, Dual Moguls and Ski Halfpipe competitions, stock music will be used and at the option of the Organisers. The music should be upbeat and energetic.

3041.4.5 Aerials and Ski Cross

Stock music will also be used during these competitions. A variety of exciting popular music is recommended.

3041.5 Judges' Stand

The minimum size of the judges working area must be 3.0 x 10.0 meters.
The judges viewing area should be constructed to provide ample room for the Appropriate number of officials and to provide room for viewing, storage of equipment and all proper amenities for the operation of the competition. This facility should be constructed in accordance with guidelines set out by FIS. The facility must be weather proof, heated inside and have toilet facilities available.

3041.6 Timing and Data Area

The minimum size of the timing and data working area is 3.0 x 4.0 meters. Tables, chairs, electrical sources and heat need to be provided. The location of the timing and data area is defined according to the specific course specifications. The facility must be weather proof, heated inside and have toilet facilities available.

3041.7 Notice Board

An official notice board will be located in appropriate locations on each course.

3042 Start Officials

3042.1 The Starter

The Starter is responsible for the warning signals and start command. They are responsible for start recording. They assign the supervision of the competitors to the Assistant Starter.

3042.2 The Assistant Starter

The Assistant Starter is responsible for calling the competitors in accordance with the starting order. They must call competitors several times during the 10 minutes before each run.
The Assistant Starter is also responsible for checking competitors' bibs, clothing and equipment for equipment violations.

3042.3 The Chief Time Keeper

The Chief Time Keeper is responsible for the accuracy of the timing. The times must be made available to the Competition Secretary and the Chief of Scoring for immediate publication and calculation of results. They are also responsible for recording of data. The Chief Time Keeper may select an assistant. They are responsible for the organisation and layout of the finish area, including the proper crossing of the finish line by the competitors.

3043 The Start

3043.1 Preparation of Start Area

The Start shall be prepared in such a way that the competitors can stand relaxed in the starting area.

3041.4.4　雪上技巧、双人雪上技巧和 U 型场地技巧
在雪上技巧、双人雪上技巧和 U 型场地技巧比赛中，采用节奏明快的音乐。在组织者的选择下，可使用运动员提供的音乐。音乐必须具有活力和刺激性。

3041.4.5　空中技巧与障碍追逐
在空中技巧和障碍追逐技巧中播放节奏明快的音乐，建议采用各种富有刺激性的流行音乐。

3041.5　裁判房
裁判席面积最小规格为 10 米 X 3 米。裁判席的设置应保证裁判员的视域，既能容纳相当数量的官员，又能安置必要器材以及一个较为舒适的环境，确保比赛正常进行。裁判席设置应以 FIS 自由式滑雪委员会规则为依据，应是封闭的，带有取暖设备和卫生间设备。

3041.6　计时区和数据区
计时区和数据区的面积最小规格为 3X4 米。需要有桌子、椅子、电源和取暖设备。计时区和数据区的位置依据具体的场地要求确定，应是封闭的，带有取暖和卫生间设备。

3041.7　告示板
官方告示板应位于每条赛道的适合位置。

3042　起点官员

3042.1　发令员
发令员全面负责预备发令、发令及发令记录。对运动员的管理由助理发令员分管。

3042.2　助理发令员
助理发令员负责根据出发顺序召集运动员，在出发前 10 分钟内必须多次点名。助理发令员还负责检查运动员的号码布、服装和器材是否符合器材规则要求。

3042.3　计时长
计时长负责计时的精确性，并将计时情况立即交给竞赛秘书长和计分长，以尽快算出成绩。他还负责记录成绩。计时长可以选择一位助理人员，负责终点区域的设置和管理，保证运动员以正确的姿势越过终点线。

3043　起点

3043.1　起点区准备
起点要设在运动员能放松站立的地点。

3043.1.2 Aerials Start Area

The Aerials Start is anywhere on the course, but cannot exceed the maximum start line established as a precaution for the jump hill.

3043.1.3 Moguls Start Area

The Moguls Start will preferably be an open start with a light beam installed approximately 1.5 - 2.0 meters down across the hill parallel to the starting line. The starting line and the light beam will be as wide as the control gates on top of the course are set. There will be a starting line. The competitor should plant his poles in front of the line and his boots should stay behind until the starting signal is given.

The starting installation will be located where the competitor has easy access to his skiing line and can quickly reach full speed after leaving the start. Refer to Timing Booklet.

3043.1.4 Start Device

The Dual Moguls Start uses a start device - see 4306.4.4 for a description. The Ski Cross Start uses a start device - see 4507.8 for a description. The starting installation shall be located where the competitors have easy access to their skiing line and can quickly reach full speed after leaving the start device.

3043.2 The Start Area and Warming Tent

The Start Area must be closed off to everyone except the starting competitor, accompanied by only one trainer and the Start Officials. A special roped off area must be provided for trainers, Team Captains, service personnel, etc., in which they may take care of the waiting competitors without being interrupted by the public. A tent or a warming hut must be provided at the start area. If the temperature is expected to be below -10° Celsius, a heater must be installed in the tent or the warming hut.

3043.3 Start Procedure

No official or attendant who could possibly give an advantage to, or disturb the starting competitor, may be behind them. All outside help is forbidden.

3043.4 Start Commands

Start commands will be given by the Starter for each specific competition.

3043.4.2 Aerials Start Command

3043.4.2.1 The wind condition (velocity) in which the competitor is allowed to start.

3043.4.2.2 The Installation of Measuring Devices shall be controlled by the Technical Delegate in accordance with the solutions of the Freestyle Technical Specifications Manual and of 3043.4.2.3.

3043.4.2.3 Wind Velocity and Direction

The wind measuring instruments shall be positioned on the opposite side of the inrun to the Judges' Stand, level with the upper light beam of the Speed Trap and above a wind direction indicator flag set at a height of 2 metres. The gauges re-cording the data shall display the actual conditions separately, not an average. In addition to these instruments, 3 wind flags shall be placed at the side of the landing hill, the top of the inrun and above the corner of the Judges' Stand near-est to the Knoll. No other flags from Teams shall be permitted on the course.

3043.1.2 空中技巧的起点

可在线路的任何地点上。但为了安全起见不能超越已设置好的助滑线路最高点。

3043.1.3 雪上技巧的起点

雪上技巧的起点由横切山坡与出发线平行并在其下方约 1.5～2.0 米处设置的光束所控制。出发线和光束的宽度与设置的线路顶端的控制门相同。设有一条出发线，运动员应把雪杖插在出发线前，其雪鞋在出发信号发出前放于出发线后。

出发装置应设在运动员容易进入其滑降线并在离开起点后迅速达到全速的位置。参见计时手册。

3043.1.4 起点装置

双人雪上技巧出发使用出发装置，详见 4306.4.4 款。障碍追逐赛出发使用出发装置，详见 4507.8 款。出发设备应安装在运动员容易进入滑行线路的通道并在离开出发装置后能迅速达到全速的位置。

3043.2 起点区和暖房

起点区除了待出发的运动员、一名教练员和起点官员外，任何人一律不得入内。必须用绳索隔离出一块区域，供教练员、领队、服务人员照料待出发的运动员而不被观众打扰。在起点区应提供帐篷或暖房。如果预计气温低于零下 10 度，帐篷或暖房内应配备取暖器。

3043.3 出发方式

出发时运动员身后，不准任何有益或有碍运动员的官员或服务人员站立，严禁一切外力帮助。

3043.4 出发命令

每个项目的出发命令都由发令员发出。

3043.4.2 空中技巧出发命令

3043.4.2.1 风速情况应该适合运动员进行空中技巧比赛。

3043.4.2.2 测量装置的安装应由技术代表按照自由式技术规范手册的解决方案和 3043.4.2.3 款的解决方案来控制。

3043.4.2.3 风速和风向

风测量仪器应放置在与裁判房相反的一侧，速度监视区的光束在 2 米高的风方向指示标志上的高度。记录数据的仪表应当单独显示实际情况，而不是平均情况。除了这些仪器外，还有 3 个风旗放置在着陆山的一侧，助滑坡上方，裁判房最靠近台头的角落地方。在赛道上，不允许有任何队的其他旗帜。

3043.4.2.4 Start Permission and "Three Phase Start"
Start permission and starting time control at OWG, WSC and WC, competitions will be determined by means of a three-colored (red-yellow-green) signal and a digital display which are connected and run by a adjustable program.
During the red phase (start preparation), the clock does not run and is set at 15 seconds. During next yellow phase, (5 seconds) the clock starts to run down from 15 seconds and then switches after 10 seconds to the green phase.
The starting time will be finished after 15 seconds and the display then shows '0'. At '0', the light automatically changes back to red and the starting procedure for the next competitor begins.

3043.4.2.5 It is the competitor's responsibility to be ready at the start when his starting number is called. The competitor has to leave the start after the start signal has been given. If the competitor has not left the start by the end of the start time, the hill will automatically be closed.

3043.4.2.6 During the starting procedure, the competitor must have the opportunity to clearly observe the automatic countdown display (e.g. a programmable digital clock).

3043.4.2.7 The competitor has to start within the start time. If the start signal is interrupted during the competitor's starting period for any reason, for example unstable
weather conditions, the starting process will begin again.

3043.4.3 Moguls Start Command

3043.4.3.1 The Moguls start command begins with a warning ten seconds before the start.
A start command will then be given: **"Competitor Ready! .... 3, 2, 1, Go!"**
The competitor is then required to leave the start immediately.

3043.4.4 Dual Moguls Start Command

3043.4.4.1 The Dual Moguls Start command shall begin with a warning from the Announcer:
"Blue Course ready,......Red Course ready!"
The starter or gate opener shall open both gates simultaneously within 3 seconds of this announcement. Should the gates fail to open for any reason, this procedure shall be re-commenced.

3043.4.4.2 If a competitor is unable to start for any reason, the other competitor in that phase shall not ski the course.

3043.4.5 Ski Cross Start Command

"We are ready for next Heat, proceed to the Start Gate"
"Enter the Start Gate" (30 seconds before the start command)
"Skiers Ready!", then **"Attention!"** followed by the Starter opening the start gate.

3043.5 Timing System Locations

In the Moguls and Ski Cross competition the timing system shall measure the exact time when the competitor crosses the starting light beam with their leg (below the knee) or when the starting gate opens.
In the Dual Moguls competition the timing shall measure the exact time when the competitor crosses the Finish light beam.

3043.4.2.4 出发命令和“三段式出发”

在冬奥会、世锦赛和世界杯赛中，出发命令和出发时间是由三色（红－黄－绿）信号和一个电子显示屏控制。信号和电子显示屏之间由一个可调节程序连接并受其控制。在红色阶段（出发准备阶段），计时器定在15秒且并不运转。在黄色阶段，计时器开始从15秒倒计时走10秒后（还剩5秒）转为绿色阶段。出发时间为15秒，出发时间结束后计时器显示“0”。这时信号灯自动转回红色，进入下一位选手出发准备阶段。

3043.4.2.5 当被叫到号码时，参赛运动员应该站在开始区做好准备。出发信号发出后，空中技巧运动员必须离开起点。如果出发时间结束后，运动员仍未离开起点，雪道将自动关闭。

3043.4.2.6 在启动过程中，竞争对手必须有机会清楚地观察自动倒计时显示(例如，一个可编程的数字时钟)。

3043.4.2.7 运动员必须在出发 时间出发。如果出发信号因任何原因在运动员出发阶段中断，例如不稳定的天气条件，启动过程将重新开始。

3043.4.3 雪上技巧出发命令

3043.4.3.1 雪上技巧出发前10秒开始提示，出发命令是：“运动员准备，3、2、1，出发！”运动员听到出发命令后要立即启动。

3043.4.4 双人雪上技巧出发命令

3043.4.4.1 双人雪上技巧出发命令将在开始前提示：“蓝道准备，红道准备。”

在发出提示的3秒钟内，发令员同时打开两个门。如果由于某种原因出发门没有打开，重新出发。

3043.4.4.2 如果由于某种原因，一名运动员未能出发，该轮比赛的另一名运动员也不能滑行。

3043.4.5 障碍追逐出发命令

“比赛准备就绪，请进入出发门”。

“进入出发门”（发令之前30秒）。

“运动员准备”然后“准备出发”之后发令员打开出发门。

3043.5 计时系数位置

雪上技巧和障碍追逐的计时系统是以运动员的大腿膝关节下部切断起点光束或打开出发门的时刻开始计时。双人雪上技巧比赛计时是以运动员切断起点光束的时刻计算。

3043.6 **Delayed Start**

3043.6.1 Force Majeure
A competitor who is not ready to start at their time indicated on the official start list will receive a DNS. The Starter may, however, excuse such a delay if, in his opinion, the delay is due to "force majeure". The breakdown of a competitor's personal equipment or minor sickness of a competitor does not constitute "force majeure". In case of doubt, the Starter may allow a start provisionally, but must inform the Jury.

3043.6.2 Start Order
Where a start has been delayed and the competitor is ready to go, the Starter will run the competitor at the first start opportunity and inform the Jury, Judges, Referee, Finish Official, Chief of Timing, Announcer and Chief of Scoring accordingly.

3043.7 **The Start Order**
The Start Order is determined at the Team Captains' meeting on the day before the competition. A random draw done by computer may be used at all FIS Freestyle competitions.

3043.7.1 The Draw
Each competition shall have a separate start order. The start order for each competition is a separate draw. This draw is used for the Qualification competition.

3043.7.1.1 No Changes to Start Order Allowed
No changes, additions or substitutions shall be permitted to any Start order after the draw.

3043.7.2 Start Groups

3043.7.2.1 Ski Halfpipe and Ski Slopestyle Start Groups
For Qualification, competitors will be seeded in heats according to their ranking on either the World Cup Ranking List (for World Cup competitions) or the FIS Points List. Ties in the World Cup ranking will be broken using FIS Points; if still tied, the position will be decided by a draw. All other ties will be broken by a draw.

A Qualification phase may consist of one or more Heats; a Heat shall generally comprise not more than 30 competitors (Men) or 25 competitors (Ladies).

In a Qualification phase with two heats, competitors will be divided on the basis of even and odd positions in the seeding list (Heat 1 shall consist of odd-numbered seeds, Heat 2 of even-numbered seeds). In a Qualification phase with three heats, each third seed shall be assigned to a separate Heat (Heat 1 seeds 1, 4, 7, ...etc.; Heat 2 seeds 2, 5, 8,...etc; Heat 3 seeds 3, 6, 9,...etc.). If more than
three Heats are scheduled, they shall be constructed according to the same principles.

3043.7.2.2 Errors in Start Lists
If the Organising Committee makes an error in the start order, the draw must be remade. In this case, the Team Captain must inform the Organising Committee of the error within 15 minutes from the distribution of the start list. After 15 minutes, the error will be treated as an error by the Team Captain and shall not be cor-rected.

3043.6　出发延误

3043.6.1　不可抗拒力

未能按正式出发顺序表出发的运动员以未出发（DNS）论处。不过，发令员判定是由“不可抗力”而延误的可以例外。运动员本人器材损坏或者轻微的疾病等，将不被认为是“不可抗力”。如果发令员难以决定可暂时允许其出发，并向仲裁报告。

3043.6.2　出发顺序

当出发已经被延误，运动员再次做好出发准备的情况下，发令员应在第一出发良机让该运动员出发（见 3057.12 款），并立即向仲裁、裁判长、裁判员、广播员、计分长分别报告。

3043.7　出发顺序

出发顺序是竞赛前一日在领队会议上抽签决定的（见 213.4 款）。所有国际雪联自由式滑雪比赛可用计算机进行随机抽签。

3043.7.1　抽签

各单项比赛有各自的出发顺序，每项比赛出发顺序单独抽签，资格赛中使用该方式抽签。

3043.7.1.1　不允许更改出发顺序

抽签后，不允许更改、替换任何出发顺序。

304.3.7.2　出发分组

3043.7.2.1　U 型场地技巧和坡面障碍技巧出发分组

在资格赛中运动员的种子排名依据其在世界杯中排名（世界杯比赛）或国际雪联积分。平分现象在世界杯赛中将用国际雪联积分打破。如果仍然平局，出发位置将由抽签决定，其后所有其他平局也将被打破。

资格阶段可以进行 1 轮或多轮比赛，1 轮比赛至多含 30 名男子选手和 25 名女子选手。

如果资格赛包括两轮比赛，运动员种子排名将分成奇数组和偶数组 （第 1 组由奇数种子组成，第 2 组由偶数种子组成）；如果资格赛分成三轮，则每三个种子被分配到各自的比赛轮次中（第 1 组种子，1、4、7 等；第 2 组种子，2、5、8 等；第 3 组种子 3、6、9 等）。如果资格赛超过 3 轮，则分组仍按相同原则。

3043.7.2.2　帮忙发顺序表中的错误

如果由于组委会的过失，致使出发顺序出现错误，那么必须重新抽签。在这种情况下，领队必须在出发顺序表分发之后 15 分钟内将错误情况通知给组委会。15 分钟后，该错误将被视为领队的过失。

3043.7.4 Start List Information

The start list shall include the following information:
- Name of Competition Sponsor;
- Name of Competition;
- Site of Competition;
- Codex Number;
- Dates;
- Times;
- FIS Codes;
- Name, Nationality, Year of Birth and Bib Number of Competitors
- Starting Order Number
- Name and Nationality of Jury and Judges;
- Name and Nationality of Chief of Course;
- General Course Specifications

3043.7.5 The start list must be circulated to all officials, coaches, competitors, television, media personnel and VIP's.

3043.8 Qualified for the Final

The Finals generally consist of the following number of competitors:

Type of Event	**Moguls** L/M	**Dual Moguls** L/M	**Aerials** L/M	**Ski Cross** L/M	**Ski HP/SS** L/M
OWG	20/20	-/-	12/12	16-32/16-32	-/-
WSC	16/16	8/8	12/12	16-32/16-32	12/12
World Cup	12-16/12-16	8/8	12/12	16-32/16-32	6-12/6-12
CoC	8-16/8-16	8-16/8-16	-/-	16-32/16-32	6-12/6-12

If there is a tie among Finalists after the Qualifications, see 3045.4.2.
In Moguls, Aerials, Ski Halfpipe and Ski Slopestyle, the running order for the first or only final phase shall be reverse of the order of placement in the Qualifications. In Moguls and Aerials, the start order for any second phase can be the reverse of the competitors' rankings following the first phase. In Ski Halfpipe and Ski Slopestyle, the start order of a second phase will be the same of the first phase.

3044 The Finish Area

3044.1 Aerials, Ski Halfpipe and Ski Slopestyle Finish Areas

The Finish Area for each competition must be large enough to allow the competitor to stop. All fences and barriers must be in place.

3044.2 Moguls, Dual Moguls and Ski Cross Finish Areas

The Finish Area for Moguls, Dual Moguls and Ski Cross competitions must be a smooth area equal to the width of the course, for at least 30 meters from the finish line. The finish line shall be 8 - 10 meters wide. The area 3 (three) meters before the timing light must be smooth in order that the competitor will not pass above the beam.

3044.3 Finish Area Fencing

The Finish Area is to be completely fenced in. Any unauthorized entry must be prevented. For competitors who have finished their runs, a special area, separated from the actual Finish area, is to be provided.

3043.7.4　出发顺序表内容
出发顺序表上必须包括下列内容：
——竞赛主办方名称；
——比赛名称；
—— 比赛地点；
——比赛日期；
－－比赛时间；
——国际雪联代号
——参赛者姓名、国籍、号码；
——出发顺序；
——仲裁成员及裁判员的姓名和国籍；
——线路长的姓名、国籍；
——线路数据。

3043.7.5　出发顺序表必须分发给所有的竞赛官员、教练、运动员、电视和媒体机构人员以及贵宾。

3043.8　决赛资格

决赛通常包括的人数如下：

比赛种类	雪上技巧女/男	双人雪上技巧女/男	空中技巧女/男	障碍追逐赛女/男	U型场地技巧/坡面障碍技巧女/男
冬奥会	20/20	-/-	12/12	-/-	-/-
世锦赛	16/16	8/8	12/12	16-32/16-32	12/12
世界杯	12-16/12-16	8/8	12/12	16-32/16-32	6-12/6-12
洲际杯	8-16/8-16	8-16/8-16	-/-	16-32/16-32	6-12/6-12

如果资格赛后出现平局，参见规则 3045.4.2 条款。

在雪上技巧、空中技巧、U 型场地技巧和坡面障碍技巧比赛中，在 1 轮或决赛轮依据资格赛成绩逆顺。在雪上技巧和空中技巧，在任何第二阶段出发顺序依据第一阶段成绩逆顺。在 U 型场地技巧和坡面障碍技巧，则第二阶段出发顺序与第一阶段出发顺序相同。

3044　终点区

3044.1　空中技巧、U 型场地技巧和坡面障碍技巧终点区
每一项比赛终点区必须宽阔，以便运动员能够安全完成比赛。场地周围必须设置安全范围和防护设施。

3044.2　雪上技巧、双人雪上技巧和障碍追逐赛终点区域
雪上技巧、双人雪上技巧和障碍追逐赛终点区必须平坦且线路场地同宽，从终点线起至少要有 30 米长的区域。终点线 8-10 米宽。为阻止运动员从计时电子眼之上通过，计时光柱前 3 米区域 必须平坦。

3044.3　终点区围栏
终点区必须全部设置围栏封闭，严禁任何非授权人员进入。在终点区以外应该为完成比赛的运动员设置一个特别区域。

In that area, contact with the media (written and audio-visual) shall be made possible.

3044.4 **Determination of Finish**

With electric timing, the time is taken when a competitor crosses the line between the finishing posts with any part of his body or equipment and so breaks the contact.
For Ski Cross see rule 4505.6.1;
For Ski Halfpipe and Ski Slopestyle see rule 4611.1.

3044.5 **Failure of Electronic Timing**

3044.5.1 If there is a failure of all of the timing systems, a re-run shall be granted.

3045 **Calculation & Announcement of Results**

3045.1 **Unofficial Scores**

Scores and Rankings taken by the Chief of Scoring shall be considered unofficial scores. Whenever possible, unofficial scores should be announced to the public with their provisional status clearly indicated.

3045.2 **Official Results**

3045.2.1 Official Results are determined from the scores and rankings of those competitors who have not been disqualified.

3045.2.2 Official Reaults Information

The Official Results must contain the following information:
- Name of Competition Sponsor;
- Name of Competition;
- Site of Competition;
- Codex Number;
- Date and Time of Competition;
- Name and Nationality of Jury and Judges;
- Name and Nationality of Chief of Course;
- General Course Standards;
- Name of Organisation, Club or Association;
- Competitor Names, Nationalities, Year of Birth, Bib Numbers; FIS Points
- FIS Codes;
- Complete Scoring Calculations (i.e.: individual judges scores and where applicable degree of difficulty factors, speed of competitor, speed points, Dual Moguls protocols, Ski Cross protocols);
- Sanction of National Ski Association and FIS;
- Signature of TD approving the above list.

The names of each nation must be indicated by the FIS code of three capital letters.
The Results are made official following an inspection by both the Chief of Scoring and the Head Judge and by the application of their signatures.

3045.2.3 Results for both Qualifications and Finals must be published.

3045.2.4 There can never be any prize giving ceremonies before the end of a competition.

运动员可以在这一特别区域接受采访。

3044.4　比赛完成的判定

采用电子计时，以运动员身体任何部位或装备通过终点柱间的标识线，并切断光柱时来记录时间。

障碍追逐赛见规则 4505.6.1 条款；

U 型场地技巧和坡面障碍技巧见规则 4611.1 条款。

3044.5　电子计时故障

3044.5.1　当所有电子计时系统发生故障时，则重新进行比赛。

3045　成绩的计算与公布

3045.1　非正式成绩

运动员还没有被确认的官方成绩和排名。

3045.2　正式成绩

官方成绩必须包括如下信息：

——竞赛主办方名称；

——比赛名称；

——比赛地点；

——国际雪联代号；

——比赛日期、时间；

——仲裁、裁判姓名及国籍；

——线路长姓名及国籍；

——线路数据；

——组织委员会、俱乐部、滑雪协会名称；

——运动员的姓名、国籍、号码；国际雪联积分；

——全部得分计算（如各裁判员的评分、难度系数、速度、速度分、双人雪上技巧的编排、障碍追逐赛运动员的编排）；

——国家滑雪协会及国际雪联的认可；

——TD 承认上述内容的签字。

用国际雪联规定的三个大写字母表示国家名。

由裁判长、计分长审查签字后的成绩为正式成绩。

3045.2.3　必须公布资格赛和决赛成绩。

3045.2.4　比赛全部结束之前，不允许举行任何颁奖仪式。

3045.3 Calculation of Scores

3045.3.1 All published scores are to be rounded down or truncated to two (2) decimal places and used in further calculations only in the truncated form. These results and scores include; Moguls times, Moguls speed calculations, average of Moguls scores, total Aerials results and tie breaking formula. The Degree of Difficulty (DD) are always presented in their original form. The total score from the Finals or ranking from the Final heat determines the winner. Unless otherwise specified in rules for a specific event format (see Ski Cross 4500, FIS Freestyle Judging Handbook Aerials 6000, Moguls 6200, Dual Moguls 6300 and Ski Halfpipe 6400).

3045.4 Tie Breaking

3045.4.1 Tie breaking shall be performed by the Chief of Scoring. Ties in each event shall be broken using the tie breaking procedure defined for that event. If the tie cannot be broken, all tied competitors shall receive the better place and the following place(s) will be unused.

Example:

13th	28.6
14th	26.0
14th	26.0
16th	24.2
17th	24.0

3045.4.2 In the event of an unbreakable tie between the qualifiers for the next Phase, the start order for tied competitors shall be the reverse of their Qualifications start order. If a tie exists for the last place on the Start List for any Phase of a competition after all tie-breaking procedures for that event have been exhausted, all tied competitors shall go forward to that Phase.

3046 Age Limits

3046.1 The Competition and Calendar Year

All competitor ages for the purpose of determining eligibility to participate in FIS competitions shall be expressed in terms of the anniversary of birth (birthday) that the competitor will reach during the calendar year (January to December) that contains the start of the FIS Competition Year in which the competition is scheduled. The FIS competition year begins on the first day of July and ends on the last day of June of the following calendar year.

3046.2 Junior World Ski Championships

Moguls, Dual Moguls and Aerials

Participation in Moguls, Dual Moguls and Aerials at Junior World Ski Championships shall be limited to those competitors whose fourteenth (14th), nineteenth (19th) or any birthday between those two occurs in the calendar year that contains the start of the FIS Competition Year in which the competition is scheduled.

Ski Cross

Participation in Ski Cross at Junior World Ski Championships shall be limited to those competitors whose sixteenth (16th), twentieth (20th) or any birthday between those two occurs in the calendar year that contains the start of the FIS Competition Year in which the competition is scheduled

3045.3　成绩的计算

3045.3.1　所有公布的成绩都保留到小数点后两位，小数点后第三位四舍五入，用以排名和进一步计算成绩。这些成绩和分数包括：雪上技巧时间、雪上技巧速度计算、雪上技巧分的平均值、空中技巧的总分以及在平局情况下的处理方法和综合评分。难度系数（DD）常被印在原始的表格内。决赛中成绩或决赛中的排名决定获胜者，除非在特定的比赛形式中另有说明（参见障碍追逐 4500 条款，国际雪联裁判手册空中技巧 6000 条款，雪上技巧 6200 条款，双人雪上技巧 6300 条款和 U 型场地技巧 6400 条款）。

3045.4　打破平分

3045.4.1　打破平分由计分长执行。每一轮比赛出现的平分现象用该轮确定的程序执行。如果不能打破平分，所有的平分选手将获得并列排名，空出下一位名次。

例如：

第 13 名	28.6
第 14 名	26.0
第 14 名	26.0
第 16 名	24.2
第 17 名	24.0

3045.4.2　如果发生因无法打破平局而名次并列的两名运动员，应按他们资格赛出发顺序的逆序进行。如果在比赛的任何阶段的出发顺序上都有平分现象，且所有打破平分的手段都已经被消耗殆尽，则所有平分的运动员都将进入这一阶段。

3046　年龄限制

3046.1　竞赛年和日历年

所有参加国际雪联赛事选手的年龄应以周岁计算（生日），选手的年龄达到日历年度（1~12 月）要求，并包括在国际雪联的竞赛计划中。国际雪联竞赛开始于 7 月第一天，结束于日历年的 6 月的最后一天。

3046.2　国际青年比赛年龄分组

雪上技巧、双人雪上技巧和空中技巧

参加雪上技巧、双人雪上技巧和空中技巧世界青年锦标赛年龄限制到 14 岁（14 周岁）~ 19 岁（19 周岁），或选手任何年龄都介于日历年，并包括在国际雪联竞赛计划中。

障碍追逐

参加障碍追逐世界青年锦标赛的选手限制到 16 岁（16 周岁）~ 20 岁（20 周岁），或选手任何年龄都介于日历年，并包括在国际雪联竞赛计划中。

Halfpipe, Slopestyle and Big Air
Participation in Halfpipe, Slopestyle and Big Air shall be limited to those competi-tors whose thirteenth (13th), seventeenth (17th) or any birthday between those two occurs in the calendar year that contains the start of the FIS competition Year in which the competition is scheduled.

3046.3 **Major Events**
Participation in Olympic Winter Games, World Ski Championships or FIS World Cup competitions shall be limited to those competitors whose fifteenth (15th) or, in the case of Ski Cross events, sixteenth (16th) birthday occurs in or before the calendar year that contains the start of the FIS Competition Year in which the competition is scheduled.

3046.4 **Age for all other International Competitions**
Participation in FIS competitions, other than those covered by 3046.2 and 3046.3, and that are not Children's, Youth or Junior competitions, shall be limited to those competitors whose fourteenth (14th) or, in the case of Ski Cross events, sixteenth (16th) birthday occurs in or before the calendar year that contains the start of the FIS Competition Year in which the competition is scheduled (See ta-bles below for details).

3046.5 **Classification at International Competitions:**

3046.5.1 Admitted Years of Birth Mo/AE/HP/SS/BA

FIS Competition Year	17/18	18/19	19/20
U 13	2006 2005	2007 2006	2008 2007
U15	2004 2003	2005 2004	2006 2005
U17	2002 2001	2003 2002	2004 2003
U19	2000 1999	2001 2000	2002 2001
Licenced MO/AE	2003 and earlier	2004 and earlier	2005 and earlier
Licenced HP/SS/BA	2004 and earlier	2005 and earlier	2006 an earlier
World Cup World Championships Olympic Winter Games	2002 and earlier	2003 and earlier	2004 and earlier

U 型场地技巧、坡面障碍技巧、大跳台

参加 U 型场地技巧、坡面障碍技巧、大跳台世界青年锦标赛的选手年龄限制为 13 岁（13 周岁）~ 17 岁（17 周岁），或其年龄介于日历年且在国际雪联赛事计划当中。

3046.3　重大赛事

参加冬奥会、世界锦标赛或世界杯赛，参赛选手年龄限制为 15 岁（15 周岁），或参加障碍追逐赛为 16 岁（16 周岁），或其年龄介于日历年且在国际雪联赛事计划当中。

3046.4　其他国际赛事的年龄限制

参加国际雪联赛事，涵盖规则 3046.2 和 3046.3 条款比赛，但不是儿童、少年和青年锦标赛，年龄限定为 14 岁（14 周岁），障碍追逐赛为 16 岁（16 周岁），或其年龄在日历之前但在国际雪联赛事计划内。(参看下表内容)

3046.5　国际赛事分类

3046.5.1　雪上技巧/空中技巧/U 型场地技巧/坡面障碍技巧/大跳台项目的允许参赛年龄

国际雪联竞赛年	17/18	18/19	19/20
U 13	2006	2007	2008
	2005	2006	2007
U15	2004	2005	2006
	2003	2004	2005
U17	2002	2003	2004
	2001	2002	2003
U19	2000	2001	2002
	1999	2000	2001
雪上技巧/空中技巧证书	2003	2004	2005
	and earlier	and earlier	and earlier
U 型场地技巧/坡面障碍技巧/大跳台 证书	2004	2005	2006
	and earlier	and earlier	and earlier
世界杯	2002	2003	2004
世界锦标赛	and earlier	and earlier	and earlier
冬奥会			

3046.5.2 Admitted year of birth Ski Cross

FIS Competition Year	**17/18**	**18/19**	**19/20**
U14	2005 2004	2006 2005	2007 2006
U16	2003 2002	2004 2003	2005 2004
U18	2001 2000	2002 2001	2003 2002
U21	1999 1998 1997	2000 1999 1998	2001 2000 1999
Licensed (WC, WSC OWG)	2001 and earlier	2002 and earlier	2003 and earlier

3046.5.3 FIS Junior World Championships

FIS Competition Year		**17/18**	**18/19**	**19/20**
HP, SS, BA	min	2004	2005	2006
	max	2000	2001	2002
MO, AE	min	2003	2004	2005
	max	1998	1999	2000
SX	min	2001	2002	2003
	max	1997	1998	1999

3050 Protests

3050.1 Pre-Conditions for a Protest

No protest shall be considered by the Jury unless:
- The written protest has been made within the time limits under 3050.3.
- The reason for the protest and a sum of 50 CHF or its equivalent in other cur-rency has to be handed to the Jury. If the protest is accepted, the sum will be reimbursed; if not, the FIS retains the sum.

3050.2 Examination of Protests

The Jury shall meet as soon as logistically possible, taking into consideration the urgency of the request (i.e.: re-run required).
The Jury will invite, for a discussion on protests, the starter and other officials involved, possible witnesses, the competitor concerned and the protesting Team Captain. In addition, any other material such as videotape, film, photographs, etc., shall be examined. Only the members of the Jury shall be present for the fi-nal decision on the protest. This must have the support of a majority of the entire membership of the Jury, not only of those present.
In case of a tie, the Chairman of the Jury's vote shall be decisive. The decision shall be posted on the Official Notice Board immediately after the hearing, with the time of posting. The Chairman of the Jury will preside at the hearing.

3046.5.2 障碍追逐赛允许参赛的年龄

国际雪联竞赛年	17/18	18/19	19/20
U14	2005	2006	2007
	2004	2005	2006
U16	2003	2004	2005
	2002	2003	2004
U18	2001	2002	2003
	2000	2001	2002
U21	1999	2000	2001
	1998	1999	2000
	1997	1998	1999
世界杯、世界锦标赛、奥运会证书	2001	2002	2003
	and earlier	and earlier	and earlier

3046.5.3 世界青年锦标赛

国际雪联竞赛年		17/18	18/19	19/20
U 型场地技巧、坡面障碍技巧、大跳台	最小	2004	2005	2006
	最大	2000	2001	2002
雪上技巧、空中技巧	最小	2003	2004	2005
	最大	1998	1999	2000
障碍追逐	最小	2001	2002	2003
	最大	1997	1998	1999

3050 抗议

3050.1 抗议先决条件

抗议只有具备下列条件，仲裁委员会才受理：

——书面抗议要在规则 3050.3 款的限定时间内提交。

——将抗议书和 50 瑞士法郎或等值的其他货币同时交给仲裁委员会。抗议有效时，所缴金额退回，无效时，国际雪联收缴。

3050.2 抗议的审理

仲裁应考虑到情况的紧急（比如重新比赛）尽早召开会议。

仲裁可邀请发令员和其他有关官员、证人、运动员本人、提出抗议的领队等人讨论抗议情况。另外，还可查看其他有关资料，例如录像、影片、照片等。抗议的最后裁决只能由仲裁委员参加，且须得到仲裁委员会的大多数支持，而不是仅由出席者决定。

如果投票持平，仲裁委员会主席的投票有决定权。听证会后应立即将裁决和公布时间在官方揭示板上公布。会议由仲裁委员会主席主持。

Jury.
Protests concerning re-runs shall be examined immediately by the Jury.

3050.3 Different Types of Protests

3050.3.1 Protests Concerning Qualification
Protests against the qualification of a competitor must be delivered in writing before the beginning of the draw of the competition, to the place designated on the Official Notice Board.

3050.3.2 Protests Concerning the Course
Protests concerning the course must be presented in writing to the Chief of Course or Jury member in good time before the last official training.

3050.3.3 Protests During the Competition
A competitor or Team Captain who protests against any action by another competitor or an official during the competition must take his protest to a Jury member within 15 minutes of completion of the last competition run of that phase of competition.

3050.3.4 Protests Concerning Disqualification
A protest against disqualification must be sent in writing to the place indicated on the Official Notice Board. Such a protest must be received within one hour after the posting of disqualification.
In case of doubt over a disqualification, the competitor is entitled to a "provisional" start.

3050.3.5 Protests Concerning Timing
Protests concerning an error in timing must be delivered within one hour after the posting of the unofficial list of results to the place notified on the Official Notice Board.

3050.3.6 Protests Concerning False Calculation and Clerical Errors
A complaint, based not on an alleged breach of the rules on the part of an official or a competitor, but on an alleged error in calculating the results, shall be considered, if sent by registered letter through the competitors' National Ski Association at any time within one month of the date of the competition. If the mistake shall be proved, a corrected list of results shall be published and the prizes redistributed.

3050.3.7 Protests Concerning Re–Runs
Protests concerning re-runs must be submitted within 15 minutes of the infraction, to the Jury.

3050.4 Appeals

A competitor at a competition which has been organised by an association or a club affiliated with a National Ski Association may appeal against the decision of the Jury to the National Association of which the organising club is a member.
A competitor may further appeal to the FIS through his own National Ski Associa-tion against the decision of the Jury (see rule 225).

必须有会议记录且仲裁委员会主席必须在记录上签字。
有关重新比赛的抗议必须即刻由仲裁会审议。

3050.3　不同种类的抗议

3050.3.1　有关比赛资格的抗议
对运动员的比赛资格的抗议，必须在比赛抽签前，以书面形式提交于揭示板上指定的位置。

3050.3.2　有关线路的抗议
关于线路的抗议，必须在最后正式训练前的适当时间以书面形式交给线路长或仲裁成员。

3050.3.3　竞赛中的抗议
在竞赛中对其他运动员或有关官员提出抗议的运动员或领队必须在最后一项比赛结束后 15 分钟内向仲裁委员提出。

3050.3.4　对取消比赛资格的抗议
对取消资格的抗议，必须以书面形式提交到公告揭示板的指定位置。此种抗议必须在取消资格后的一小时内提交。对取消资格没有明确解决前，该运动员可以“暂时”出发。

3050.3.5　对计时的抗议
对计时错误的抗议，必须在非正式成绩发表后 1 小时内，在官方揭示板上公布的指定地点提交。

3050.3.6　对误算、笔误的抗议
对于不是官员或者运动员违反规则，而只是单纯误算和记录笔误造成的成绩差错抗议时，可通过运动员所属协会，在竞赛开始日期一个月内用挂号信邮送到 FIS 自由式滑雪委员会。如证明成绩确实有误，将发布更正的成绩单，重新颁发奖品。

3050.3.7　对重新比赛的抗议
关于重赛的抗议必须在事发 15 分钟内向仲裁提出。

3050.4　申诉
参加由某国家雪协所属协会或俱乐部组织比赛的运动员，可向该雪协提出对仲裁人员所做决定的申诉。
运动员还可通过本国雪协对仲裁的判决向 FIS 申诉（参见规则 225 条款）。

3051 **Postponement or Cancellation of a Competition**

The Jury has the right to cancel an event or an entire competition.
The procedure to make-up the event (or competition) must be decided upon by the Jury immediately after the decision to cancel. If the competition cannot be conducted, then the TD must consult with the FIS to determine whether to make up the competition at a later date or permanently cancel the competition.
If a competition is cancelled or postponed, for whatever reason, notice must be given immediately by e-mail or telefax to the FIS Office and all nations concerned (see 214.3). If a competition is postponed, notice of the re-scheduled date and location must be circulated immediately. The re-scheduled competition shall be treated as a completely new competition (i.e.: entries can change, new start order, etc.).
The RD (if present) and TD can decide to interrupt or cancel a competition (wind, fog, avalanche, blizzard, etc.)
If a competition is to be made up, then the scheduling of the competition must not interfere with the time necessary to conduct any other competition. Under severe circumstances the Qualification may be eliminated and the Finals only may be conducted, provided the official practice time is available. (see 3060.2.4)

3054 **Competitor Responsibilities**

3054.1 Provide adequate accident insurance (see 212.4 and 3062.2)

3054.2 Must have a recognized binding system and ski stops in all competitions.

3054.3 Responsible for a thorough knowledge of the Rules, Regulations and Judging criteria; in addition to being familiar with the specific rules for Freestyle Skiing and with ICR section 200.

3054.4 Must attend each prize giving ceremony at which they are due to receive an award and must be properly wearing the correct bib. Also, winners must attend media functions. The prize giving ceremony time must be fixed in the official competitor information. However the competitor is not obliged to attend award ceremonies held on any day other than that on which the competition is completed.

3054.5 As a condition of and in consideration of their entries therein, all competitors and their parents or guardians shall be deemed, by signing the Athletes' Declaration, to agree to assume all risks of injury to the competitors' person and property resulting from, caused by or connected with the conduct and management of the competition and to release any and all claims which they may have against the officials, the host National Ski Association and the clubs or Organisers holding the competition and against their officers and their entries shall only be accepted on this condition.

3054.6 In all competitions, all competitors must wear helmets.

3055 **Did Not Start (DNS)**

DNS is imposed for each competitor who when listed on the start list for a round or phase, does do not start. When competitors receive a did not start (DNS), they will not be permitted to start (NPS) in the next phase.
(see 3057.11 and 3043.6.1)

3051 比赛延期或取消

仲裁有权取消某一项比赛或整个比赛。

取消比赛的时间应由仲裁在中止比赛后立即作出。如果比赛不能如期进行，技术代表需要与国际雪联确定恢复比赛的日期或永久取消比赛。如果比赛被取消或延期，不管出于什么原因，请注意立即通过电子邮件或传真给 FIS 办公室和所有相关国家(参见规则 214.3 条款)。如果比赛被推迟，应立即将新的比赛日期和地点通知下去，新安排的比赛相当于一次全新的比赛（如需要重新报名、重新确定出发顺序等）。竞赛主任（如果在场）和技术代表可以中断或终止比赛（由于风、雾、雪崩、暴风雪等原因）。恢复比赛要考虑其日程不能妨碍其他比赛。如果条件不允许，可以取消资格赛直接进行决赛，但前提是须有正式训练时间（参见规则 3060.2.4 条款）。

3054 运动员的责任

3054.1 要投入足够的意外事故保险。（见 212.4 和 3062.2 款）

3054.2 在所有项目中，运动员的滑雪板上必须安装安全固定器和止滑器。

3054.3 必须精通规则、规定、裁判标准。除了精通自由式滑雪规则，还应熟悉 200 款。

3054.4 必须出席颁奖仪式，必须端正地佩戴正确的号码布。优胜者必须出席新闻发布会。颁奖仪式必须在预先公告的固定时间进行，比赛没有进行完毕时举行的任何颁奖仪式运动员均有权不参加。

3054.5 运动员及其父母或者监护人，应在运动员宣言书上签字，同意和承担在比赛进行中发生的危害运动员人身和财产安全的可能性，并放弃向官员、主办国滑雪协会、俱乐部或组织者的诉讼权，只有在这种前提条件下方能允许运动员参加比赛。

3054.6 在所有比赛中，所有运动员必须佩戴头盔。

3055 未出发（DNS）

未出发实施是针对每个运动员当其在某轮或某阶段比赛出发顺序上没有出发。当运动员获得未出发判罚，他们将不允许在一轮出发（参见规则3.057.11 和 3043.6.1）。

3055.1 If a competitor does not start in the competition after the start list has been produced, the competitor shall receive no place in the competition.

3055.2 DNS shall be imposed for a competitor's Final run, if not starting in the Final, after performing the Qualification run. The competitor will receive the same place as a DNF in that phase.

3055.3 DNS shall be imposed for the second jump in Aerials, when a competitor performs a first jump but not a second. The competitor receives a rank based on the score for the first jump.

3055.4 In Dual Moguls or Ski Cross if a competitor, does not start in a phase other than his or her first phase they, shall receive DNS for that phase.

3055.5 In Dual Moguls and Ski Cross, if a competitor enters the course before the start command is completed pursuant to Rule 3043.4.4.1 and Rule 4507.7 respectively. DNS shall be imposed.

3055.6 A Ski Cross competitor who does not start (DNS) in any phase of the final, shall receive the last place in the ranking for that final phase. If two or more competitors DNS in a phase, they are ranked according to their qualification rank. A Ski Cross competitor who does not start in a subsequent phase shall receive the last rank of that phase.

3055.7 Not Permitted to Start (NPS)

A competitor will not be permitted to start (NPS) in any FIS International Ski competition who:

3055.7.1 wears obscene names and/or symbols on clothing and equipment (art. 206.4) or behaves in an unsportsmanlike manner in the start area (art. 205.5, 223.1.1)

3055.7.2 violates the FIS rules in regard to the FIS Specifications for Competition Equipment and Commercial Markings (art. 222 and 207)

3055.7.3 refuses to undertake a FIS required medical examination (art. 221.2)

3055.7.4 trains on a course closed for competitors

3055.7.5 did not participate in a training session by taking at least one training run

3055.7.6 does not wear a helmet that conforms to the Specifications for Competition Equipment or does not have ski brakes on their skis

3055.7.7 was disqualified, (DSQ / DIC / DQB) did not start (DNS) or did not finish (DNF) in the first run or first phase. In Ski Cross when No Qualification Modus is used, DNF in the first run or the first phase is handled as in the finals.

3056 Disqualifications (DSQ)

DSQ can be imposed for not complying with the Competitors' Responsibilities (see 3054) or with Joint Regulations for all Ski Competitions, Competitors' Obligations and Rights (see 205). All decisions concerning DSQ will be the responsibility of the Jury.

DSQ / DIC / DQB will appear on the Final result sheet but shall receive no numerical ranking.

3055.1　如果运动员在出发顺序表印制后未能出发，那么该运动员在这次比赛中没有排名。

3055.2　未出发将在决赛阶段实施，进入资格赛后，如果运动员在决赛轮未出发，那么该运动员将同未完成（DNF）一样获得相同的排名。

3055.3　在空中技巧比赛中，当运动员完成第一跳而在第二跳中未能出发时，根据第一跳的得分对该运动员进行排名。

3055.4　在双人雪上技巧比赛中，如果运动员不是在首轮比赛中未出发，那么该运动员在未出发的那轮比赛中被判未出发，并与失败者排名并列。

3055.5　在双人雪上技巧和障碍追逐赛中，如果运动员在发令前进入赛道，将完全根据规则 3043.4.4.1 和规则 4507.7 分别判罚。未出发将实施。

3055.6　在障碍追逐赛中，如果运动员在某一决赛轮比赛中未出发，那么该轮比赛名次排在最后。如果有两名或更多的运动员在某一轮比赛中未出发，那根据他们在资格赛中的成绩排名，如果运动员在下一轮比赛中未出发，那么该运动员此轮比赛排名最后。

3055.7　不允许出发（NPS）

一个在任何国际雪联比赛中不允许出发的运动员情况如下：

3055.7.1　运动员穿戴淫秽名字和符号的服装和装备（参见规则 206.4 条款）或在起点区行为举止有悖运动员精神（参见规则 205.5 和 223.1.1 条款）。

3055.7.2　违反国际雪联装备检查和商标规则（参见规则 222 和 207 条款）。

3055.7.3　拒绝国际雪联要求的医疗检查。

3055.7.4　在赛道上训练时离运动员太近。

3055.7.5　没有参加至少一轮的训练。

3055.7.6　违反竞赛器材规定，没有戴头盔，或者没有安装固定器。

3055.7.7　在第一轮或第一阶段被取消资格，（取消资格/故意冲撞/行为不端）未得分或未完成。在障碍追逐赛无资格赛方式时，第一轮或第一阶段直接当作决赛时未完成。

3056　取消资格

违反运动员的职责（规则 3054 款）和运动员的义务和权利（规则 205 款）时，均被取消资格。此类全部裁决均由仲裁委员会来决定。

运动员被判罚为取消资格/故意冲撞/行为不端后，在最后成绩中将没有名次排名。

When a DSQ / DIC / DQB is imposed on a competitor in the Final Phase, then the competitor shall receive no rank in the competition. All competitors from the Qualifications will move up a rank in the results list.
DSQ / DIC /DQB will be imposed:

3056.1 if a competitor submits any false information or enters a competition under false pretences.

3056.2 for violating the rules for start procedure, with the exception of "force majeure" as outlined in 3043.6.1.

3056.3 for violating any rules on equipment according to sections 3037; 4008.2; 4206.1; 4306.1 and 4511 and the FIS Equipment Rules, Section E.

3056.4 DQB (Disqualification for Behaviour) for unsportsman-like behavior.

3056.5 for attempting an Aerials manoeuvre for which the competitor has not been qualified.

3056.6 if not qualified according to 203 - Licences

3056.7 if a competitor alters a course or jump or trains on a closed course or does not stop, when flagged in ski cross.

3056.8 if a competitor accepts outside assistance of any form.

3056.9 if a competitor does not wear a helmet in training or competition.

3056.10 DIC (Disqualification for Intentional Contact) For intentional contact in Ski Cross (see 4508).

3057 Re-Runs

A Jury member can authorise a conditional re-run, on condition that the reasons for it are later confirmed.
The competitor may start in the middle of the interval between two successive competitors, immediately after reporting to the Starter, except where 3057.11 applies.
If the competitor has already been disqualified before the incident for which a re-run was granted, the re-run will not be valid.
A competitor may appeal to a member of the Jury for a re-run immediately after having been obstructed during his run; they must, however, leave the course as soon as possible. The following are considered acceptable circumstances:

3057.1 Obstruction by an official or a spectator.

3057.2 Obstruction by an animal.

3057.3 Obstruction by a competitor who has fallen and has not cleared the course on time.

3057.4 Objects on the course, such as ski poles abandoned by a competitor in a fall.

3057.5 First aid measures which obstructed the competitor.

3057.6 Failure of course to be properly maintained.

3057.7 Any other similar occurrences, outside the competitors' control, causing him to fall, slowing him down or lengthening his course, thus significantly influencing the result.

在最后一轮比赛中被判罚为取消资格/故意冲撞/行为不端的运动员在比赛中无排名。此轮比赛中该运动员后有资格的运动员名次均前进一名。

3056.1　不符合报名要求参赛或提供虚假信息情况。

3056.2　除遇“不可抗力”（参见 3043.6.1 条款）外，违反出发规定。

3056.3　违反规则 3037、4008.2、4206.1、4306.1 和 4511 款和国际雪联关于器材的规定。

3056.4　做出有违运动员道德的行为。

3056.5　做没有认定的空中技巧动作。

3056.6　不符合规则第 203 款——参赛资格许可证要求者。

3056.7　在封闭场地训练或私自改变线路或跳台。

3056.8　接受任何外来的帮助。

3056.9　在训练或比赛中不戴头盔。

3056.10　在障碍追逐赛中故意冲撞无效（参见规则 4508 条款）。

3057　重赛（Re-Runs）

只要事后原因可以被证实，仲裁有权行使重新比赛权。

重赛运动员向发令员报告后，可以插在其后两名运动员之间重赛，规则 3057.12 中情况除外。

运动员获得重赛权之前已被取消资格时，重赛资格无效。

运动员在比赛中自认为受到阻碍时应立刻离开比赛线路，并立即向仲裁报告，申请重赛。下列情况予以重赛：

3057.1　受到工作人员或观众阻碍时。

3057.2　受到动物阻碍时。

3057.3　受跌倒在线路上且没有及时离开的运动员阻碍时。

3057.4　受运动员下滑时丢下的滑雪杖等场地上障碍物阻碍时。

3057.5　因急救措施而受到阻碍时。

3057.6　线路整备不良时。

3057.7　其他类似情况，运动员无法控制且又造成运动员跌倒、减速或延长滑行线路，对其比赛成绩有很大影响时。

3057.8 Complete failure of timing systems. (see 3044.5)

3057.9 Failure of judges to observe competitors run.

3057.10 In the Aerials competition a re-run may be granted for loss of ski(s) after take-off and before landing. Only one such re-run shall be granted for each phase.

3057.11 In the Aerials competition, a competitor may, after starting down the inrun, stop and refuse to jump. However, a competitor may only re-start 1 (one) time in each phase. Each Form Judge shall deduct 0.5 points from the score achieved for that jump. If the competitor refuses more than once, a DNS will be issued to the competitor for that jump only.
A competitor awarded a re-start for this reason shall be re-inserted in the start order after the following three competitors in this phase (first or second jump). Should fewer than three competitors remain to jump in this phase, the re-starting competitor shall be inserted at the end of the list.

3057.12 If a competitor has correctly reported to the Starter but has not started by the end of the defined starting sequence (see 3043.4.2.4 – 3043.4.2.7), or starts and jumps after the end of the sequence, this shall be treated as a "balk" as described in 3057.11. The same score penalties shall apply and, if the competitor has not started, the re-run shall be implemented immediately.

3058 Did not Finish (DNF)

A DNF classification in the qualification phase will receive and be listed with no rank on the result list.
When competitors receive a did not finish (DNF) and are not ranked, they will not be permitted to start (NPS) in the next phase.
All decisions concerning DNF will be the responsibility of the Jury.
The competition officials may impose a ruling entitled "Did Not Finish" (DNF) for any infractions listed below. This list does not restrict the ruling of the officials for any infraction, which may occur and is not listed below. DNF may be imposed:

3058.1 For loss of ski(s) any time before landing, during the Aerials competition, if a re-run has already been granted for the same reason for that particular phase (see 3057.10).

3058.2 For skiing out of the course boundaries in Moguls and Ski Cross, which includes not crossing the gate line or the finish gate. In Dual Moguls, crossing the middle line of the course. A competitor shall be deemed to have crossed the middle line if both feet cross the line.

In the Ski Cross qualification or the final if a competitor misses a gate (4501.2.5), he must no longer continue through further gates and must move off the course and is not allowed to go back.

3058.3 For upgrading an Aerials flight plan after the competitor has left the starting gate.

3058.4 For announcing and performing identical Aerials manoeuvres (4008.5).

3058.5 For a competitor's Final run, if not starting in the Finals after performing the Qualification run.

3058.6 For loss of ski(s) or stopping for more than 10 seconds during the Mogul or Dual Moguls competition (4206.2.1, 4306.2).

3057.8 完全因为计时系统错误（参见规则 3044.5 条款）。

3057.9 裁判员观察失误。

3057.10 空中技巧比赛中，运动员起跳后至着陆前雪板脱落；此类情况每轮比赛只允许重赛 1 次。

3057.11 空中技巧比赛中，运动员可以滑下助滑坡后停止或拒绝起跳，但每名运动员在每轮比赛中只允许重赛 1 次，每名裁判员将从空中动作分扣除 0.5 分，如果运动员拒绝重赛超过两次，则运动员该跳动作将按不得分处理。

由于这种原因，被允许重新出发的运动员将被安插在该轮比赛（第一跳或第二跳）其后三名运动员之后出发。如果本轮次剩余不足三名运动员，重新出发的运动员被安排在最后出发。

3057.12 如果运动员向发令员报告正确，但最后也没有按确定的顺序出发（参见规则 3043.4.2.4—3043.4.2.7），或者在最后出发，这些将依据规则 3057.11 条款认定为“错误”，如果运动员没有出发，则立即按重赛规则同理执行判罚。

3058 未完成（DNF）

资格阶段的未完成将导致最后成绩单上无排名。

当运动员得到未完成的判罚和没有排名的结果，他们将不允许进入下一轮比赛。所有的不得分判罚均由仲裁负责。

赛事官员将对下列违规条例执行“未完成”（DNF）判罚。下述例子并不是对违规事件的加重处罚，包括发生且不其中的事件。执行不得分判罚事例：

3058.1 空中技巧比赛时，运动员已经在特定比赛阶段进行重赛，着陆前雪板脱落一只或两只（参见规则 3057.10）。

3058.2 雪上技巧和障碍追逐赛中，运动员滑出赛道边界，包括没有穿越过旗门线和终点线。双人雪上技巧比赛运动员跨过赛道中线。如果运动员双脚都越过了线，则被视为越过中线。

3058.3 运动员离开出发门且升级了空中技巧的难度动作。

3058.4 申报和完成了同一空中技巧动作（参见规则 4008 条款）。

3058.5 运动员经过资格赛后，在决赛轮未出发。

3058.6 雪上技巧和双人雪上技巧运动员雪板脱落一只或双板以及停止超过 10 秒钟。

3058.7 for an Aerial jump score, if the jump is not performed.

3058.8 In case when "No Qualification Modus" is used in Ski Cross, DNF is handled as in the finals.

3059 Passage across the Gate Line

3059.1 A gate must be passed according to art. 3059.2.

3059.2 A gate has been passed correctly when both ski tips and both feet of the competitor have crossed the gate line. If a competitor loses a ski, without straddling a gate, then the tip of the remaining ski and both feet must have crossed the gate line. Wherever two gates are set, the gate line is the imaginary shortest line between the two turning polesWherever a turning gate only is set, the gate line is the extension into the course of the line formed by the outside pole of the gate to the turning pole. (see drawing)

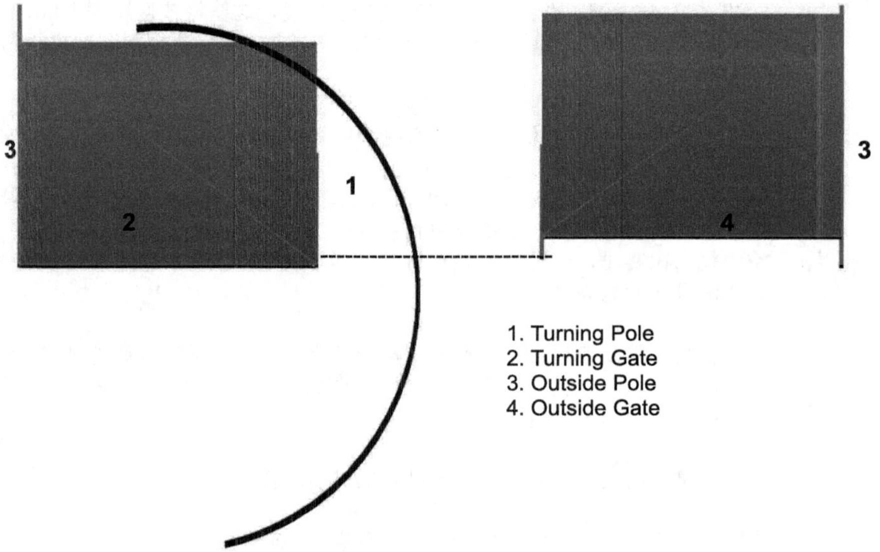

1. Turning Pole
2. Turning Gate
3. Outside Pole
4. Outside Gate

3059.3 Requirements after a Gate Fault
If a competitor misses a gate, they must no longer continue through further gates.

3060 Competition Protocol

3060.1 **Definition of Competition**
Freestyle competitions consist of the following events:
- Aerials AE
- Dual Moguls DM
- Moguls MO
- Ski Cross SX
- Ski Halfpipe HP
- Ski Slopestyle SS
- Ski Big Air BA

3058.7　空中技巧的跳跃动作没有完成。

3058.8　障碍追逐赛如果无资格赛方式，决赛中执行未得分判罚。

3059　通过旗门线

3059.1　一个旗门必须依据规则 3059. 2 通过。

3059.2　运动员正确通过一个旗门，双板尖和双脚都通过旗门，如果运动员脱落一只雪板，未跨过旗门，则保持板尖和双脚通过旗门线。无论在哪里设置两个旗门，旗门门线都是在两个旋转杆之间的假想的最短路线，无论在哪里设置一个旋转门，旗门线就由旗门的外侧杆极到旋转杆形成的直线延伸。(见图纸)

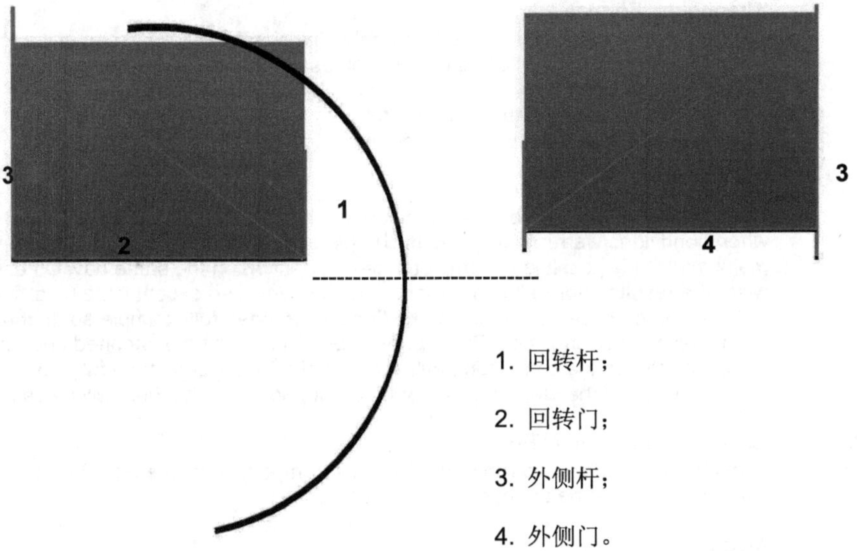

1. 回转杆；

2. 回转门；

3. 外侧杆；

4. 外侧门。

3059.3　旗门故障的要求
如果运动员漏掉一个旗门，则他们将不能再继续通过其他旗门。

3060　竞赛协议书

3060.1　竞赛的定义

自由式滑雪比赛有下列项目：

——空中技巧　AE；
——双人雪上技巧　DM；
——雪上技巧　MO
——障碍追逐　SX
——U 型场地技巧　HP
——坡面障碍技巧　SS
——大跳台　BA

Freestyle competitions must provide the opportunity for both ladies and men to compete.

3060.2 Competition Procedures

In all International FIS authorized competitions (see 3043.8) there will generally be:

3060.2.1 Competition Format

- A Qualification Phase consisting of one or more rounds (beginning with one run for all competitors);
- A Final Phase consisting of one or more rounds.

3060.2.2 Reverse Order for Final

In the Finals, the qualifying competitors will start in reverse order or be set into groups, based on their ranking from the Qualification results. Results from the Qualifications do not carry over into results from the Finals.

3060.2.3 Altering the Formats

- The Jury may alter the format to be only Finals in the following circumstances:
- the number of competitors is equal to or less than the size of the normal Final field for that event.
- inclement weather or snow conditions.
- any other adverse conditions which may require a shortened program.

3060.2.4 Interruption of Competition

If there is an interruption of a competition, the competition should be resumed when conditions warrant. The results completed before the interruption will remain valid if it is possible to complete the competition on the same day. Otherwise, the results prior to the interruption will be cancelled except if the Qualifications or some phases or rounds of the finals have been fully completed. In that case, only the uncompleted Finals phases or rounds will be postponed but must be completed on the same competition site. If the Finals cannot be fully completed, the results of the Qualifications or different phases of the Final will be valid.

3060.2.5 Schedule approval by FIS

If an Organiser wishes to run more than one competition in one day, the competition program must be approved by the FIS.

3060.2.6 Moguls

In the Moguls competition, all competitors will take at least one run. The qualified ladies and men, as specified in rule 3043.8 shall move to the Finals. There can be more than one round in the qualification (Q) and final (F) phases.
Based upon the results of the qualification round (Q1), a set number of competi-tors will be directly seeded into the final. An optional, 2nd qualification round (Q2), based upon the ranking of the competitors remaining from Q1 will take part in Q2. In Q2 an equal number of competitors from the Q1 will be seeded into the final. The ranking after Q2 is based upon the better score from Q1 or Q2.
In the final phase, there can be two or three rounds depending on the level of competition. The top seeded competitors from the qualification phase will com-pete in the first round of the final (F1). A limited number of the highest ranked competitors from that round will proceed to the second round (F2). If a third final round is scheduled, the highest ranked competitors from F2 will compete in that round, otherwise, F2 becomes the final round. The numbers that are to compete in the various rounds at different levels of competition are defined by the following table.

自由式滑雪比赛必须为男子和女子提供同样的比赛。

3060.2　竞赛程序

在所有国际雪联授权的国际比赛中（参见规则 3043.8 条款），一般包括：

3060.2.1　比赛形式

——资格赛由一轮或多轮组成（一轮比赛包括所有运动员）。
——决赛由一轮或多轮组成。

3060.2.2　决赛逆序出发

在决赛中，有资格参赛的运动员按其资格赛中取得的成绩排名顺序的逆序出发或分组。资格赛的成绩不计入决赛成绩当中。

3060.2.3　改变比赛形式

在下列情况下，仲裁可以改变比赛形式，决定直接进行决赛：
——参赛运动员数量等于或少于参加决赛的人数时。
——天气恶劣或雪质太差。
——出现需要缩短比赛程序的任何其他不利条件时。

3060.2.4　比赛中断

比赛中断时，一旦条件允许应立即恢复比赛。 如果比赛有可能在同一天结束，中断前的成绩仍然有效。除非资格赛已经结束，否则将取消中断前的成绩。这样决赛只能被推迟或重赛，但必须在同场地进行决赛。如果不能进行决赛，那么资格赛成绩就是决赛成绩。

3060.2.5　国际雪联批准比赛计划

如果组织者希望在一天中进行一个项目以上的比赛，那么该比赛日程必须由国际雪联批准。

3060.2.6　雪上技巧

雪上技巧比赛，所有运动员必须参加至少一轮比赛。资格赛男女依据规则 3043.8 条款进入决赛。这样就不止车轮的资格（Q）和决赛阶段（F）基于资格赛第 1 轮（Q1），一部分运动员直接进入决赛。第 2 轮（Q2）资格赛，基于第 1 轮资格赛排名，剩下运动员将进入第 2 轮资格。在第 2 轮资格赛，等同于第 1 轮资格的运动员进入决赛；第 2 轮资格赛后的排将基于第 1 轮和第 2 轮成绩异者。决赛阶段，将依据比赛级别进行两轮或三轮的比赛。资格赛阶段名次列前的选手将参加决赛第 1 轮比赛（F1）；第 1 轮决赛中一定数量的高分排名者将进入第 2 轮（F2）决赛；如果有第 3 轮决赛，第 2 轮决赛中高分数者入围第 3 轮决赛，否则，第 2 轮就是最终决赛。在不同级别赛事中的不同轮次数量由下表所决定。

		Q1	Q2	F1	F2
WC	Ladies	N	20	12-16	6
	Men	N	20	12-16	6

		Q1	Q2	F1	F2
WSC	Ladies	N	N-9	18	6
	Men	N	N-9	18	6

		Q1	Q2	F1	F2	F3
OWG	Ladies	N	N-10	20	12	6
	Men	N	N-10	20	12	6

3060.2.7 Dual Moguls

Dual Moguls is either a series of one-run duals or a Single Qualification and with a Dual Final. In the Final, the winner of each phase advances to the next phase. Ultimately, the last two remaining will ski against each other for first place.

3060.2.8 Aerials

In Aerials, several formats may be used: the Final, the Standard, the Short or the Championship. There are two options for the Final phases in the Final format. For all formats, the start list for the first phase shall be determined by a random draw. In all formats, at least one phase must be completed for the results of the compe-tition to be valid.
The start order for the second phase(s) may be in reverse order of the results of the first phase.

If a phase or rounds in a phase cannot be completed, then the results from the most recently completed or rounds in a phase shall be valid.

3060.2.8.1 Final Format

In the Final format, all competitors shall compete in a Qualification phase consisting of one or more rounds. There can be two options for the Final phase. In the first option, after the Qualification phases, the top 12 ladies and top 12 men shall advance to the Final phases. The finalists will take one additional jump and these results shall be added to those from the first phase. The remainder of the field will be ranked according to the results in the Qualification phase. In the Final phase, the competitors shall run in reverse order of the placing in the Qualification phase.
In the second option, the top 8 competitors from the Qualification will be seeded into the Final, which will consist of a series of elimination heats, semifinal phases and Final phases.
In each phase, there is a series of heats with a pairing of two competitors. The start order of the Final phase will be based upon the Qualification results and the results of each heat. The winner of each heat will advance into the next phase and eventually the winner will be determined in the Final heat.
In each heat, the competitor with the higher score will advance to the next phase and be paired against a competitor from other heats based upon a ladder.

3060.2.8.2 Standard Format

In the Standard format, a decreasing number of competitors will proceed into the next rounds and phases. If the second phase cannot be completed then the results from the first phase will be valid.

		资格赛1	资格赛2	决赛 1	决赛 2	
世界杯	女子	N	20	12-16	6	
	男子	N	20	12-16	6	
		资格赛1	资格赛2	决赛 1	决赛 2	
世界锦标赛	女子	N	N-9	18	6	
	男子	N	N-9	18	6	
		资格赛1	资格赛2	决赛 1	决赛 2	F3
奥运会	女子	N	N-10	20	12	6
	男子	N	N-10	20	12	6

3060.2.7　双人雪上技巧

双人雪上技巧要么是一轮的双人雪上对抗，要么是单人资格赛和双人雪上技巧决赛。在决赛中，每组胜者进入下一轮，最终，余下的两个人争夺第一名。

3060.2.8　空中技巧

在空中技巧比赛中可有多种比赛形式：决赛形式，标准形式，短的锦标赛形式。在决赛形式中的决赛阶段有两种方案。针对所有比赛形式，第一阶段的出发顺序由随机抽签决定。

在所有比赛形式中，至少有一个阶段的比赛成绩是有效的。

第二阶段的出发顺序按第一阶段的成绩的逆序进行。

如果一个阶段或轮次的比赛不能完成，则最近轮次的比赛成绩必须有效。

3060.2.8.1　决赛形式

在决赛形式中，所有运动员必须参加一轮或多轮的资格赛。在决赛阶段有两种设置。第一种设置，资格赛后男女各前 12 名进入决赛；参赛决赛选手将再进行一跳，所得成绩与第一阶段成绩相加排名。其余运动员按资格赛成绩排名。决赛阶段，运动员按资格赛排位逆序出发。

第二种设置，资格赛前 8 名选手直接进入决赛，决赛轮包括一系列淘汰赛、半决赛、决赛。

每一阶段，有一系列对抗赛对比两名选手成绩，决赛阶段出发顺序依据资格赛成绩和每轮对抗赛成绩。每轮对抗赛胜者进入下一阶段，最终胜者由最后的对抗赛决定。

每一轮对抗赛，成绩高者将晋级下一阶段和与其他轮对抗赛晋级者配对对抗。

3060.2.8.2　常规赛形式

在常规赛形式中，运动员逐渐递减进入到下一轮或阶段，如果第二阶段比赛无法完成，则第一阶段成绩必须有效。

There can be more than one round in the Qualification (Q) and Final (F) phases. If only one Qualification round is to be run, all the competitors in the Final shall be determined from the results of that Qualification round. If a second Qualification round (Q2) is to be run, half the field for the Final shall be filled from the highest ranked in the first round (Q1); then a second Qualification round (Q2) shall be run. The ranking after Q2 is based upon the better score from Q1 or Q2.
In the Final phase, there can be two or three rounds depending on the level of the competition. The top seeded competitors from the Qualification phase will com-pete in the first round of the Final (F1). A limited number of the highest ranked competitors from that round will proceed to the second round (F2). If a third Final round is scheduled, the highest ranked competitors from F2 will compete in that round; otherwise, F2 becomes the Final round. The numbers that are to compete in the various rounds at different levels of competition are defined by the following table.

		Q1	Q2	F1	F2	F3
WC	Ladies	N	N-6	12	6	
	Men	N	N-6	12	6	

		Q1	Q2	F1	F2	F3
WSC	Ladies	N	N-6	12	9	6
OWG	Men	N	N-6	12	9	6

3060.2.8.3 Short Format
In the Short Format, there shall be no Qualification phase and each competitor shall make two jumps in the Finals. The competitor's score is the sum of the scores of both jumps. This format is not to be used at World Cup or Major Com-petitions. In the Short Format, if the competition is halted after the first round of jumps, the results from that round shall constitute the final results for the competi-tion.

3060.2.8.4 Championship Format – Major Competitions
In the Championship format, all competitors shall compete in a Qualification phase consisting of two rounds. The qualified competitors as specified in rule 3043.8 will move to the Finals. These finalists shall each have three rounds in the Finals. In the Finals, the competitors shall run in reverse order of the placing in the Qualification phase. The remainder of the field will be ranked according to the results in the Qualification.

3060.2.8.5 Major Competition Format
World Ski Championships and Olympic Winter Games shall use the Champion-ship format.
If either a Championship format Qualifications and Finals or two different Stand-ard or Final competitions are scheduled, they may be held over two days (e.g.: Qualifications on one day, Finals on another day).

3060.2.9 Ski Halfpipe, Ski Slopestyle and Ski Big Air
The Ski Halfpipe, Ski Slopestyle and Ski Big Air competition shall consist of Qualifications and Final with or without a Semi-Final. The Jury can determine the format, based on the number of competitors in the qualification by gender and time schedule. This decision must be made before and announced at the first Team Captains' Meeting.

Qualification phases shall consist of two runs; the competitor's best single run shall count. Finals shall consist of qualified competitors. If Semi-Finals

因此，在资格赛（Q）和决赛（F）中将有不止一轮比赛。如果资格赛仅有一轮，所有运动员的决赛成绩由资格赛成绩决定。如果进行第2轮（Q2）资格赛，且第1轮资格赛（Q1）高排名者达到决赛人数的一半，则进行第2轮（Q2）资格赛。第2轮（Q2）资格赛后排名基于第1轮和第2轮资格赛成绩。决赛阶段，将依据赛事级别有两轮或三轮比赛。资格赛成绩靠前者将参加决赛第1轮（F1）比赛，一定数量的成绩高排名者进入决赛第2轮（F2）。如果有决赛第3轮，则第2轮成绩高排名者参加第3轮比赛，否则，决赛第2轮比赛就是最终决赛。在不同级别赛事中的不同轮次数量由下表所决定。

		资格赛1	资格赛2	决赛 1	决赛 2	决赛3
世界杯	女子	N	N-6	12	6	
	男子	N	N-6	12	6	
		资格赛1	资格赛2	F1	F2	F3
世界锦标赛	女子	N	N-6	12	9	6
奥运会	男子	N	N-6	12	9	6

3060.2.8.3　短形式

在短形式中，没有资格赛，每名运动员在决赛中共计两跳。运动员成绩是两跳之和。这种形式不常在世界杯或主要赛事中使用。在短形式中，如果比赛在第一轮后中止，则该轮成绩就成为最终比赛成绩。

3060.2.8.4　锦标赛形式——重大比赛

在锦标赛形式中，所有运动员参加两轮资格赛，遵照规则3043.8条款有资格的运动员进入决赛。在决赛中，运动员按资格排名逆序出发，其他的运动员将按资格赛成绩排名。

3060.2.8.5　重大比赛形式

世界锦标赛和和冬奥会采用此种形式。如果采用锦标赛形式资格赛和决赛或两个不同的常规赛形式或决赛形式，赛事必须两天内结束（资格赛一天，决赛在另一天）。

3060.2.9　U 型场地技巧、坡面障碍技巧和大跳台

U 型场地技巧、坡面障碍技巧和大跳台的比赛由资格赛和没有半决赛的决赛构成。基于运动员数量、性别和时间由仲裁将决定比赛形式，此决定必须在第1次领队会前宣布。

资格赛包括两轮；运动员最好单人成绩，决赛包括有资格的运动员，如果半决赛不在其中，则每轮对抗赛中等量的高排名运动员进入决赛。

are not included, equal numbers of the highest-ranked competitors from each Heat shall proceed to the Final.

3060.2.9.1 For Ski Halfpipe, Ski Slopestyle and Ski Big Air, the Final consists of two (2) or three (3) runs. The start order for the final run shall be the reverse of the ranking from the qualification.

Men
45 or less a 10 men final with best scores of 3 runs
46-60 a 12 men final with best scores of 3 runs
61+ a 16 men final with best scores of 2 runs

Ladies
30 or less: a 6 ladies final with best scores of 3 runs or best score of 2 runs if the men's final field is 16 men
31+ and 8 ladies final with best score of 2 runs or best score of 3 runs if the men's final field is 10 men

3060.2.9.2 Competition format with Semi-Final
2-Heat format: The top three Men and the top two Ladies from each Heat shall proceed straight to the Final (6 Men, 4 Ladies). The next six Men and the next three Ladies from each Heat shall proceed to the Semi-Final (12 Men, 6 Ladies).

3-Heat format: The top two Men and the top Lady from each Heat shall proceed straight to the Final (6 Men, 3 Ladies). The next four Men and the next two Ladies from each Heat shall proceed to the Semi-Final (12 Men, 6 Ladies).

The Semi-Final shall consist of two runs; the competitor's best run shall count. The top six Men shall proceed to the Final. In the 2-Heat format, the top two Ladies shall proceed to the Final; in the 3-Heat format, the top three Ladies shall proceed to the Final. The Final shall consist of two runs; the competitor's best run shall count. For start order, see 3060.2.2.1.

3061 Accidents

3061.1 The FIS and the host nation organising the competition undertake no responsibility for damages or injuries suffered by the competitors.

3061.2 FIS is to be notified in writing of any accidents or injuries in full detail. These must be reported by the TD (see 3030.7).

3062 Insurance

3062.2.1 Host Nation
The host nation for a FIS authorized competition, is responsible for providing adequate comprehensive liability insurance coverage for the competition and all aspects of competition. See Rules 212.1 to 212.3.

3062.2.2 CompetitorsSS
With the issuance of a licence and competition entry the National Ski Association confirms that valid and sufficient accident insurance for training and competition is in place for the competitor and assumes full responsibility.

如果半决赛不在其中，则每轮对抗赛中高排名运动员进入决赛。

3060.2.9.1　U 型场地技巧、坡面障碍技巧和大跳台比赛中，决赛包括 2 轮或 3 轮，决赛时的出发顺序按资格赛排名逆序。

男子
45 人或更少的人，10 人决赛中，3 轮最好成绩；
46~60 人，12 人决赛中，3 轮最好成绩；
61人以上，16 人决赛，2 轮最好成绩。

女子
30 人或更少的人：如果男子决赛是 16 人的话，女子 6 人决赛，3 轮最好成绩或 2 轮最好成绩。
大于 31 人，如果男子决赛是 10 人的话，女子 8 人决赛，2 轮最好成绩或 3 轮最好成绩。

3060.2.9.2　半决赛比赛形式
2 轮对抗赛形式：每轮对抗赛最好的 3 男和 2 女直接进入决赛（6 男，4 女）；接下来 6 男和 3 女从每轮对抗赛中晋级半决赛（12 男、6 女）。
3 轮对抗赛形式：每轮对抗赛最好的 2 男和 1 女直接进入（6 男，3 女）；接下来 4 男和 2 女从每轮对抗赛中晋级半决赛（12 男、6 女）。

半决赛包括 2 轮；运动员最好成绩将被记录；最好的 6 人进入决赛；在 2 轮对抗赛形式中，最好的 2 名女选手进入决赛；3 轮对抗赛形式，最好的 3 女进入决赛。决赛包括两轮；运动员最好轮次成绩被记录在，出发顺序参见规则 3060.2.2.1。

3061　事故

3061.1　国际雪联和比赛的承办国对参赛运动员所受损害或伤害不负任何责任

3061.2　技术代表必须将任何事故或伤害以书面形式报告给国际雪联（参见规则 3030.7 条款）。

3062　保险

3062.1　承办国

国际雪联授权的竞赛承办国有责任对比赛和比赛各方提供全面、足额的责任险，参见规则 212.1 至 212.3。

3062.2　运动员
通过发出的许可证和竞赛报名单，国家滑雪协会为运动员在训练和比赛中投放有效和足够的意外事故保险并承担所有责任。

3065 Organisational Meetings

3065.1 Team Captains' Meeting

The Team Captains' meeting will be held according to 216 of the Joint Regulations for all Ski Competitions. The purpose of the Team Captains' meeting is to provide detailed information concerning competition procedures and activities, determine bib draws, gather competitor licences and qualifications and handle all necessary organisational matters.

It is then the responsibility of the representative Team Captains to communicate this information to their respective participants. The Team Captains' meeting shall be attended by the Race Director (if appointed) Head Judge, TD, Chief of Competition and Chiefs of Course and all important competition officials. This meeting shall be chaired by the Chief of Competition from the host nation.

3065.2 Organisation Committee Meetings

At FIS authorized competitions there should be several organisational meetings preceding and possibly during the competition. It is the responsibility of the Chief of Competition to call all necessary organisational meetings and to inform the key individuals involved in the competition, so that they may attend.

Further, the results of these meetings should be minuted and published to the key individuals involved in the competition that may or may not have been able to attend. It is the responsibility of the Chief of Competition to communicate the essential information concerning the competition so that all parties may be reason ably informed.

3065.3 Judges' Meetings

The Head Judge for the competition will be responsible for conducting a judges' meeting prior to the first day of competition. It is highly recommended that the judge's meetings commence at least one day prior to the first day of competition. The Head Judge will be responsible for the organisation of the meetings.

3065.3 Jury Meetings

The Jury for a competition will meet at least once before the first Team Captains' meeting. The Jury must also meet once before official training, in order to do an official course inspection. The Head of the Jury will act as Chairman in all meetings of the Jury.

3065　组织会议

3065.1　领队会议

根据自由式滑雪竞赛总则 216 条款的规定召开领队会议。领队会议的目的是提供与参赛会有关的一切详细情况，包括比赛程序和活动、出发顺序抽签、审查运动员参赛资格、研究一切有关竞赛组织中的必要问题等。

领队的责任是将这些精神传达给本国运动员。出席领队会议的人员有竞赛主任（如果任命）、裁判长、技术代表、竞赛长、线路长及所有主要竞赛负责人，会议由承办国的竞赛长主持。

3065.2　组委会会议

国际雪联授权的竞赛在赛前和赛中均要召开几次组委会会议。组委会会议应由承办国的竞赛长负责召集有关人员参加。如果必要，可能知与比赛有关的负责人以便他们可以参加会议。

此外，这些会议的结果应有记录并通报给出席或未参加会议的主要竞赛负责人。竞赛长有责任将与竞赛有关的必要信息传达给所有参与比赛的团体。

3065.3　裁判长有责任在比赛前一天召开裁判员会议。特别建议裁判员会议至少在赛前开始前一天召开。裁判长负责会议的组织。

3065.4　仲裁会员会议

在第一次领队会议前，赛事的仲裁委员会要至少召开一次仲裁委员会议。为视察线路，在正式训练之前也要召开一次会议进行研究。仲裁长作为主席主持仲裁会议。

3rd Section

4000 Aerials

4001 Definition

Aerials competitions shall consist of different acrobatic jumps, stressing takeoff, height and distance (referred to as "air"), proper style, execution and precision of movement (referred to as "form" and "landing"). For specific competition proce-dures, see 3060.2、3060.2.3

4002 The Aerials Site

4002.1 Joint Regulations for Ladies' and Men's Aerials Sites

4002.1.1 Aerials sites for World Ski Championships, Olympic Winter Games and international competitions included in the FIS Calendar must be approved and homologated by the FIS.

4002.1.2 General Characteristics of the Aerials Site

The Aerials site must be constructed specifically according to the specifications contained in the FIS Freestyle Course Standards Manual. The course shall be properly prepared and free of all visible and known hazards. All measurements taken are in degrees as opposed to percentages.

4002.1.3 Layout of the Aerials Site

4002.1.3.1 Construction of Aerials Site

Aerials sites should be constructed out of earth in the off-season. If this is not practical, then a suitable natural location should be chosen. In order to ensure the correct facility is available this construction should precede the competition by a minimum of three weeks.

Artificial surfaces can be used along with snow for parts on the inrun and the takeoff.

Standards for Aerial ramp constructions.

Element	Length (m)	Width (m)	Angle (°)
Inrun	70	14	25
Table	21	14	0
Landing	25-30	18	38
Outrun	25	22	0

4002.1.3.2 Location of Aerials Site

The Aerials site shall be located where spectators can have easy access, where facilities and services are located nearby and if possible, where snowmaking can service the site.

4002.1.3.3 Start and Finish Area

The Aerials site should not have any obstacles or obstructions that will cause any inconvenience or difficulty for the competitor. There should be ample space available in the Start and Finish area for the competitors.

第三部分

4000　空中技巧

4001　定义
空中技巧比赛包括不同的特技动作。重点在于起跳、高度和距离（即“腾空”）、姿势正确、动作完成及准确性（即“动作”和“着陆”姿势）。规定参照规则 3060.2、3060.2.3 款。

4002　空中技巧场地

4002.1　男女空中技巧场地通则

4002.1.1　世界滑雪锦标赛、冬季奥运会和国际雪联日程上安排国际比赛的空中技巧场地，必须是国际雪联证的并有国际雪联认证书的场地。

4002.1.2　空中技巧场地一般特点
必须以国际雪联自由式滑雪竞赛场地细则所规定的条款为依据进行设置。场地需精心准备且没有任何可见和已知的危险物。其测量以度数代替百分比。

4002.1.3　空中技巧场地设计

4002.1.3.1 空中技巧场地的施工
场地必须在无雪期用泥土建筑。如不可行应选择适当的自然场地，为使各种设施符合标准，场地最迟要在赛前 3 周建成。

起跳和助滑道等部分场地人造表面必须覆盖积雪。

空中技巧场地施工标准：

元素	长度 (m)	宽度 (m)	角度 (°)
过渡区	70	14	25
平面	21	14	0
着陆	25	18	38
终点区	25	22	0

4002.1.3.2 空中技巧场地的位置
空中技巧场地的位置应考虑观众的出入方便，应设在其附近有设施和服务场所的地方，有条件尽可能设置人工造雪机。

4002.1.3.3 起点和终点区
在空中技巧场地上不能有对运动员安全不利或带来阻碍的障碍物。为发挥运动员的技术水平，起点和终点应选择在运动员能完成动作的开阔地带。

4002.1.3.4 Lift at Aerials Site
The Aerials site must be serviced by uphill transportation with a minimum capacity of 150 persons per hour. This transportation must cover a minimum distance from the finish area to the knoll. The maximum turnaround time for this transportation system must be no more than 10 minutes.

4002.1.3.5 Velocity Indicator
Velocity indicators must be provided at all Aerials sites. The display must be located on the Judges' Stand and must be readable from the table area and be expressed in kilometers per hour. The measurement must be taken at the transition between the inrun and the table according to the FIS Freestyle Course Standards Manual.

4002.1.3.6 Inrun Markers
Twenty (20) markers at two-meter intervals, must be placed on the side of the inrun, in a straight line ending approximately 20 meters above the transition.

4002.1.3.7 Wind Indicators
Three (3) wind indicators shall be placed on the Aerials site, one at the start and two on the knoll. The wind indicators on the knoll are to be located on the top front side of the judges' stand and the other side of the knoll. The wind indicators are to be made of a brightly colored plastic material being 1 meter long by 5cm wide.

4002.1.3.8 Wind Measurements
The Aerials site must have a series of anemometers that measures the wind speed in meters per second. Measurements are to be taken on the knoll, the inrun and finish area.

4002.1.3.9 Notice Board
A Notice board must be located at the Aerial Judges' Stand.
The unofficial results will be updated on the official Notice Board on an on-going basis.

4002.1.4 Preparation and Inspection of the Aerials Site

4002.1.4.1 The Aerials site shall be completely prepared for jumping at least three days before the Aerials competition and must then be available for training.

4002.1.4.2 Before training begins on the first official training day, the competitors and Jury must inspect the course. The Jury shall determine the time of inspection.

4002.1.4.3 Immediately after this inspection the TD and other members of the Jury shall be available at the outrun to receive requests and suggestions from the competitors and trainers regarding the Aerials site.

4002.1.4.4 Notification must be sent to an organising committee by a National Ski Association at least 2 weeks prior to the date of the competition, requesting that a Floater be built. If no request is received, jump site construction will conform to the Mean Standards for Aerials sites as stated in the FIS Freestyle Course Standards Manual.

4002.1.5 Official Training

4002.1.5.1 The official training for the Aerials competition is an inseparable part of the competition. The competitors are required to participate.

4002.1.3.4 空中技巧场地索道

空中技巧场地必须提供上山的交通设备，每小时至少运输150人。该交通设施至少应从终点区至过渡区，往返运转时间至多不超过10分钟。

4002.1.3.5 速度测量仪

所有空中技巧场地必须提供可从过渡区看到的速度测量仪，测量仪安置在裁判席处，用公里/小时显示。根据国际雪联自由式场地标准手册规定测量必须在助滑道至过渡区交界处进行。

4002.1.3.6 助滑道标志物

在过渡区20米以上的助滑道两侧每隔2米插1个标志物，共插20个。

4002.1.3.7 风向标

空中技巧场地须有三个风向标，起点安置一个，在平台区安置两个。平台区上的两个风向标，一个安置在裁判席的前上方，另一个安置在平台区的另一侧。风向标应为长1米宽5厘米由颜色艳丽的彩色塑料物质制成。

4002.1.3.8 风速测量仪

空中技巧场地必须安有一系列的风速表，以米/秒为单位测量风速。在平台区、助滑道和终点区都要测量风速。

4002.1.3.9 公告栏

公告栏必须位于裁判区。

非官方成绩将在官方公告栏上不断更新。

4002.1.4 空中技巧场地的准备与检查

4002.1.4.1 空中技巧场地至少在竞赛开始前3天一切准备就绪并可以进行正式训练。

4002.1.4.2 在正式训练的前一天，运动员和仲裁委员会必须检查场地。具体时间由仲裁会决定。

4002.1.4.3 检查场地后，技术代表和其他仲裁委员在现场出口处听取运动员和教练员对空中技巧场地的要求和建议。

4002.1.4.4 如果某国代表团需要非空翻跳台，至少在赛会前两周，通过本国雪协向承办地组委会提交申请建造非空翻跳台的建议书。组委会如果没有收到这种“建议书”，则依据国际雪联自由式竞赛场地细则规定的规格修建跳台。

4002.1.5 正式训练

4002.1.5.1 正式训练是空中技巧项目比赛不可或缺的部分，运动员必须参加。

4002.1.5.2 The official training shall ideally encompass at least three days before the competition, although not necessarily consecutively.

4002.1.5.3 The official training shall be a minimum of one-day (two hours of actual jumping time).

4002.1.5.4 The entire facility must be properly prepared and have proper medical services available during official training.

4002.1.5.5 Competitors not wearing their bibs will not be allowed to participate during official training. Bibs must be easily visible.

4002.1.5.6 On the Aerials competition day the competitors are allowed two hours of training before the competitions begin. The Jury may reduce this to one hour.

4003 Scoring

A split scoring system will be used at all Aerials competitions. Refer to FIS Freestyle Judging Handbook, 6003 Scoring procedures.
The competitors acrobatic skiing will be judged on three basic components as follows

4003.1 Air; consisting of 20% of the score
Definition see: FIS Freestyle Judging Handbook 6004.1.

4003.2 Form; consisting of 50 % of the score
Definition see: FIS Freestyle Judging Handbook 6004.2.

4003.3 Landing; consisting of 30% of the score
Definition see: FIS Freestyle Judging Handbook 6004.3.

4004 Scoring Procedures

Refer to FIS Freestyle Judging Handbook 6003 Scoring procedures.

The judges will each evaluate the competitors' performance based upon the criteria set forth in the FIS Freestyle Judging Handbook, see 6004. The score will be multiplied by the appropriate Degree of Difficulty factor (D/D) to determine the total score for each jump. The competitors' final score for both jumps is determined by adding together the total scores from each jump.
See rule 3045.3 for Calculation of Scores.

4005 Calculation of Degree of Difficulty and Difficulty Charts

Refer to FIS Freestyle Judging Handbook 6006.

4006 New Manoeuvres in Competition

4006.1 Approval of new Jumps

New or additional Aerials manoeuvres or modifications, may be proposed by submitting them to the FIS Sub-Committee Moguls / Aerials, in writing with the name and full description of the manoeuvre.
The FIS Sub-Committee Moguls / Aerials shall have final authority with regard to acceptance of new manoeuvres and the assignments of proper D/D factors.

4006.2 Limitations

4006.2.1 Inverted manoeuvres shall be limited to three (3) somersaults during competition.

4002.1.5.2　正式训练不一定连续进行，不过最好赛前 3 天内完成。

4002.1.5.3　正式训练至少要进行 1 天（实际跳跃时间为 2 小时）。

4002.1.5.4　正式训练时，一切设备必须准备就绪，医疗保障措施到位。

4002.1.5.5　没有配带号码布的运动员，不准进行正式训练。号码布要醒目。

4002.1.5.6　空中技巧竞赛当日，运动员可在赛前进行 2 小时的正式训练，根据情况仲裁可以决定将其缩短为 1 小时。

4003　评　分

所有空中技巧项目均采用独立评分法。参看国际雪联自由式滑雪裁判手册第 6003 款评分程序。

运动员的技术动作依据以下三个基本组成部分予以评分：

4003.1　腾空；占得分的 20%

定义参看：国际雪联自由式裁判手册 6004.1 款。

4003.2　动作；占得分的 50%

定义参看：国际雪联自由式裁判手册 6004.2 款。

4003.3　落地；占得分的 30%

定义参看：国际雪联自由式裁判手册 6004.3 款。

4004　评分程序

依据国际雪联自由式裁判手册第 6003 款评分规则和第 6004 款所列评分标准，裁判员对运动员的技术动作给予评分。其得分乘以技术动作的难度系数（D/D），为每次跳跃的技术动作总分，两次比赛的技术动作总分之和就是运动员的最后得分。

评分方法参照规则 3045.3 款。

4005　技术难度系数计算和难度表

参照国际雪联自由式滑雪裁判手册 6006 款。

4006　赛会出现的新技术动作

4006.1　新动作的认定

关于新技术动作或者修改技术均应以文字形式，把技术名称及详细说明提交国际雪联下属雪上技巧/空中技巧委员会。

国际雪联下属雪上技巧/空中技巧委员会有最终决定权认定新技术并赋予正确的难度系数。

4006.2　限　制

4006.2.1　空翻技术限制在 3 周。

4006.2.2 Upright manoeuvres shall be limited to five (5) positions.

4007 Qualifications and Age Limits

4007.1 Qualification of Skills

The National Ski Association of a country in which a competition is organised shall not allow competitors to attempt any Aerials manoeuvres for which such competitors are not qualified, in connection with an international Freestyle competition, except for authorized qualification proceedings under the authority of an authorized representative of the FIS.

4007.3 Qualification of Manoeuvres

To be eligible to attempt an Aerials manoeuvre in international Freestyle competitions, a competitor must have a valid qualification licence for the specified manoeuvres, issued by the competitors' National Ski Association. A competitor's Aerials qualification licence may be updated during the competition season, with the exception of the actual day of Aerials competition. Each National Ski Association shall have the responsibility of supplying to the FIS Technical Delegate, an updated list in the English language of all its competitors' qualifications prior to each Aerials competition.

4007.4 Removal of Qualifications

Competitors are subject to suspension or annulment of their Aerials qualifications by the Jury if they have shown an inability to perform the Aerials manoeuvres for which they have been qualified by their National Ski Association. Such a ruling may result in severe reprimands or sanctions imposed against the respective nation.

4008 Special Procedures: Aerials

4008.1 Official Training Time

The Aerials course shall be completed and be ready for competition a minimum of 24 hours prior to the start of competition. All competitors shall be allowed an opportunity to train on the course. On the day of competition, there shall be a minimum of two hours of training time. Additional training time may be provided on a time-available basis or at the discretion of the Jury.

4008.2 Equipment

4008.2.1 Competitors must wear a helmet in the Aerials competition when jumping in practice or competition.

4008.2.2 Bindings must be a recognized release system meeting DIN specifications.

4008.3 Loss of Ski(s)

See Rule 3057.10 and 3058.1. Loss of ski(s) during or after landing will be evaluated by the judges in accordance with the judging criteria.

4008.5 Definition of Different Jumps

A competitor shall not repeat the same Aerials manoeuvre during a Phase. Jumps shall be considered to be different if :

4006.2.2　非空翻技术限制为 5 个动作。

4007　资格、年龄限制、认定书

4007.1　动作技术资格

承办国不允许没有参赛资格的运动员试跳任何国际赛会空中技巧动作。国际雪联自由式委员会授权代表认定的运动员例外。

4007.3　技术动作资格

运动员在国际自由式比赛上展示其空中技巧动作，必须持有所属国雪协或者国际雪联自由式委员会正式技术代表发给的技术动作认定书。空中技巧技术动作在整个赛季均可得到更新认定，但比赛当日不可。各国协会在组织国际性空中技巧比赛时，有责任预先把运动员被认定的技术动作，用英语提交给国际雪联技术代表。

4007.4　取消资格

国际雪联技术代表如果判定所属国协会预先认定的空中技巧技术动作运动员难以胜任，他有权停止该运动员比赛或取消其比赛资格。在这种情况下，可对该国雪协给予严厉警告或制裁的处罚。

4008　空中技巧竞赛特殊程序

4008.1　正式训练时间

空中技巧场地准备工作，最迟应在赛前 24 小时完成，并给所有运动员在这个场地上训练的机会。在竞赛当日至少参加 2 小时的训练。延长训练时间应基于时间允许或由仲裁决定。

4008.2　器材

4008.2.1　运动员进行训练或比赛时必须戴头盔。

4008.2.2　固定器要安全可靠，具有自动脱落系统，符合 DIN 使用书。

4008.3　雪板脱落

参照 3057.10 及 3058.1。

在落地前及落地后雪板脱落时，裁判员按评分规定进行评分。

4008.5　不同跳跃的定义

运动员在参赛期间不得重复同一空中技巧动作，以下跳跃被视为不同动作：

4008.5.1 In the case of upright manoeuvres
there is a change in the number of manoeuvres performed or the kind of manoeuvre performed;

4008.5.2 In the case of upright rotational manoeuvres
there is a change in the number of rotations;

4008.5.3 In the case of inverted manoeuvres;

4008.5.3.1 there is a change from front to back or vice versa;

4008.5.3.2 or there is a different number of somersaults;

4008.5.3.3 or there is a different number of twists but the number of somersaults remains the same.

4008.5.3.4 or there is the same number of twists and somersaults but the number of twists done in a single somersault differs by at least one twist.

4008.5.3.5 or one of the following combinations is performed: Back Layout (bL) and Back Tuck (bT) or Back Pike (bP); Back Lay Lay (bLL) and Back Lay Tuck (bLT) or Back Lay Pike (bLP).

4008.6 Starting Procedure

Refusal to start will be treated as a balk. See Rule 3057.11and 3057.12.

4009 Knock Out Format

4009.1 Ordering of the Phases between Ladies and Men's
Men's and Ladies Rounds will be run in sequence, a full men's or ladies phase must be completed before the next men's or ladies phase can start. The order of the phases is:
Ladie's Phase of Eight, then Men's phase of Eight
Ladie's Phase of Four, then Men's phase of Four
Ladie's and Men's Small Final
Ladie's and Men's Big Final

4009.2 Pairings and Heats for the Final Phases
In the 1st Phase (Quarter Final) there will be 8 jumps with 4 pairs and 4 heats,
Heat 1; 7th place vs. 2nd place
Heat 2; 6th place vs. 3rd place
Heat 3; 5th place vs. 4th place
Heat 4; 8th lace vs. 1st place

4009.3 Pairings and Heats for the Semi Final Phase
In the 2nd Phase (Semi Final) there are 4 jumps with 2 Pairs and 2 Heats.
Heat 5 - Semi Final comprises of the winners from Heat 1 and 2.
Heat 6 - Semi Final comprises of the winners from Heat 3 and 4.

4009.4 Pairings and Heats for the Small and Big Final
In the 3rd Phase (Small Final and Big Final) there are 4 jumps, with 2 pairs and 2 Heats.

Heat 7 / Small Final; for 3rd and 4th place (loser of Heat 5 vs. loser of Heat 6) Heat 8 / Big Final; for 1st and 2nd place (winners of Heat 5 vs. winners of Heat 6)

4008.5.1　非空翻技术动作
非空翻技术动作，次数不同或者种类不同；
4008.5.2　非空翻转体技术动作
非空翻转体技术动作，转体周数不同；
4008.5.3　空翻技术动作；
4008.5.3.1　向前空翻和向后空翻的不同；
4008.5.3.2　空翻周数不同；
4008.5.3.3　空翻周数相同，转体度数不同；
4008.5.3.4　完成空翻周数和总转体度数都相同的两次跳跃动作时，在其相应的某一周空翻中，转体度数应至少相差360度。
4008.5.3.5　执行下列组合之一：直体后空翻（bL）和团身后空翻（bT）或屈体后空翻（bP）；直体后空翻两周和直接后空翻接团身后空翻或直体后空翻接屈体后空翻。

4008.6　出发顺序
拒绝出发的运动员按错误处理。参照规则3057.11和3057.12款。

4009　淘汰制比赛形式

4009.1　女子和男子各轮比赛之间的顺序
男子和女子各轮比赛按一定顺序进行，先完整地进行一轮男子或女子比赛后，再进行下一轮男子或女子比赛。
各轮比赛顺序为：
女子8位选手比赛，然后男子8位选手比赛
女子4位选手比赛，然后男子4位选手比赛
女子和男子小决赛
女子和男子大决赛

4009.2　决赛阶段的预赛和配对
第一轮比赛（四分之一决赛）共8名选手共4名预赛，4名配对。
第一组；第7名对第2名
第二组；第6名对第3名
第三组；第5名对第4名
第四组；第8名对第1名

4009.3　半决赛阶段的预赛和配对
第二轮比赛（二分之一决赛）有4名选手共2名预赛，2名配对。
第五组——半决赛；选手为预赛1组和预赛2组的获胜者。
第六组——半决赛；选手为预赛3组和预赛4组的获胜者。

4009.4　小决赛和大决赛阶段的预赛和配对
第三轮比赛（小决赛和大决赛）有4名共2名预赛，2名配对。
第七组/小决赛；争夺三、四名（选手为预赛5组和预赛6组的被淘汰者
第八组/大决赛；争夺一、二名（选手为预赛5组和预赛6组的获胜者）

4009.5 Final Ranking

4009.5.1 Ranking of the eliminated Competitors

The losers from each phase will be ranked according to the scores from those heats and phases. (for places 5 to 8).

The highest score in the previous phase will receive the rank according to the previous phase:5th place will be determined by the highest ranked score in that phase, the 2nd highest score will be ranked as 6th place, 3rd highest ranked score will be placed 7th and the 4th highest ranked score will be ranked in 8th place.

4009.5.2 Rankings determined by the Semi Final and Final

The highest ranked score from each semi-final heat will then go on to the final phase, which will determine 1st and 2nd place.

The loser in each semi-final heat will go will then go on to the Small Final, which determines 3rd and 4th place.

4009.6 Special Procedures

4009.6.1 Lower ranked Competitor Jumps First

The lower ranked Competitors shall jump first in each heat.

For the semi-final, the competitor with the lower score from the previous phase shall jump first.

For the final, the competitor with the lower score from the previous phase will jump first.

4009.6.2 Jump Limitation

No competitor shall perform the same jump twice, except in the Final phase when the competitor can repeat a jump from a previous Phase.

4009.6.3 Competitor not jumping in a Phase

A competitor who does not jump in a heat shall receive a ranking based upon their score in the previous phase.

The other competitor shall not jump in that heat, but shall proceed to the next phase.

4009.5　决赛排名

4009.5.1　被淘汰选手的排名

每轮比赛中被淘汰选手的排名依据他们在各组和每轮比赛中的成绩（第 5 到第 8 名）根据上一轮比赛成绩确定排名情况（成绩第 1 高的排名第 5，成绩第 2 高的排名第 6，成绩第 3 高的排名第 7，成绩第 4 高的排名第 8。）

4009.5.2　半决赛和决赛排名

两组半决赛中成绩最好的选手将进入到决赛，然后决出第 1、第 2 名。

两组半决赛中被淘汰的选手将进入到半决赛，然后决出第 3、第 4 名。

4009.6　特殊竞赛程序

4009.6.1　排名靠后的选手先比赛

每一组比赛中排名靠后的选手先进行比赛。

半决赛中，上一轮比赛中成绩最后的选手先出发。

决赛中，上一轮比赛中成绩最后的选手先出发。

4009.6.2　跳跃动作限制

比赛跳跃动作不允许重复，决赛除外。运动员决赛阶段可重复以往的跳跃动作。

4009.6.3　某一轮比赛中运动员未进行跳跃动作

如果运动员在某一轮比赛中没有进行跳跃动作，那么将根据上一轮比赛成绩为其排名，同组的另外一名运动员将不进行本轮比赛，进入下一轮比赛。

5th Section

4200 Moguls

4201 Definition

Moguls competition consists of one run of free skiing on a steep, heavily moguled course, stressing technical turns, speed and aerial manoeuvres. For specific competition procedures, see 3060.2.

4202 The Moguls Course

4202.1 Joint Regulations for Ladies' and Men's Moguls Courses

4202.1.1 Homologation of Moguls Courses

Moguls courses for World Ski Championships, Olympic Winter Games and international competitions included in the FIS Calendar must be approved and homologated by the FIS.

4202.1.2 General Characteristics of the Moguls Site

The Moguls course must be uniformly covered in moguls, with a reasonably constant grade and fall-line, free of obstacles, with satisfactory snow cover. The site must also conform to specifications contained in the FIS Freestyle Course Standards Manual.

4202.1.3 Layout of the Moguls Site

4202.1.3.1 The Moguls Course

The Moguls site should have a constant grade with one continuous fall-line. The slope should not be overly concave or convex, nor should it have distinct changes in gradient.

The course should be as evenly covered in moguls as possible. Hard, sharp bumps should be smoothed out, deep ruts, ice balls and snow machine tracks should be removed. Bumps that throw the competitor too far into the air should be modified.

Air bumps (jumps) should conform to Course Specifications for Moguls.

4202.1.3.2 Air Bump Criteria and Specifications

Air Bump Criteria and Specifications	Measurement
Distance from:	
the end of the last bump to the take off	4.0 m – 5.0 m
the airbump takeoff to end of landing	15.0 m
Jump Height	50 – 60 cm
Landing Zone Gradient	Greater than 26°
Takeoff Angle	26° to 30°
Air Bump Width	130cm± 10cm

第五部分

4200 雪上技巧

4201 定义

雪上技巧指在斜坡陡峭且多雪包的线路上滑行一次的自由式滑雪，强调技术性转弯、速度和空中技巧动作。具体比赛方法见3060.2款。

4202 雪上技巧场地

4202.1 男女雪上技巧场地通则

4202.1.1 世界滑雪锦标赛，冬奥会和国际雪联日程表所包含的国际比赛所采用的雪上技巧场地必须得到国际雪联的认定。

4202.1.2 雪上技巧场地的一般特点

雪上技巧场地必须具有合理的坡度和落差以及均匀的雪包分布，且无障碍物，雪层覆盖理想。此外，还应符合国际雪联自由式滑雪场地细则标准。

4202.1.3 雪上技巧场地的设计

4202.1.3.1 雪上技巧场地

雪上技巧场地必须坡度平缓，带有连续的下降线。

斜坡上不能过凹或过凸，也不能有过于明显的坡度变化。

场地雪包应尽量均匀，必须消除尖硬雪块、冰块、平整雪车辙印，修整可把运动员抛入空中的雪包。

空中技巧跳台必须符合雪上技巧场细则标准。

4202.1.3.2

雪上技巧场地的空中技巧跳台标准	尺寸
距离：	
最后一雪包距起跳	4.0～5.0米
空中技巧跳台起跳距着陆末端	15米
跳台高度	50～60厘米
着陆区角度	大于26°
起跳角度	26°～30°
跳台宽	130厘米±10厘米

4202.1.3.3 Control Gates
Nine (9) control gates, (defined by flags maximum of 0.75 m wide by 1.20 m high) shall be located on the course at equally spaced intervals, with track width measuring 8 -12 meters. Track width does not include the width of the flags.

4202.1.4 Preparation and Inspection of the Moguls Site

4202.1.4.1 The Moguls course must be completely prepared for skiing before the Moguls competition and must then be available for training. When snow cover is minimal, the Organising Committee must transport additional snow to cover the course. The Jury may postpone or cancel a competition if the moguls do not satisfactorily meet a reasonable minimum to constitute a Moguls competition.

4202.1.4.2 Before training begins on the first day of official training, the competitors and Jury must inspect the course. The Jury shall determine the time of inspection.

4202.1.4.3 Moguls may be machine constructed and all care must be taken to ensure the lines are equal and the number and size of the moguls.

4202.1.4.4 Immediately after this inspection the TD and other members of the Jury shall be available on site to receive requests and suggestions from the competitors and trainers.

4202.1.4.5 To improve upon marginal lighting conditions the organiser may color the moguls, add pine bough branches, etc.

4202.1.4.6 Some moguls may be modified for use as Air Bumps (see 4202.1.3.2 and 3035.2.7). There should be air bumps at the top and bottom of each course in approximately the same positions. The take-off of the top air bumps should be placed at 15% of the course length and the take-off of the bottom air bumps should be placed at 20% of the course length from the finish line.

4202.1.4.7 No person, other than members of the course crew under the direction of the Chief of Course, shall take any action intended to change the state of the course unless instructed to do so by a member of the Jury. This prohibition applies at all times, but especially during official Inspection of the course.

4202.1.5 Official Training

4202.1.5.1 The official training for the Moguls competition is an inseparable part of the competition. The competitors are required to participate.

4202.1.5.2 The official training shall encompass at least three days before the competition, although not necessarily consecutively.

4202.1.5.3 The Jury may reduce this period if sufficient training is available on one or two days.

4202.1.5.4 The entire facility must be properly prepared and with proper medical services available.

4202.1.5.5 Competitors not wearing their bibs will not be allowed to participate during official training.

4202.1.5.6 On the Moguls competition day the competitors are allowed a minimum of 30 minutes of training before the competition. A period will be designated at beginning of training for course inspection after which normal top-to-bottom training can take place.

4202.1.3.3 旗门
共计 9 个旗门（旗帜最宽 0.75 米，高 1.20 米）必须以相等的间距设置在线路上，赛道宽 8~ 12 米，赛道宽不包括旗帜的宽度。

4202.1.4 雪上技巧场地的准备和检查

4202.1.4.1 场地必须在比赛前准备就绪，并能进行正式训练。当积雪覆盖最小时，组委会要运送额外的雪加以覆盖。如果雪包无法满足最小规模雪上技巧比赛的要求，仲裁将延期或取消比赛。

4202.1.4.2 第一天进行正式训练前，运动员和仲裁委员会必须检查场地。检查时间由仲裁委员会决定。

4202.1.4.3 雪包可由机器堆成，但必须保证雪包的数量和大小一致以及边线清楚。

4202.1.4.4 场地视察完毕后，技术代表及其他仲裁成员应在现场听取运动员和教练员对场地的要求和意见。

4202.1.4.5 组织者可采取给雪包着色或布置松树枝叶等办法来提高线路边界的清晰度。

4202.1.4.6 一些雪包改作空中技巧跳台（见 4202.1.3 款和 3035.2.7 款），在每条线路的上部和下部的相同位置都应有空中技巧跳台。线路上半部的跳台起跳位置应设置在赛道长 15%处，线路下半部跳台起跳位置应设置在距终点线 20%的地方。

4202.1.4.7 除了线路长指定的线路员以外的任何人，除非得到仲裁的指示，将不得对赛道状态做任何改动。

4202.1.5 正式训练

4202.1.5.1 正式训练是雪上技巧比赛的有机组成部分，运动员必须参加。

4202.1.5.2 正式训练不必连续进行，但至少要在比赛前 3 天完成。

4202.1.5.3 正式训练如果在一、两天之内可以进行完毕，仲裁有权缩短训练时间。

4202.1.5.4 正式训练时，一切设施需准备就绪，并确保医疗措施完善。

4202.1.5.5 没有佩带号码布的运动员，禁止参加正式训练。

4202.1.5.6 雪上技巧比赛当日，允许运动员在比赛前进行至少 30 分钟的训练。在进行正式训练前应定出线路检查时间后方可进行从头到尾全程训练。

4203 Scoring

The competitor's Moguls skiing will be evaluated on three basic components as follows:

4203.1 Turns

Consisting of 60% of the score
(Definition refer to FIS Freestyle Judging Handbook 6204.1)

4203.2 Air

Consisting of 20% of the score
(Definition refer to FIS Freestyle Judging Handbook 6204.2)

4203.3 Speed

Consisting of 20% of the score
(Definition refer to FIS Freestyle Judging Handbook 6204.3)

4204 Scoring Procedures

4204.1 Split Scoring system

Refer to FIS Freestyle Judging Handbook 6203.1

For Moguls Qualification, see 3060.2.1

4204.2 Pace Time

The Pace Times for ladies' and men's Moguls are set according to the standards determined by the FIS Sub-Committee Moguls / Aerials. To calculate the Pace Time for a specific course, take the length of the course in meters and divide by the Pace Time in meters/sec.
Men's Pace Time: 10.30 meters / per second.
Ladies Pace Time: 8.80 meters / per second.

4206 Special Procedures: Moguls

4206.1 Equipment

4206.1.1 There are no ski length requirements.

4206.1.2 All competitors shall use a recognized release DIN binding system and devices to prevent runaway ski(s).

4206.1.3 Competitors shall wear a helmet in the Moguls competition for inspections, official training sessions and competitions.

General regulations concerning equipment can be found in Section 3037 and in the FIS Equipment Rules, Section E.

4206.2 Special Procedures

4206.2.1 Loss of Ski(s) or Stop
A competitor who, having started, loses one or both skis, or stops for 10 seconds or more, shall receive a ruling of Did Not Finish (DNF) for that run. The loss of other equipment, including ski pole or poles, shall not result in DNF provided that the competitor finishes.

4203　评　分

雪上技巧运动员的评分按下列三项内容评定：

4203.1　回转

占总分的 60%

（参照国际雪联自由式滑雪裁判手册 6204.1 款）

4203.2　空中动作

占总分的 20%

（参照国际雪联自由式滑雪裁判手册 6204.2 款）

4203.3　速度

占总分的 20%

（参照雪联自由式滑雪裁判手册 6204.3 款）

4204　评分办法

4204.1　分离式评分方法

评分标准依据国际雪联自由式裁判手册 6203.1 款进行。

雪上技巧资格，见 3060.2.1 款。

4204.2　标准时间

男子和女子的标准时间是根据国际雪联自由式滑雪委员会确定的标准来确定。为了计算在某一特殊场地的比赛时间，采取场地长度（米）除以标准时间（米/秒）。

男子：10.30 米/秒。

女子：8.80 米/秒。

4206　雪上技巧竞赛特殊程序

4206.1　器　材

4206.1.1　对雪板长度没有要求。

4206.1.2　运动员应使用公认的具有 DIN 系统固定器及雪板防脱落设施。

4206.1.3　在雪上技巧比赛或训练中，运动员必须戴头盔。

有关器材的一般规则见 3037 款和国际雪联器材规则 E 部分。

4026.2　特殊程序

4306.2.1　雪板脱落或停止

运动员出发后，丢失一只或双板，停止 10 秒钟或更长时间，将在本轮按未完成（DNF）规则处罚，但运动员完成了比赛且丢失其他装，如单手杖或双手杖将不被认为未完成。

4206.2.2 Number of Aerials Manoeuvres

All courses are two jump courses unless otherwise specified by the Jury. Every competitor must perform two different jumps in order to maximize points. Two different jumps can be defined as:

Loop	allow only one jump in this category per run
Inverted flips	allow only one jump in this category per run unless there is a different direction of initiation (front vs. back) or rotation added (straight over jump vs. full twisting)
Off axis	allow the same jump from same category if there is rotation different by 180 degrees. (same system as with straight rotations)
Straight rotation	if two jumps are performed from this category they must differ by 180 degrees
Uprights	must have a different number of moves (e.g. double spread, triple twister)

The recommended number of Aerials manoeuvres shall not restrict the competitor to the stated amount, but represents the number of Aerials manoeuvres, that will receive evaluation. For example, if two Aerials manoeuvres are recommended by the Jury, a competitor who performs only one manoeuvre can only receive a maximum of 50% of the total possible Air score. Manoeuvres in excess of the recommended amount will be disregarded in order of lowest to highest scoring. For example, if two Aerials manoeuvres are recommended and a competitor performs three manoeuvres, the judges will disregard the lowest scoring manoeuvres.

4206.3 Forerunners

The organisers must provide 8 qualified forerunners, four men and four ladies.

4206.2.2　空中技巧动作数量

仲裁无特殊规定时，全线路做两次空中动作。为了得到高分，运动员应做不同的技巧动作。两种不同的技巧动作可以定义如下：

环状旋转	每次滑行在这一范畴只允许跳一次。
空翻	每次滑行在这一范畴只允许做一次空翻，除非是方向不同的两次空翻（向前或向后）或增加转体（直体转体或 360° 转体）
偏轴翻转	如果旋转动作有 180° 的区别，可以在同一范畴应用相同的跳跃动作。（与直体旋转相同）
垂直转体	如在该范畴有两次跳跃，则这两次跳跃应有 180° 的区别。
非空翻动作	必须动作数量不同（如两个横大一字跳，三个下肢扭摆跳）

虽然确定了空中技巧的跳跃次数，但并不限制运动员必须按此次数跳跃，然而评分却按确定的次数进行。例如，如果仲裁已确定进行两次跳跃，若运动员只完成一次跳跃动作，则最多只能得完成分的 50%。如果跳跃动作超过了确定的次数，则去掉最低跳跃分，取较高的两次跳跃分。如果一种跳跃动作重复进行，则取较好的一次评分。例如，如果已确定两次跳跃，而运动员完成了 3 次跳跃，则裁判员评定其中两次较好的不同跳跃动作。

4206.3　组织者必须选出八名合格的试滑员，男女各四名。

6th Section

4300 **Dual Moguls**

4301 **Definition**

Dual Moguls competition consists of mogul skiing on a heavily moguled course. Technical turns, speed and aerial manoeuvres are used to evaluate the competitors with the winner of each phase advancing to the next phase as further explained in Rule 4305 and Rule 4306.4.

4302 **The Dual Moguls Course**

4302.1 **Joint Regulations for Ladies and Men's Dual Moguls Course**

4302.1.1 Homologations of Dual Moguls Course

Dual Moguls courses for all international competitions included in the FIS Calendar must be approved and homologated by the FIS.

4302.1.2 General Characteristics of the Dual Moguls Site

The Dual Moguls site must be uniformly covered in moguls, with a reasonably constant grade and fall-line, free of obstacles, with satisfactory snow cover. The moguls may be machine constructed and must conform to specifications contained in the FIS Freestyle Course Standards Manual.

4302.1.3 Layout of the Dual Moguls Site

4302.1.3.1 The Dual Moguls Course

The Dual Moguls course should be a constant grade with one continuous fall-line. The slope should not be overly concave or convex, nor should it have distinct changes in grade.

The course must be as evenly covered in moguls as possible. Hard, sharp bumps should be smoothed out, deep ruts, ice balls and snow machine tracks should be removed. Bumps that throw the competitor too far into the air should be modified. With respect to air bumps, should conform to course Specifications for Dual Moguls (see 4302.1.4).

4302.1.3.2

Air Bump Criteria and Specifications	Measurement
Maximum Distance to:	
- the end of the last bump to the take-off	4.0m – 8.0m
- the airbump takeoff to end of landing	15.0m (top) – 20.0m (bottom)
Jump Height	50 – 80cm
Landing Zone Angle	Greater than 28°
Takeoff Angle	26° to 35°
Air Bump Width	130cm ±10cm
Jump take off to landing Knuckle	2.0m – 4.0m

4302.1.3.3 Control Gates

Nine (9) control gates (defined by flags maximum of 0.75m wide by 1.20m high) designating the outside of the course and center line shall be located on the course at equally spaced intervals, with each track width measuring 6.5 ± 0.5 meters. Track width does not include the width of the flags.

第六部分

4300　双人雪上技巧

4301　定　义

双人雪上技巧是在布满密集雪包的场地上进行的雪上技巧滑行，有关如何对运动员的技术回转、速度、空中动作进行评分并决出优胜运动员进入下一轮比赛，详见规则 4305 款和 4306.4 款。

4302　双人雪上技巧场地

4302.1　男女双人雪上技巧场地通用规则

4302.1.1　国际雪联日程包含的国际双人雪上技巧比赛场地必须得到国际雪联的认定。

4302.1.2　双人雪上技巧场地的一般特点

双人雪上技巧场地必须具有合理的坡度和落差以及均匀分布的雪包，且无障碍物，雪层覆盖理想。可用机器建造雪包，但必须符合国际雪联自由式滑雪场地标准指南。

4302.1.3　双人雪上技巧场地设置

4302.1.3.1　双人雪上技巧赛道

双人雪上技巧场地应坡度平缓，带有连续的下降线。

斜坡不应过凹或过凸，也不可有明显的坡度变化。

场地雪包应尽量均匀，必须消除尖硬雪块、冰块、平整雪车辙印，修整可把运动员抛入空中的雪包。

双人雪上技巧的空中技巧跳台必须符合雪上技巧场细则标准（参看 4302.1.4 条款）。

4302.1.3.2　雪上技巧场地的空中技巧跳台标准

雪上技巧场地的空中技巧跳台标准	尺寸
距离：	
最后一雪包距起跳	4.0～8.0 米
空中技巧跳台起跳距着陆末端	15 米（顶部）-20 米（底部）
跳台高度	50～80 厘米
着陆区角度	大于 28°
起跳角度	26°～35°
跳台宽	130 厘米±10 厘米

4302.1.3.3　旗门

共计 9 个旗门（旗帜最宽 0.75 米，高 1.20 米），距中心线必须以相等的间距设置在赛道上，双人雪上技巧赛道宽为 6.5 米±0.5 米，赛道宽不包括旗帜的宽。

4302.1.4 Preparation and Inspection of the Dual Moguls Site

4302.1.4.1 The Dual Moguls site must be completely prepared for skiing before the Dual Moguls competition and must then be available for training. When snow cover is minimal, the organising committee must transport additional snow to cover the course sufficiently. The Jury may postpone or cancel a competition if the moguls do not satisfactorily meet a reasonable minimum to constitute a Dual Moguls competition.

4302.1.4.2 Moguls may be machine constructed and all care must be taken to assure the courses are equal with respect to lines and the number and size of the moguls.

4302.1.4.3 Before training begins on the first day of official practice, the competitors and Jury must inspect the course. The Jury shall determine the time of the inspection.

4302.1.4.4 Immediately after this inspection the Technical Delegate and other members of the Jury shall be available on site to receive requests and suggestions from the competitors and trainers.

4302.1.4.5 To improve upon marginal lighting conditions the organiser may color the moguls, add pine bough branches, etc.

4302.1.4.6 Some moguls may be modified for use as air bumps (see 4302.1.3.2 and 3035.2.7). There should be Air Bumps at the top and bottom of each course in approximately the same positions. The take-off of the top air bumps should be placed at 15% of the course length and take off of the bottom air bumps should be placed at the end of the course or 20% of the course length from the finish line. When a mogul and dual mogul competition are held at one location, 4202.1.4.6 applies.

4302.1.5 Official Training

4302.1.5.1 The official training for the Dual Moguls competition is an inseparable part of the competition. The competitors are required to participate.

4302.1.5.2 The official training shall encompass at least two days, although not necessarily consecutively.

4302.1.5.3 The Jury may reduce this period.

4302.1.5.4 The entire facility must be properly prepared and with proper medical services available during training.

4302.1.5.5 Competitors not wearing their bibs will not be allowed to ski on the course.

4302.1.5.6 On the competition day the competitors are allowed a minimum of 30 minutes of training before the competition begins. The Jury may reduce this if conditions re-quire it.

4303 Scoring

The competitors' Moguls skiing will be evaluated on three basic components as follows (see 3045.3 for general scoring procedures):

4303.1 Turns; consisting of 50% of the score

(Definition refer to FIS Freestyle Judging Handbook 6204.1 to 6204.1.1.9 and 6403)

4302.1.4 双人雪上技巧场地的准备和检查

4302.1.4.1 双人雪上技巧场地必须在比赛前准备就绪，并能进行正式训练。当积雪覆盖最小时，组委会要运送额外的雪加以覆盖。如果雪包无法满足最小规模双人雪上技巧比赛的要求，仲裁将延期或取消比赛。

4302.1.4.2 雪包可由机器堆成，但必须保证场地雪包的数量和大小一致以及边线清楚。

4302.1.4.3 第一天正式训练开始前，运动员和仲裁委员会必须检查场地。检查时间由仲裁决定。

4302.1.4.4 检查场地后，技术代表和仲裁其他成员必须立即到现场听取运动员和教练的要求和建议。

4302.1.4.5 组织者可给雪包着色，或布置松枝等方法来改进线路边界的清晰度。

4302.1.4.6 一些雪包改作空中技巧跳台（见 4202.1.3.2 款和 3035.2.7 款），在每条线路的上部和下部的相同位置都应有空中技巧跳台。线路上半部的跳台起跳位置应设置在赛道长 15%处，线路下半部跳台起跳位置应设置在距终点线 20%的地方。一个雪上技巧和双人雪上技巧的比赛申请参见 4202.1.4.6 条款。

4302.1.5 正式训练

4302.1.5.1 双人雪上技巧项目的正式训练是比赛不可分割的一部分，要求运动员参加。

4302.1.5.2 正式训练不必持续不断，但至少要两天。

4302.1.5.3 仲裁视情况可缩短训练时间。

4302.1.5.4 训练时间必须准备好全部设施，提供完善的医疗服务。

4302.1.5.5 不佩戴号码布的运动员不允许参加正式训练。

4302.1.5.6 比赛当日，允许运动员在赛前训练至少 30 分钟，根据情况，仲裁委员会可缩短练习时间。

4303 评分

运动员的雪上技巧滑雪按下列三项内容评定（评分方法参看 3045.3 款）。

4303.1 回转：占 50%（参看国际雪联自由式滑雪裁判手册 6204.1 到 6204.1.1.9 和 6403 款）

4303.2 Air; consisting of 25% of the score

(Definition refer to FIS Freestyle Judging Handbook 6403)

4303.3 Speed; consisting of 25% of the score

(Definition refer to FIS Freestyle Judging Handbook 6403)

4304 Scoring Procedures

A panel of judges shall administer scores based upon specific duties for each judge, as set forth in the FIS Freestyle Judging Handbook 6403.

The judges shall evaluate the competitors' performance with respect to "turns", "air" and "speed" as further described in the FIS Freestyle Judging Handbook. The competitor shall be judged from the time the run is started until they cross the finish line. The competitor should come to a controlled and complete stop in the finish area. Aerials manoeuvres landing beyond the finish line will be disre-garded.

4305 Competition Procedures (also see Rule no. 3060.2.2)

4305.1 Dual Moguls Competition Format

The Dual Moguls competition can be carried out using two formats. In one format, Duals are done from the beginning of the competition and in the other format; Duals are done in the Finals. In the second format, the qualification for the Final is done with a modified form of Moguls competition.

4305.2 Dual Moguls with Seeded Groups

4305.2.1 Seeding for Dual Moguls

Seeding which is the first phase shall be done according to the better ranking of the most recent FIS Points List and the ranking of other standings as defined in the regulations of the different competition series, like World Cups and Continental Cups.

For other major competitions, like World Championships, the FIS points ranking and the rankings from the mogul competition, held at that location, shall be used. Any ties shall be broken by a random draw.

4305.2.2 Seeding Procedures

The top 32 competitors will be seeded with the top 16 being seeded according to the place and the top 17 to 32 competitors being randomly drawn and seeded according to the drawn number between 17 and 32. All other competitors (any greater than 32) would be randomly drawn to a number greater than 33 and be placed at the corresponding number on the ladder (see the draw list attached).

4305.2.3 Assignment of Red and Blue Courses

Color (or side) of course will be predetermined in the following manner:

Phase of 128	top competitor in pairing will be red
Phase of 64	top competitor in pairing will be blue
Phase of 32	top competitor in pairing will be red
Phase of 16	top competitor in pairing will be blue
Phase of 8	top competitor in pairing will be red
Phase of 4	top competitor in pairing will be blue
Final Phases	top competitor in pairing will be red

The "top competitor" is defined by position in the bracket, not by seed.

4303.2　空中动作；占 25%（参看国际雪联自由式滑雪裁判手册 6403 款）

4303.3　速度；占 25%（参看国际自由式滑雪裁判手册 6403 款）

4304　评分程序
全体裁判员将依据国际雪联自由式滑雪裁判手册 6403 款履行评分职责。
裁判按照“回转”“空中动作”“速度”三项评定运动员的表现，评定标准在自由式滑雪裁判手册中有详细说明。
评分从运动员开始助滑到运动员越过终点线为止。 运动员应该控制雪板在终点区域内有控制地完全停下来。空中动作着陆时超出终点线的不予评分。

4305　比赛程序（参见 3060.2.2 款）

4305.1　双人雪上技巧比赛将执行两种方式。一种方式为双人雪上技巧从头至尾进行，另一种方式是在决赛中执行。 在第二种方式中，其决赛中的资格将由雪上技巧比赛决定。

4305.2　双人雪上技巧种子选手确定
4305.2.1　种子提成名将依据其最近国际雪联积分排名和其他相关系列赛事排名决定，例如世界杯赛和洲际杯赛。
针对其他比赛，如世界锦标赛，则依据国际雪联排名和雪上技巧比赛排名确定种子位置，采用随机抽签方式打破排名并列情况。

4305.2.2　种子顺序
前 32 位选手入选， 1 ~ 16 名按照名次编排顺序， 17 至 32 用随意抽签的方法决定排名。其他选手（32 名以后的）按抽签随意排名（见附件抽签名单）。

4305.2.3　红道和蓝道分配
场地颜色（或方位）按下列方式预先决定：

参赛人数为 128 人	每组中排名靠前者为红色线路；
参赛人数为 64 人	每组中排名靠前者为蓝色线路；
参赛人数为 32 人	每组中排名靠前者为红色线路；
参赛人数为 16 人	每组中排名靠前者为蓝色线路；
参赛人数为 8 人	每组中排名靠前者为红色线路；
参赛人数为 4 人	每组中排名靠前者为蓝色线路；

排名靠前者放在括弧中，不必种子排序。

In all cases, the left side (looking up the hill) will be the Blue course and the right side will be the Red course

4305.2.4 Ranking of those eliminated in each Round

The ranking to fourth place will be determined by skiing ("dualing off").
All competitors in the rounds of 5-8, 9-16, 17-32, 33-64, 65-128 who did not proceed to the next round will be ranked in accordance with 4307.
Those receiving a DNS will be ranked according to their seed.
Those receiving a DNF will be ranked according to their seed.
Those that receive a score but do not advance to the next round will be placed in accordance with the judges points accumulated. Ties in this group will be broken by 4307.

4305.3 Dual Final with Single Qualification

A single Moguls run will be used to qualify and seed competitors for Dual format Finals. Final formats can consist of the following number of competitors; 8, 16, 24 or 32 competitors. Only top 4 places will be determined by 'dualing off'.

4305.3.1 Qualification / Moguls

The Moguls course shall be divided into duals lanes (red / blue) for the Qualification run and the Final phases.

4305.3.2 Starting Order

The order that the competitors start in shall be according to the starting list. Competitors with odd start order (start 1, 3, 5 etc), start on the red course and competitors with even start order (2, 4, 6 etc) will start on the blue course.

4305.3.3 Final / Dual Moguls

The organiser can propose to the FIS the number of the competitors to have in the Final. The program ought to be around a 45 to 75 minutes of skiing.

4305.3.3.1 The results from the Qualification are used select competitors for the Finals.

4305.3.3.2 The rankings of 1, 2, 3, 4, shall be determined by duals.

4305.3.3.3 The remaining rankings shall be determined according to 4307.

4305.3.3.4 Based upon the results of the Qualification, the higher ranked competitor can decide to ski in either the blue or the red course.
The higher ranked competitor shall inform the Starter / Start officials of their decision in the start area in a reasonable time before the start of that phase.

4306 Special Procedures

4306.1 Equipment

For further definitions, see FIS Equipment Rules, Section E.

4306.1.1 There are no ski length requirements.

4306.1.2 All competitors shall use a recognised release DIN binding system and devices to prevent runaway ski(s).

4306.1.3 Competitors must wear a helmet in the Dual Moguls competition for inspections, official training sessions and competitions.

在任何情况下，左边（向山上看）是蓝色场地，右边是红色场地。

4305.2.4　每轮被淘汰的排名

前四位依据双人雪上技巧滑行决定排名（双人雪上技巧 PK 形式）

每轮中的所有参赛运动员排 5-8 名、 9-16 名、17-32 名、33-64 名、65-128 名不再进行下一轮比赛，将依据 4307 条款排名；

凡得到 DNS 判罚的将依据种子顺序排名；

凡得到 DNF 判罚的将诊所种子顺序排名；

凡取得成绩但没有进入下一轮者将依据裁判员得分排名； 运动员同名次现象将依据 4307 条款打破。

4305.3　双人雪上技巧决赛中的单人滑行

单人雪上技巧滑行常被用来双人雪上技巧决赛中运动员的种子排位， 每轮被淘汰的排名；决赛形式将包括一定数量的运动员； 8 名、16 名、24 名、32 名。仅前四的位置将依据双人雪上技巧 PK 来决定。

4305.3.1　预赛/雪上技巧

雪上技巧赛道将为预赛和决赛分成双赛道（红道/蓝道）

4305.3.2　出发顺序

出发依据出发顺序表，奇数出发顺序（1、3、5 等）在红道；偶数出发顺序（2、4、6 等）在蓝道。

4305.3.3　决赛/双人雪上技巧

组办方可以建议国际雪联双人雪上技巧决赛阶段的人数，决赛阶段比赛应在 45 分钟到 75 分钟之间。

4305.3.3.1　预赛成绩将选拔入围决赛的运动员

4305.3.3.2　1、2、3、4 名的排位将由双人雪上技巧 PK 形式决定。

4305.3.4　基于预赛成绩，排名高者将决定红、蓝道次的选择。

4306　特殊程序

4306.1　设备

更多定义内容请参见国际雪联装备规则 E 部分。

4306.1.1　对雪板长度没有要求。

4306.1.2　为防止雪板脱落，所有的运动员要使用具有 DIN 认证系列的固定器。

4306.1.3　在双人雪上技巧比赛或训练中，运动员必须戴头盔。

4306.2 **Loss of Ski(s) or Stop**

A competitor who, having started, loses one or both skis or stops for 10 seconds or more, shall receive a ruling of Did Not Finish (DNF) for that run. The loss of other equipment, including ski pole or poles, shall not result in DNF provided that the competitor finishes.

4306.3 **Jumping Manoeuvres (Dual Moguls)**

A competitor who performs only one manoeuvre can only receive a maximum of 50% of the total possible Air score.

Competitors may repeat jumps but judges will consider variety in comparing the two competitors. Variety reflects a different number of manoeuvers and different types of manoeuvers. A competitor who repeats (identically) the same manoeuver during a run will receive a deduction of two (2) votes per Air judges; A competitor who performs two different manoeuvers from the same scoring Category will receive a deduction of one (1) vote per Air Judge. Different types of manoeuvers are defined in 4206.2.2.

4306.4 **Dual Moguls Start Device**

4306.4.1 Approval by FIS

All start devices must be approved by the FIS before they can be used in competition.

4306.4.2 The Start Ramp

The Start Ramp shall be prepared in such a way that the competitors can stand relaxed on the starting line and can quickly reach full speed after leaving the start.

4306.4.3 Placement of the Gate

The specifications can be adjusted to the needs of the specific course:
The start gates are to be placed in the center of each of the courses. The gates have to open simultaneously and it must be impossible for a competitor to open the gates themselves or cause the gates to lock by applying pressure to them.

4306.4.4 Dual Moguls Gate Standards

Two hinged gates each 200-cm wide and 40 cm in height shall be attached to a horizontal pole. A start handle is attached at 90° to the horizontal pole in the center of the two start gates. The starting block (behind the board) must be covered with plastic to protect the skis. The weight for each hinge gate is 15 kg. Gates meeting the standards in 4507.8.3 can also be used.

4306.4.5 Opening System

The opening system shall operate in such a way that both gates open outwards on operation of a single control mechanism. Mechanical controls are preferred over electrical ones, for reasons of reliability and portability.

4307 **Ranking and Tie Breaking of those eliminated in Dual Moguls knock-out rounds**

4307.1 In each round, the scores will be compared between all of the eliminated competitors. The competitors' scores will be sorted from the highest to lowest scores. Competitors with higher score will be grouped, followed by the next highest score until all competitors are classified. Competitors within each group will then be

4306.2 雪板脱落

如果运动员在该轮比赛出发后，有一只雪板或双板脱落，或滑行停止超过 10 秒，将被判罚为未完成（DNF）。丢失其他装备，包括单杖或双杖将不会被判罚为未完成。

4306.3 跳跃动作（双人雪上技巧）

运动员只完成两跳空中技巧动作中的一个，则空中技巧最多只能得到50%的分数。

运动员可以进行重复空中技巧动作，但裁判员将会对比两运动员的动作多样性。多样性体现在动作数量和动作种类方面。例如，某运动员在一次比赛中重复了空中技巧动作，则空中技巧裁判员将减去 2 票；某运动员在一次比赛中的空中技巧动作选择了同类动作中的不同动作，则空中技巧裁判员将减去 1 票。不同动作的界定详见规则 4206.2.2 条款。

4306.4 双人雪上技巧的出发装置

4306.4.1 国际雪联认证

所有出发装置赛前必须获得国际雪联的认证。

4306.4.2 出发坡面

出发坡面必须保证运动员能放松地站在起点线上和能够全速出发。

4306.4.3 旗门位置

场地规格标准要求可以调整特殊赛道；
出发旗门就位于每条赛道的中线。出发旗门必须同时打开，一定不能让运动员自己开门或因旗门锁住而加力打开。

4306.4.4 双人雪上技巧旗门标准

两个 200 厘米宽，40 厘米高的折页旗门附着在一个横杆上。出发手柄是以 90° 角附着在两个出发旗门中心的横杆。每个折页旗门 15 公斤，旗门必须符合规则 4507.8.3 条款方可使用。

4306.4.5 旗门开放系统

旗门开放系统就由单一的控制机械操作两个旗门向外开放，旗门开放操作最好采用比较可靠和便携的电子系统。

4307 双人雪上技巧淘汰轮排名和平分现象打破

4307.1 每一轮比赛都将对运动员成绩进行对比。运动员成绩从高至低被记录在案，成绩高者将分为一组， 依次类推， 直到所有运动员分组完成，每组运动员将依据比赛的种子排位进行排名，排名还包括同轮次没有得分的运动员。

ranked according to their seeding in the competition, and all will be ranked above those from the same round who did not receive a score.

4307.2 Competitors who DNF will be ranked according to their seeding (see 4302) or Qualification (see 4303) rank, below all competitors from the same round who received a score and above all those who DNS in the same round.

4307.3 Competitors who DNS in any round except the first round of Dual Moguls with Seeded Groups (see 4307.4) will be ranked according to their seeding (see 4302) or Qualification (see 4303) rank, after all other classified competitors in the same round.

4307.4 Competitors who DNS in the first round of Dual Moguls with Seeded Groups (see 4302) will not be classified and will have no rank in the competition. They shall be listed on the Results above any who are DSQ.

4307.5 In the case where both competitors are DNF in the same round, the first who DNFs is ranked lower.

4307.5.1 Tie Breaking

In the case that it is not possible to determine the ranking, then the ranking will be determined by the ranking in the qualification phase or seeding of the competitors. Then the competitor(s) with the better rank will break the tie.

4307.2　成绩为未完成 的运动员将依据他们的种子位置（参见规则 4302 条款）或预赛（参见规则 4303 条款）成名进行排名，以下包括同轮次获得成绩和所有未得分的运动员。

4307.3　除第一轮双人雪上技巧种子排位（参见规则 4307.4 条款）赛之外，在任一轮次未得分的运动员，将依据他们的种子排位（参见规则 4302 条款）或预赛成绩排名，将其他所有运动员排位分组在同一轮次完成。

4307.4　运动员在第一轮种子排位赛没有得分（参见规则 4302 条款），将不能被排位分组且在本次比赛中无排名；这些运动员的名次按取消资格列在成绩中。

4307.5　如在同一轮比赛中出现两名运动员成绩均为未完成现象，则先获得未完成判罚名次靠后。

4307.5.1　打分平分

如果在不可能确定排名的情况下，将依据运动员预赛阶段排名或种子赛排名成绩，成绩高者将打分平分。

后记：

由于目前中国主要开展了两个项目——自由式滑雪空中技巧和自由式滑雪雪上技巧，故本著作未对其他自由式滑雪项目进行描述。